SABINE BODE

NACHKRIEGS KINDER

DIE 1950er JAHRGÄNGE UND IHRE SOLDATENVÄTER

KLETT-COTTA

Die Rechte an dem Buchtitel »Nachkriegskinder« besitzt die Zeitgut Verlag GmbH mit ihrem Buch »Nachkriegs-Kinder«. Wir bedanken uns für die großzügige Überlassung des Titels für das vorliegende Buch.

Klett-Cotta
www.klett-cotta.de
© 2011 by J. G. Cotta'sche Buchhandlung
Nachfolger GmbH, gegr. 1659, Stuttgart
Alle Rechte vorbehalten
Printed in Germany
Schutzumschlag: Rothfos & Gabler, Hamburg
Gesetzt aus der Minion von r&p digitale medien, Echterdingen
Gedruckt und gebunden von CPI – Clausen & Bosse, Leck

ISBN 978-3-608-94678-9

Bibliografische Information der Deutschen Nationalbibliothek
Die Deutsche Nationalbibliothek verzeichnet diese Publikation in der
Deutschen Nationalbibliografie; detaillierte bibliografische
Daten sind im Internet über <http://dnb.d-nb.de> abrufbar.

Inhalt

Vorwort und Dank 11

ERSTES KAPITEL

Der Krieg war aus und überall 13

Die kleinen Hoffnungsträger. 15
Die Freiheit einer unbeaufsichtigten Kindheit 16
Brüder von Heinz Erhardt. 17
»Das wird bös enden!« 19
Die bleierne Zeit. 20
Kinder trösten ihre Mütter 22
Stellvertretende Schuld 23
Täter oder Opfer oder beides?. 25
»Wie konnte mein Vater das tun!?« 27
Die letzten Zeugen der Wehrmachtszeit 28
Kindersoldaten 29
Milder Blick auf die Eltern 31

ZWEITES KAPITEL

Die gut getarnte Vergangenheit 33

»Gerade erst den Luftschutzkellern entkommen« 35
Am Familientisch zwei Fraktionen 36
Politische Wortgefechte mit Subtext 37
Von Jugend an Pazifist 39
Kriegsnarben 41
Der abwesende Vater 42
Wachsendes Leid mit der Prothese 44
»Im Westen nichts Neues« 46
Mauerfall und Depression 48
Wenn Vater explodierte 49
In der Gedenkstätte Yad Vashem 51

Gespräche vom Krieg hinter verschlossenen Türen 53
»Mach einen Mann glücklich, dann geht es dir gut« 54
Alpträume und unwirksame Gebete 56
Das Ende falscher Schuldgefühle 58
Von der Schulbank in den Krieg 60
Die Hölle eines Tages 61

DRITTES KAPITEL
Vatertöchter 63

Mutig und dickköpfig? 65
Warum verbirgt jemand seine guten Seiten? 66
»Dann geh doch nach drüben!« 67
Eine Frau mit Improvisationstalent 69
Der Ehekrieg von zwei psychisch Kranken? 72
Das Rätsel mit den Panzern 73
Der Neffe wurde den Töchtern vorgezogen 74
Bloß keinen Mann wie meinen Vater! 76
Alles gescheiterte Liebesbeziehungen 78
Soldatenväter und Feminismus 79
Heinrich Böll, der »gute Vater« 81
Statt »Schwamm drüber« aufräumen 83
Eine Frau engagiert sich für Kinder im Irak 84
Zu Fuß von Riga nach Schleswig 85
Willy Brandts Kniefall in Warschau 87
Keine Karriere bei der Wehrmacht 88
Jäger, Kettenraucher und Anarchist 89
Großer Abstand zu anderen Menschen 91
Familieneinsatz auf der Baustelle 92
Man gab sich nur die Hand 94
Ein denkwürdiges Familienseminar 96
Untersuchung über Heimkehrer 97
Was Kinder nach dem Krieg beruhigte 99
INTERVIEW »Ich rechne auf«
Herbert W., geboren 1924, über seine Gefangenschaft
in Russland 100

VIERTES KAPITEL

Söhne im Schatten 115

Ein selbstbewusster Hartz-IV-Empfänger 117

   Ohne haltbare Freundschaften 118

   Das Glück eines Zündapp-Mopeds 120

   Selbstmord mit 82 Jahren 121

   Niemand mehr da, den man fragen könnte 123

   Endlich frei sein! 124

Der Typ unvitaler Vater 126

   Ein Lehrer, der seine Schulkinder liebt 127

   Wiedersehen im November 128

   Ein Mann mit starkem Willen und schwachen Nerven 129

   Wer sich nicht wehrt, hat selbst Schuld 131

   Die große Angst vor dem »Irrenhaus« 133

   Bedauern über die eigene Kinderlosigkeit 136

Was verbirgt die stellvertretende Schuld? 137

   Kein Talent zum Glücklichsein 139

   INTERVIEW »Ich weiß vieles, aber darüber rede ich nicht«

   Friedrich S., geboren 1912, über seine Odyssee

   in der Wehrmacht 141

FÜNFTES KAPITEL

Ermittler in eigener Sache 153

Ein Kämpfertyp 155

   Im Land der Verlierer 156

   Die Freiheit, über die eigene Geschichte zu verfügen 158

   Kein Mangel an Geschenken 160

   Bob Dylan und Joan Baez 162

   Himmelfahrtskommando 163

   Wie Besatzer ein Land ausräubern 165

   Die Geschichte von Yvonne und Karl 167

   Das Sterben vor dem biologischen Tod 168

   Große Probleme mit Autoritäten 170

Ein Suizid vor 2000 Menschen 171

   Der Alptraum vom Keller des Vaters 172

   Lücken in den Nachforschungen 174

Spezialist im Umgang mit Sprengstoff 175
Ein Kind verliert den Boden unter den Füßen 177
Wie mit neuem Sauerstoff versorgt 178
INTERVIEW »Die Wehrmacht war Teil des verbrecherischen
Systems«
*Der Historiker Sönke Neitzel über die Protokolle des
Unsagbaren* 179

SECHSTES KAPITEL
Die DDR-Variante..................................... 195

Bei Gefahr rückt die Familie zusammen 197
Stalingrad: auf 35 Kilo abgemagert 198
Vier Generationen unter einem Dach 200
Ein Traumatisierter mit vielen Ressourcen 201
Das Unglück kam mit der Pubertät.................... 202
Urgroßmutter war der Schutzengel 204
Als der Vater sein Schweigen brach 205
INTERVIEW »Wer waren eigentlich die Juden?« –
»Das weiß ich nicht«
*Pfarrer Wolfram Hülsemann über seinen Kriegsvater
und den Umgang der DDR mit der NS-Zeit* 206

SIEBTES KAPITEL
Nachkrieg und Kinderdressur 219

Babys unbedingt schreien lassen....................... 221
Wie Kinder »freudigen Gehorsam« entwickeln 222
Eine behütete, enge Welt 223
»Das kann kein Gott vergeben« 226
Jeden Sonntag wurde der Krieg lebendig 227
Mutter und Vater: Zwei Unerlöste 228
Wie sich die Prügel im späteren Leben auswirkten 230
Dennoch ein gelungenes Leben 231
Das rauschende Fest zum 60. Geburtstag 233
Reisen mit leichtem Gepäck........................... 235
Nebel und Vergesslichkeit............................. 236

»Für meine Eltern waren wir Möbelstücke« 238
Wie ein Kind um seine Würde kämpfte 239
Wie hält man so viel Druck aus? 241
Mit 15 Jahren begannen die Depressionen 242
Als der Vater schwächer wurde 244
Ein netter Mann hatte keine Chance 246
Mit Dreißig kamen die gesundheitlichen Probleme 248
Angst und Wut eines Einzelgängers 250
Der Neid der Brüder 252
Als Kaufmann nie glücklich 254
Seit der NS-Zeit nichts dazugelernt 256
»Schade, dass man so einen Vater nicht zurückgeben
kann« 258
INTERVIEW »Wie das Bild von des Kaisers neuen
Kleidern«
Jürgen Müller-Hohagen über den Nebel in deutschen
Familien 259
Nachbemerkung von Jürgen Müller-Hohagen 274

ACHTES KAPITEL
Woher kommt Orientierung? 277
Erinnerungen an einen liebevollen Vater 279
Die erste Familie starb bei einem Luftangriff 280
Gartenarbeit als Meditation 282
Alte Bücher und Briefe auf dem Dachboden 283
Geschichten ja, aber kein Überblick 285
Nachkriegskinder als Pioniere 287
Wenn das Vorbild fehlt 288
Was machte den Nebel so undurchdringlich? 291
Ein Kollektiv, das sein schlechtes Gewissen verdrängte 292
Alle hatten profitiert 294
Besser war's nicht. Besser ging's nicht 295

Anmerkungen 297

Bücher zum Thema 299

Vorwort und Dank

Seit meinem Buch »Die vergessene Generation« ein weiteres über »Kriegsenkel« folgte, wurde ich immer wieder auf Lesungen oder in Mails gefragt: »Ich bin weder Kriegskind noch Kriegsenkel, sondern Nachkriegskind. Haben Sie vor, sich auch mit meinen Jahrgängen zu befassen?« Meine Antwort darauf ist dieses Buch. An seinem Zustandekommen haben viele Menschen maßgeblich mitgewirkt, vor allem jene Nachkriegskinder, die darin zahlreich zu Wort kommen. Für ihre Offenheit bin ich ihnen sehr dankbar, vor allem auch für ihre Bereitschaft, die oft belastende Beziehung zum Kriegsvater vor dem Hintergrund der eigenen Lebenserfahrung und des Älterwerdens mit mir zu reflektieren. Fast alle biografischen Geschichten wurden anonymisiert und die geänderten Namen mit einem * gekennzeichnet. Mein Dank gilt auch den zwei ehemaligen Wehrmachtangehörigen sowie einigen Experten, die mir halfen, eine Reihe von wichtigen Fragen zu klären. Unsere Gespräche werden in diesem Buch in der Form des Interviews wiedergegeben.

Meinem Lektor Heinz Beyer danke ich sehr für seine Rückenstärkung, seine kluge Beratung und grundsätzlich für seinen Einsatz, einem schwierigen Thema Raum zu geben. Meinen besonderen Dank möchte ich dem Verlag Klett-Cotta sagen und dort allen jenen Mitarbeitenden, die nun schon seit vielen Jahren meine Buchprojekte unterstützen. Meinem Mann Georg Bode verdanke ich viele Anregungen. Manchmal lief ich Gefahr, mich in der Fülle des Stoffs mit seinen unzähligen Facetten zu verlieren, doch der Austausch mit ihm und vor allem sein Widerspruch halfen mir, in diesem komplexen Themenfeld meinen Standort wiederzufinden.

Dieses Buch ist dem Andenken an Uschi B. (1946–1997) gewidmet, meiner Freundin seit den Kindertagen. Bis zu ihrem Tod haben wir oft gemeinsam über unsere Kriegsväter nachgedacht. Als Jugendliche zum Beispiel fragten wir uns, was von dem so oft gehörten Satz zu halten sei: »Was Adolf gemacht hat, war nicht alles schlecht, er hätte nur eher aufhören müssen …«

Der kollektive Nebel, der über der NS-Vergangenheit lag, hat lange Zeit unsere Wahrnehmung irritiert und uns in unserem Lebensgefühl verunsichert. Während meiner Arbeit an diesem Buch kam es immer wieder vor, dass ich unsere Gespräche in Gedanken fortsetzte.

Köln, im Juli 2011
Sabine Bode

Erstes Kapitel

DER KRIEG
WAR AUS
UND ÜBERALL

Die kleinen Hoffnungsträger

Als Kind sammelt man Wörter, jeden Tag kommen neue hinzu, und man lernt die wichtigen von den weniger wichtigen zu unterscheiden. »Krieg« gehörte zu meinem frühen Wortschatz. Als Dreijährige wurde ich mehrmals am Tag ermahnt: »Pst, Nachrichten! Krieg!« Die Erwachsenen wollten Radio hören. Etwas Unheimliches ballte sich in unserer Küche zusammen: Korea im Sommer 1950. Der Zweite Weltkrieg lag gerade fünf Jahre zurück, als die Angst vor einem Dritten Weltkrieg aufstieg.

In dieser Zeit konnte ich manchmal vor Angst nicht einschlafen. Da war ein Geräusch, von dem ich nicht wusste, was es war, dumpf, rhythmisch und sehr bedrohlich – ich nannte es »Krieg«. Erst viel später begriff ich, dass es die Bässe der Musik waren, die aus der Wohnung unter uns zu mir drangen. – Der Krieg war aus und überall.

Ich wurde 1947 geboren. Damit war ich etwas Besonderes. Es gab nur wenige Kinder in meinem Alter. Wie viele Säuglinge in den ersten Jahren nach Kriegsende an Epidemien starben, ist unbekannt; entsprechende Statistiken wurden nicht geführt. Keine Frage, wir waren die Hoffnungsträger des zerstörten Deutschland, das Licht am Ende des Tunnels. Das sagt sich so leicht dahin, aber in meinem Fall kann ich es beweisen. Meine Mutter hinterließ mir eine Mappe mit Glückwünschen zu meiner Geburt. Ich habe sie mir im Laufe meines Lebens öfter angesehen, und je älter ich werde, umso mehr berühren sie mich. Als ich geboren wurde, gab es kaum vorgedruckte Karten zu kaufen, man musste improvisieren. Dünne Bleistiftränder verraten, dass das Papier ursprünglich anders genutzt wurde. Viele gute Wünsche sind auf schwarzem Fotokarton zu lesen, oder auf braunem, gebrauchtem Packpapier, das gewendet wurde – wie der abgetragene Mantel vom Vater, aus dem ich eine dicke Winterjacke geschneidert bekam. Aus jedem Brief, aus jeder Karte spricht große Freude, fast so, als wäre mit mir noch einmal das Christkind auf die Welt gekommen. Die meisten Gratulanten hatten sich die Zeit genommen, etwas zu zeichnen: dekorative Schriftzüge, von Blumen umrankte Segenswünsche und kleine, sorgfältig ausgemalte Szenen, die das Familienglück beschworen. Manche hatten gedichtet: »Sabinchen ist nun auf der Welt, was uns allen sehr gefällt ...« Es war eine liebevolle Begrüßung, die sich noch einige Jahre fortsetzte, weshalb sie mir in Erinnerung blieb.

Die Freiheit einer unbeaufsichtigten Kindheit

Wir wohnten in einer ländlichen Umgebung. Autos gab es nicht. Als kleines Kind durfte ich herumlaufen, wo ich wollte, auch ohne Aufsicht. Während meine älteren Geschwister in der Schule waren, ging ich auf Entdeckungsreise. Alle Erwachsenen, die mir auf meinen Wegen begegneten, blieben kurz stehen. Mein Auftauchen munterte sie sichtlich auf, denn sie sagten, wie schön es sei, mich zu sehen. Oft ging jemand in die Knie, sprach ein paar Sätze mit mir und steckte mir etwas Süßes zu.

Bei meinen Eltern war von Zuneigung dieser Art wenig zu spüren. Verständlicherweise waren sie alles andere als begeistert von der Ankunft eines vierten Kindes zu einem Zeitpunkt, als Deutschland am Boden lag und keiner wusste, ob es jemals wieder aufstehen würde, ob und wann der Vater Arbeit finden würde. Wie alle Eltern dieser Zeit brauchten sie ihre ganze Kraft für den Überlebenskampf. Außerdem waren sie der Meinung, ein Kind zu verwöhnen sei ein kapitaler Erziehungsfehler, sie waren Anhänger der Johanna Haarer, deren Bücher in der NS-Zeit Müttern nahegelegt hatten, ihre Kleinkinder wie Äffchen zu dressieren. Umso schöner für mich, dass es außerhalb unserer Wohnung nicht nur eine unbeaufsichtigte Kindheit gab, sondern auch Begegnungen mit Erwachsenen, die sich unverhohlen freuten, wenn sie mich sahen. Aus beidem entwickelte sich, was ich später als Journalistin gut brauchen konnte: zum einen die Neugier, Unbekanntes zu erforschen, und zum anderen das Gefühl, in einer mir fremden Umgebung grundsätzlich willkommen zu sein.

In den fünfziger Jahren war die Welt noch nicht in Ordnung. Auf ganz Europa lasteten die Folgen eines verheerenden Kriegs, und die Deutschen in West und Ost bemühten sich, möglichst wenig an den Holocaust zu denken. Noch 1970 empfand fast die Hälfte der Westdeutschen Willy Brandts Kniefall am Mahnmal für die Opfer des Warschauer Ghettos als »übertrieben«, wie eine Umfrage ergab.

Ende der fünfziger Jahre begannen sich die Verhältnisse zu stabilisieren. Auch meinen Eltern war es gelungen, ihr Leben wieder in normale Bahnen zu lenken. Die Männer trugen noch Hüte, sie sahen eleganter aus als die Väter heute. Aber die Hüte schienen ihnen auch etwas Unnahbares zu geben, im Unterschied zu den kumpelhaften Vätern heute mit ihren Baseballkappen. Arbeitseifer und Wirtschaftswunder machten Dinge möglich, von denen man wenige Jahre zuvor nur geträumt hatte. Als immer mehr Nachbarn ein Auto besaßen, als Urlaubskarten vom Mittelmeer eintrafen, als die ersten italienischen Eisdielen öffneten und Elvis Presley als GI nach Deutschland kam, da war klar: Man hatte das Schlimmste hinter sich.

Brüder von Heinz Erhardt

Die Erwachsenen wurden etwas gelassener, auch fröhlicher und vor allem dicker. Viele gertenschlanke Männer legten sich innerhalb eines halben Jahres einen Bauch zu. Die Auswirkungen der Fresswelle lassen sich gut an den frühen Karnevalssitzungen »Mainz wie es singt und lacht« studieren, die als Kult gelten, weshalb das Fernsehen sie gern wiederholt. Da sieht man im Publikum recht junge, gut genährte Bürgersleute mit Doppelkinn – sie alle Brüder von Heinz Erhardt –, neben ihnen schunkelnde Damen, die ihre unbekleideten Speckärmchen links und rechts eingehakt haben. Als die Frauen pummelig wurden, hörte man sie immer häufiger kichern wie junge Mädchen. So lange hatten sie auf Luxus verzichten müssen, auch das war nun vorbei. Man konnte wieder ausgehen, man konnte sich etwas gönnen, eine Reise nach Paris zum Beispiel. Nur an ihren Normen und Einstellungen hatten die Erwachsenen nichts geändert. »Das tut man nicht!« war der Satz, den Kinder am häufigsten hörten. Warum man das nicht tat oder nicht tun sollte, wurde nicht erklärt.

An den Schulen der Bundesrepublik unterrichteten überwiegend ältere Lehrerinnen und Lehrer, streng und latent gereizt, mit Strafen waren sie schnell bei der Hand. In meiner Volksschule verbreitete eine Lehrerin mit dem Namen Lang nichts anderes als Furcht und Schrecken. Hinter ihrem Rücken sangen wir: »Die Lang, die Lang, die macht die Kinder bang. Mit Säbel und mit Schießgewehr ist die hinter den Kindern her.«

Wie neidisch war ich, als mir Verwandte aus der DDR erzählten, bei ihnen seien die Lehrer überwiegend jung – kaum älter als die Oberschüler der letzten Klasse. Das Lehrerkollegium auf meinem Gymnasium bestand überwiegend aus – ich will es mal vorsichtig ausdrücken – schwierigen älteren Menschen. Wenn sie das Klassenzimmer betraten, waren ihre Gesichter frei von Freundlichkeit. Bestenfalls schauten sie neutral, häufig aber einfach nur schlecht gelaunt. Jede kleine Unregelmäßigkeit schien sie zu stören. Heute weiß ich: Ihre Stressanfälligkeit war enorm hoch, ihnen steckte der Krieg noch in den Knochen. Als Kind dachte ich: Wenn man groß ist, lacht man nicht mehr, man weiß alles besser, man mag Kinder nicht.

Manche Lehrer schlugen noch mit dem Stock und wurden nur deshalb nicht gebremst, weil in vielen Elternhäusern nichts anderes geschah und Solidarität mit den eigenen Kindern ein

Fremdwort war. Wer sich bei den Eltern über Prügel in der Schule beschwerte, bekam zu hören: »Hättest du dich anständig benommen, wäre dir das nicht passiert!«

Die meisten Erwachsenen duldeten keinen Widerspruch. Wie das im Alltag aussah, lässt sich an einer Szene aus dem Heinz-Erhardt-Film »Vater, Mutter und neun Kinder« von 1958 gut nachvollziehen. Alle sitzen am Tisch, die muntere Kinderschar benimmt sich aus heutiger Sicht völlig normal. Doch die Mutter ist um absolute Kontrolle bemüht, und so hagelt es ohne Pause Ermahnungen und Maßregelungen, genau so, wie es in der Nachkriegszeit üblich war: Sitz gerade, schling nicht so, sei nicht so vorlaut, wie sehen deine Fingernägel aus, man spricht nicht mit vollem Mund, sei nicht so neugierig, reiß dich endlich zusammen …

Eigentlich wurde man als Kind ständig eingeschränkt, frustriert, überfordert. Irgendwann, in der Jugend, als man dem Zugriff der Eltern entronnen war, ergab deren »komisches Verhalten« reichlich Stoff für fröhliche Runden auf Partys und später in Wohngemeinschaftsküchen. Ein damals beliebter Witz ging so: Ein Kind schreit: »Ich will aber nicht nach Amerika. Ich will nicht nach Amerika!« Darauf die Mutter: »Sei endlich still. Schwimm weiter!« Damals lachten wir nur über eine absurde Situation. Dass in diesem Witz die eigenen Eltern karikiert wurden, konnten wir als Jugendliche nicht sehen – dafür fehlte uns die Lebenserfahrung.

»Das wird bös enden!«

Wir machten uns gern lustig über den Erziehungsstil und die Schwarzmalerei in der Elterngeneration. Zu unseren Lieblingssprüchen gehörte »Das wird bös enden!« aus der Filmkomödie »Zur Sache, Schätzchen«. Der aufmüpfige Geist von 1968 erfasste auch jene, die keine Weltrevolution wollten, sondern einfach nur ein bisschen mehr persönliche Freiheit. Fast alle meine Gesprächspartner, deren Biografien diesem Buch zugrunde liegen, haben sich im Umgang mit ihrer eigenen Erziehung eine gewisse Ironie zurechtgelegt. Sie alle sind mit den aus dem Heinz-Erhardt-Film zitierten Sprüchen groß geworden. Sie ergaben die Melodie der vorherrschenden Pädagogik, die sich, etwas pauschal ausgedrückt, nur in einem Punkt unterschied: Es gab Schläge oder es gab keine Schläge. So waren auch die meisten Kinder vor dem Krieg und im Krieg behandelt worden. Aber ich bin mir sicher, dass die Eltern der Nachkriegszeit ihren Erziehungsstil noch rabiater praktizierten, einfach deshalb, weil sie ständig überlastet waren, das Nervenkostüm dünn war, ihre Selbstkontrolle versagte und sie auf diese Weise Dampf ablassen konnten – vor allem aber, weil diese Pädagogik so gut funktionierte. Viele Eltern waren stolz auf ihr konsequentes Handeln. Etwaige Nebenwirkungen wurden nicht mit Bestrafung in Verbindung gebracht. Oder doch? Wurden sie womöglich als das kleinere Übel in Kauf genommen? Der Gedanke muss erlaubt sein. Fortwährend eingeschüchterte Kinder machen vielleicht ins Bett, aber sie machen keinen Krach. Ganz ahnungslos können Eltern in den sechziger Jahren nicht mehr gewesen sein.

Auf Kaffeekränzchen wurde durchaus über die Ursachen von Bettnässen geredet, und man kann davon ausgehen, dass unter einem halben Dutzend Müttern wenigstens eine war, die unter Kindererziehung etwas anderes verstand als Drohen und Strafen.

Die bleierne Zeit

Oft sind die fünfziger und die Anfänge der sechziger Jahre nach einem Kinofilm von Margarethe von Trotta »Die bleierne Zeit« genannt worden. Für mich war es die Zeit der Abwertungspädagogik. Dass sie nun schon lange durch den Volkserzieher Fernsehen geächtet ist, dass in jeder Familienserie Eltern als vorbildlich gelten, die ihre Kinder respektieren, dafür werde ich den

68ern ein Leben lang dankbar sein. Mir ist meine Prägung durch die Nachkriegszeit sehr bewusst, und während ich mich beruflich mit Kriegskindern und später mit Kriegsenkeln beschäftigte, war mir klar, dass ich weder zur einen noch zur anderen Gruppe gehörte und dass mir diese Distanz bei meiner Arbeit half. Ein Buch zu schreiben, das auch meine eigene Altersgruppe in den Mittelpunkt stellte, wäre mir nicht in den Sinn gekommen. Doch als dem Buch »Die vergessene Generation« über die Kriegskinder das Buch »Kriegsenkel« folgte, das sich im Wesentlichen an die 1960er Jahrgänge richtet, stand bei jeder Lesung jemand auf und sagte: »Ich bin weder Kriegskind noch Kriegsenkel. Was ist mit uns? Was ist mit uns Nachkriegskindern?«

Ein Jahr ließ ich mir Zeit, um auszuloten, ob Recherchen über die Jahrgänge von 1946 bis 1960 tatsächlich ausreichend Neues zu Tage fördern würden. Ich wollte mich ja nicht langweilen, und ich wollte mich nicht wiederholen. So waren bei Kriegskindern, Nachkriegskindern und Kriegsenkeln die Gemeinsamkeiten in den Beziehungen zu den Eltern nicht zu übersehen. Wobei man im Blick behalten muss: Wir reden hier nicht von den Problemen ganzer Generationen, sondern von Auffälligkeiten innerhalb bestimmter Altersgruppen, von gesellschaftlichen Mustern, und natürlich lässt sich nur ungenau trennen, welche Defizite im Verhalten Erwachsener ursächlich auf Kriegstraumatisierungen zurückzuführen sind und welche einer gnadenlosen Erziehung oder anderen Faktoren geschuldet sind. Es gibt auch ohne den Hintergrund Krieg und Vertreibung ausreichend kranke Familien.

Mutter oder Vater wurden mir häufig als wenig emotional beschrieben; der Zugang in die Gefühlswelt eines Kindes, hieß es, sei nur selten gelungen. Seelischer Schmerz war keine Kategorie. Probleme wurden häufig nicht ernst genommen, sondern als »Problemchen« abgetan. Kinder wurden nicht getröstet, sondern beschwichtigt. Auffällig auch das auf den Kopf gestellte Eltern-Kind-Verhältnis: dass man sich für das Glück der Mutter oder des

Vaters verantwortlich fühlte, und zwar von früher Kindheit an. War der Vater im Krieg gefallen, sah sich das Kind der Mutter gegenüber in der Rolle des Tröstenden – seinen eigenen Schmerz musste es unterdrücken. Fest stand, als Kind durfte man ihr nicht zusätzlich Sorgen bereiten, sie hatte es schon schwer genug.

Kinder trösten ihre Mütter

Parentifizierte Kinder, wie sie in der psychologischen Fachsprache heißen, sind angepasste Kinder, denen es als Erwachsene äußerst schwer fällt, sich abzunabeln. Es kann geschehen, dass sie ihr ganzes Leben der Liebe eines Elternteils hinterherlaufen, in der Hoffnung, doch noch ein bisschen Zuwendung zu ergattern – weil sie nicht verstehen, dass Mutter oder Vater als schwer Traumatisierte zu tiefen, aufmerksamen Beziehungen nicht fähig sind. Soviel zu den Gemeinsamkeiten von Kriegskindern und den später Geborenen, deren Eltern den Krieg noch miterlebt hatten.

Es ist mir am Anfang meiner Arbeit über die Spätfolgen des Krieges gelegentlich geraten worden, alle beeinträchtigten Altersgruppen zusammenzufassen, doch der Fokus Kriegskinder war mir wichtig, seit ich die Besonderheit in diesen Jahrgängen entdeckte: Hier handelt es sich um eine große Gruppe von Menschen, die in ihrer Kindheit verheerende Erfahrungen gemacht hatten, aber in ihrer Mehrzahl über Jahrzehnte eben nicht auf die Idee kamen, etwas besonders Schlimmes erlebt zu haben. Sie sagten übereinstimmend: »Das war für uns normal«, und es blieb für sie normal, das jedenfalls sagte ihnen ihr Gefühl. Ihnen fehlte der emotionale Zugang zu ihren Erlebnissen und damit der Zugang zu ihren wichtigsten Prägungen.

Nachdem die Kriegskinder 2005 zum ersten Mal in der deutschen Öffentlichkeit wahrgenommen wurden, tauchten nach und nach, eine Generation tiefer, deren Kinder auf. Auch sie wollten gesehen werden mit ihren speziellen Problemen, mit dem, was die Eltern ihnen unbewusst weitergegeben hatten. Über diese nur schwer zu identifizierenden Spätfolgen des Krieges schrieb ich in meinem Buch »Kriegsenkel«. So entstand die Lücke zwischen den Generationengruppen, die das hier vorliegende Buch zu schließen versucht.

Schaut man sich an, was die Nachkriegskinder prägte, so sind auch sie – genau so wie die Kriegskinder und die Kriegsenkel – grob zu unterscheiden in die früh und die später Geborenen. Bei den Älteren, in etwa die Jahrgänge bis 1953, sah ich viele Parallelen zu den Kriegskindern der vierziger Jahrgänge: in Elend groß geworden, umgeben von verstörten, belasteten Erwachsenen, eine strenge Erziehung, die ansteckende Aufbruchsstimmung von 1968, Rock- und Popmusik, ausgezeichnete Berufschancen. Letzteres bezieht sich auf die wohl einmalige gesellschaftliche Situation, dass man sich in der Jugend gründlich daneben benehmen konnte, ohne dass es sich später zum Nachteil auswirkte – es sei denn, man geriet in den Verdacht, ein Verfassungsfeind zu sein und wurde auf Grund des »Radikalenerlasses« vom Staatsdienst ausgeschlossen. Genau genommen musste es jemand, der in den vierziger Jahren geboren war, schon ziemlich dumm anstellen, wenn ihm nach seinem Studium eine gut bezahlte Akademikerlaufbahn verschlossen blieb. Aber auch ohne Hochschulabschluss ergaben sich erstaunliche Karrieren, an der Spitze die von Joschka Fischer, der es vom ehemaligen Straßenkämpfer bis zum Bundesaußenminister brachte.

Stellvertretende Schuld

In den Nachkriegsjahrgängen war die Angst, der Vater könne ein schlimmer Nazi gewesen sein, weit verbreitet. Im Ausland wurde das Phänomen nicht verstanden. Es war ja auch mit Vernunft nicht nachzuvollziehen, dass sich Nachkommen, nur weil sie

Deutsche waren, schuldig fühlten für die Massenverbrechen der Vergangenheit, während die Eltern sich durchweg als Opfer sahen. Schuld- und Schamgefühle hatten in der falschen Generation ihren Platz gefunden. Unter den Begriffen »stellvertretende Schuld« oder »übernommene Schuld« gingen sie in die psychotherapeutische Literatur ein. Dass die Nachkriegskinder stolz sind, Deutsche zu sein, kommt ihnen in dieser Schlichtheit nicht über die Lippen. Stattdessen hört man von ihnen Sätze wie: »Es ist nicht schlecht, Deutscher zu sein.« Oder: »Wir würden ja gern unser Land lieben, aber die Vergangenheit …«

Viele Nachkriegskinder schrieben mir, sie hätten sich teilweise in meinem Buch »Kriegsenkel« wiedergefunden. Das war dann der Fall, wenn im Elternhaus ein Klima der gedämpften Gefühle herrschte oder wenn Heimatvertriebene ihre Familie als »Burg« betrachtet und den Kindern Misstrauen gegen den Rest der Welt eingetrichtert hatten. In den Jahrgängen der Baby-Boomer schließlich – in etwa von 1958 bis 1964 – überschneiden sich viele prägende Erfahrungen der Nachkriegskinder mit denen der Kriegsenkel. Seit sie den Kindergarten besuchten, wissen sie: Wir sind zu viele. Auf mich kommt es nicht an. Ob in der Ausbildung, an der Universität oder im Berufsleben – eigentlich sind immer schon alle Plätze besetzt. Eine Generation in der Warteschleife.

Weder in meinem Buch »Die vergessene Generation« noch in »Kriegsenkel« spielen die Väter eine tragende Rolle. Überwiegend war zu hören, sie hätten als Ernährer gut für ihre Familie gesorgt, seien aber im Grunde abwesende Väter gewesen. Die Aufmerksamkeit lag auf der Mutter, auf sie war man ja als Kind hauptsächlich angewiesen gewesen, mit ihr hatte es offene oder verdeckte Spannungen gegeben, mit ihr hatte man sich womöglich ein Leben lang herumgezankt. Mit den Vätern weit weniger. Häufig war der Kontakt zu ihnen dünn gewesen, weshalb vor allem Töchter – anders als Söhne – über Jahrzehnte übersahen, dass auch die sogenannten abwesenden Väter auf bestimmte Aspekte der eigenen Entwicklung einen enormen Einfluss ausgeübt hatten. Vor allem von den jüngeren Nachkriegskindern wurden mir die Väter überwiegend als Männer beschrieben, die durch ihre Wehrmachtszeit und Gefangenschaft noch lange oder bis zum Tod seelisch belastet blieben und die mit viel Disziplin ihr Leben meisterten.

Täter oder Opfer oder beides?

Bei meinem Nachdenken über ein neues Buchkonzept rückten die Kriegsväter immer mehr in den Vordergrund. Sie waren auch in einem anderen Kontext nicht mehr zu übersehen. Seit Jahren bieten mein Mann und ich Seminare für »Kriegsenkel« an, die Kinder der Kriegskinder. Hier meldeten sich zunehmend auch Angehörige der fünfziger Jahrgänge an, obwohl deren Eltern Kriegserwachsene waren. Aber sie suchten nun mal ein Forum, um ihre Problematik zu reflektieren, und weil sie es woanders nicht fanden, reihten sie sich bei den Kriegsenkeln ein. Obwohl eine Minderheit, dominierten die Älteren unsere Seminare, da sie ihren Klärungsbedarf viel vehementer anmeldeten als die Kriegsenkel. Was sie herausfinden wollten, bezog sich fast immer auf Fragen zu den Kriegsvätern.

Wer war mein Vater eigentlich?
Was steckte hinter seinem Schweigen?
War er Täter oder Opfer oder beides?
Welche Bilder wurde er sein Leben lang nicht los?
In welchem Umfang hat er von der NS-Zeit profitiert?
Wie hat Vaters Krieg unser Familienleben geprägt?
Was habe ich von ihm »geerbt«?
Wie hätte ich mich als Frau/als Mann ohne einen Kriegsvater entwickelt?

Man kann sich vorstellen, dass solche Fragen für Kriegsenkel ohne großen Wiedererkennungswert waren, denn dem Alter nach handelte es sich um ihre Großväter, die ihnen in der Regel so wichtig nicht waren. Fragen nach deren Kriegserlebnissen oder mögliche Verstrickungen in die deutsche Schuld sind für die Enkel nur selten von Bedeutung. »Für uns sind das allenfalls sonderbare Opis gewesen«, erklärte mir ein Mann von Mitte Vierzig. »Über ihre Vergangenheit als junge Menschen haben wir nicht weiter nachgedacht und auch unsere Eltern haben sich diesbezüglich in Schweigen gehüllt.«

In unseren Seminaren für Kriegsenkel spiegelt sich der Befund des Buchs von Harald Welzer »Opa war kein Nazi«. Zum Beispiel: 12 Teilnehmer beschreiben ihren Familienhintergrund; fast alle sehen ihre Eltern und Großeltern als Opfer. Nur ein Mann berichtet, sein Großvater habe sich einen arisierten Betrieb billig unter den Nagel gerissen und damit sei Wohlstand in seine Herkunftsfamilie gekommen. Rein statistisch kann das nicht stimmen, 12 Teilnehmer bedeuten 24 Großelternpaare, bedeuten 48 Personen. Nur ein Opa war Nazi, vielleicht nicht einmal das, vielleicht war er auch nur ein Unternehmer, der von einer günstigen Gelegenheit profitierte. Inzwischen veranstalten mein Mann und ich auch Seminare speziell für Nachkriegskinder. Hier ist die Sicht auf die Generation der Kriegserwachsenen realistischer. Darüber hinaus ist das Wissen über historische Fakten und auch über die Bedingungen und Vorgänge des Alltags in der NS-Zeit sehr viel größer als bei den Kriegsenkeln.

Die Nachkriegskinder fangen an, sich Gedanken über den Ruhestand zu machen. Da liegt eine Lebensbilanz mit einem update zur Identitätsklärung nahe. Häufig geht sie Hand in Hand mit Fragen nach der eigenen Herkunft, nach den Wurzeln. Das Schweigen in ihren Familien über die unheilvolle Vergangenheit hatte viele Nachgeborenen in ihrer Jugend verwirrt, später vielleicht sogar krank gemacht. Die Irritation bezüglich ihrer Soldatenväter muss schon deshalb größer gewesen sein als bei den

Kriegskindern, da diese, sofern sie sich an die Zeit vor 1945 erinnern konnten, die männlichen Familienmitglieder noch in Uniform erlebt hatten. Für sie war es im Unterschied zu den später Geborenen kein Geheimnis, woher des Vaters Befehlston kam und warum er seine Kinder bei Bedarf »antreten« ließ.

»Wie konnte mein Vater das tun!?«

Der Fokus Vater führt notgedrungen zu einem verengten Blickwinkel. Die Beziehung zur Mutter wird in diesem Buch nur angedeutet. Oft war das Leid der Mütter begleitet von dramatischen Umständen und einschneidenden Folgen für ihre Kinder. In vielfacher Weise zeigt sich, wie hilflos die Väter als Ehemänner den seelischen Nöten ihrer Frauen gegenüberstanden und wie sie daher auch bei ihren Kindern versagten.

Manchmal schilderten mir Nachkriegskinder, wie in ihnen die Ahnung wuchs, der biedere, langweilige Vater, der jedes Risiko scheute, könnte mal ein ganz anderes, ein wildes Leben geführt haben, was sich dann durch Nachforschungen bestätigte. Manchmal wuchs damit auch das Entsetzen. Wenn die Beteiligung an Kriegsverbrechen vermutet oder sichtbar wurde, zeigte sich, dass Denk- und Gefühlskategorien von Friedenskindern nicht ausreichten, und so stellten sie immer wieder die Frage: »Wie konnte mein Vater das tun!?« Der Historiker Sönke Neitzel bietet eine Erklärung an: »Konkret wurden im Krieg Verbrechen danach definiert, was von den Soldaten emotional als Verbrechen empfunden wurde.«

Oft war das Ergebnis der Nachforschungen enttäuschend. Es blieben Ungereimtheiten und Lücken, die letztlich nur neue Fragen und Spekulationen aufwarfen, weil es keine möglichen Mitwisser mehr gab, die man hatte fragen können. Die meisten Recherchen förderten nichts anderes als das ganz normale Kriegsgrauen zu Tage. »Was der Vater an der Front und in Gefangenschaft erlebt hat«, sagte ein Sohn, »war zu viel für ein Leben. Er hatte als Soldat zu viele Freunde verloren, da hat er später keine neuen Freundschaften mehr geknüpft.«

In meiner Jugend kannte ich – abgesehen von den Alten – kaum andere Männer als Kriegsteilnehmer oder Heimkehrer. Ich wusste, dass sie, wenn überhaupt, ihren Söhnen etwas anderes erzählten als ihren Töchtern. Ich ließ allerdings nicht locker, bis die Jungen auch mich einweihten. Als Erwachsene begriff ich, wie viel die Väter dabei ausblendeten. Manche Männer verteidigten ganz offen bis ins hohe Alter Hitlerdeutschland, aber die meisten taten es nicht, entweder weil sie tatsächlich keine Nazis mehr waren oder es nie gewesen waren, oder weil sie ihre Gesinnung verbargen und sie nur bei den alten Kameraden am Stammtisch zur Sprache brachten.

Die letzten Zeugen der Wehrmachtszeit

Was ich bei meinen Buchrecherchen über die Väter hörte, war mir also im Wesentlichen vertraut. Ich wusste, dass sie sich durchweg als Opfer sahen und dass sich diese Sichtweise im Alter nicht ändern würde. Erst relativ spät kam mir der Gedanke, es würden ja vermutlich auch Jüngere das Buch lesen, denen man einen Eindruck vermitteln müsse, in welcher Weise die Kriegsväter sich über ihre Wehrmachtszeit und die Gefangenschaft geäußert hatten. Ich führte zwei Interviews mit ehemaligen Soldaten – einer war zum Zeitpunkt unseres Gesprächs 97 Jahre alt, er lebt inzwischen nicht mehr. Darüber hinaus gebe ich in diesem Buch sehr ausführliche Gespräche mit drei Experten wieder. Es handelt sich bei ihnen um den bereits erwähnten Historiker Sönke Neitzel, den Psychotherapeuten Jürgen Müller-Hohagen und den ostdeutschen Pfarrer Wolfram Hülsemann, der mir die DDR-Variante der Thematik »Nachkriegskinder und ihre Soldatenväter« erläuterte.

Das Thema »Kriegsväter« ist nicht neu. Seit den achtziger Jahren beschäftigt sich die psychotherapeutische Literatur mit dem Niederschlag der Kriegs- und NS-Vergangenheit in deutschen Familien. Es waren vor allem Angehörige der Kriegskinderjahrgänge, die sich dieser Thematik annahmen, darunter Jürgen Müller-Hohagen (»Verleugnet, verdrängt, verschwiegen«), Anita Eckstaedt (»Nationalsozialismus in der zweiten Generation«), Wolfgang Schmidbauer (»Ich wusste nie, was mit Vater ist«), Tilmann Moser (»Dämonische Figuren«). Aber seit ihren Veröffentlichungen sind erneut viele Jahre ins Land gegangen. Der zeitliche Abstand, neue historische Forschungsergebnisse und Selbsterkenntnis ermöglichen heute Einsichten, die von Schwarz-Weiß-Denken und Ideologie abgerückt sind. »Als wir jung waren, wollten wir Eindeutigkeit, wir wollten klare Ansagen: entweder – oder, richtig oder falsch«, sagte mir eine Sechzigjährige. »Mit der heutigen Lebenserfahrung wissen wir, dass sie nicht zu haben sind.«

Bei meinen Gesprächen stellte sich heraus, dass man im Nachhinein den Satz des Vaters »Ich habe von nichts gewusst« als unwahr einschätzt. Damit wird reflektiert umgegangen. Vorwürfe werden heute kaum mehr erhoben. Dagegen hat sich nichts geändert an der Sichtweise, wie gravierend sich das Schweigen der Väter auswirkte – wie es die eigene Wahrnehmung und die Entscheidungsfähigkeit irritierte, wie es die Menschenkenntnis schwächte und spätere Partnerschaften belastete und nicht selten zu einer seelischen Erkrankung führte.

Kindersoldaten

In den heutigen Aussagen der Nachkriegskinder überwiegt das Mitleid mit Familienmitgliedern, die Opfer waren, auch dann, wenn sie gleichfalls Täter waren. Väter, die noch kurz vor Kriegsende eingezogen wurden, manche im Alter von 16 Jahren, werden als »Kindersoldaten« eingestuft. Wer 1933 noch nicht erwachsen war, wird darüber hinaus als Opfer der fanatischen Propaganda gesehen, der sich Jugendliche kaum entziehen konnten. Im späteren Leben blieben sie häufig einer reaktionären Weltsicht verhaftet, weshalb sich die Kinder ihrer schämten. Schon deshalb hatten sie nicht so werden wollen wie ihre Eltern.

In fast allen Gesprächen wiederholte sich das große Bedauern über seichte, schwierige oder extrem spannungsreiche Beziehungen. Auf Wut oder Empörung stieß ich nur noch selten.

Fakt bleibt, man hätte es sehr viel leichter haben können, hätten die Eltern nicht jede Schuld oder profitierende Beteiligung an den Untaten der NS-Zeit zurückgewiesen, und sich damit grundsätzlich geweigert, sich dem Unbeschreibbaren zu stellen. Zu den wenigen Ausnahmen zählte der Schriftsteller Heinrich Böll – er wurde von der jüngeren Generation dafür verehrt und geliebt.

Aber Fakt ist auch: Die Bedingungen für das eigene Leben hätten sehr viel schlechter sein können. Um das zu erkennen, ist der Blick auf die ehemalige DDR ein hilfreicher. Das Nachkriegselend dauerte im Osten weit länger als im Westen. Wer wusste das besser als wir Kinder, die diesseits des Eisernen Vorhangs aufwuchsen und der Mutter halfen, die regelmäßig Pakete und Päckchen »nach drüben« schickte. Dort gab es keine demokratischen Verhältnisse, kein Wirtschaftswunder, keinen Schüleraustausch mit den USA. Das erfuhr man als Kind des Westens schon lange bevor die Mauer fiel. Die deutsch-französische Freundschaft brachte vermutlich mehr Annehmlichkeiten mit sich als die deutsch-sowjetische Freundschaft. Aber auch in der DDR gab es rebellierende oder doch zumindest sich verweigernde Jugendliche. Aus der Reihe zu tanzen erforderte bekanntlich viel Mut, es konnte Verhöre durch die Stasi und drastische Gefängnisstrafen nach sich ziehen. Dagegen verblüffte mich, als ich nach der Wende von Gleichaltrigen erfuhr, sie hätten sich nicht geschämt, deutsch zu sein, sie hätten sich wegen der NS-Verbrechen nicht schuldig gefühlt, denn der offiziellen Propaganda zufolge habe man sich als

Erben des antifaschistischen Widerstandes gesehen. Um es noch deutlicher zu machen, griff die ehemalige DDR-Bürgerin und Bundesbeauftragte für Stasiunterlagen, Marianne Birthler, zu leiser Ironie. »Hitler war ja, wie Peter Bender es auf den Punkt brachte, Westdeutscher. Wir waren erklärtermaßen der antifaschistische Staat, und es gab auch offizielles und öffentliches Gedenken, aber wir haben über andere geredet, nicht über uns. Denn die Verbrecher – ich sag's jetzt etwas verkürzt –, die waren alle im Westen.«[1]

Milder Blick auf die Eltern

Wie nicht anders zu erwarten, ist der Blick der Nachkriegskinder auf die Eltern, die häufig schon tot sind, milder geworden. Man zeigt Verständnis für deren Entsetzen über lange Haare, kurze Röcke, laute Musik und Knutschen in der Öffentlichkeit. Keine Frage, man hat den kaum vom Krieg erholten Erwachsenen viel zugemutet. Aber bereut wird es nicht. Die Zeit war überreif, darum war die Veränderung so radikal, nur noch übertroffen von dem, was den ehemaligen DDR-Bürgern nach dem Mauerfall widerfuhr.

Für einige Nachkriegskinder des Westens scheint die Aufbruchsstimmung, als sie jung waren, das Einzige zu sein, was sich zu erinnern lohnt. Die bleierne Zeit der fünfziger Jahre und die Enge des Elternhauses verschwinden dahinter. Eine Freundin von mir ist sogar überzeugt: »Wir sind die goldene Generation.« Das können die Baby-Boomer von sich nicht behaupten, was wieder einmal zeigt, dass nur wenige Jahre Altersunterschied in der Gruppe der Nachkriegskinder große Unterschiede im Lebensgefühl erzeugen konnten.

Die meisten biografischen Geschichten haben einen melancholischen Unterton. Menschen, die in der Nachkriegszeit aufwuchsen, werden in den hier veröffentlichten Erinnerungen viel

31

Vertrautes wiederfinden, sie werden sagen: »Das war für uns normal, das ging doch allen so« – doch wenn sie sich mit zehn oder zwanzig Jahre Jüngeren darüber austauschen, werden sie feststellen: In Wahrheit sind es verstörende Geschichten.

Zweites Kapitel

DIE GUT GETARNTE VERGANGENHEIT

»Gerade erst den Luftschutzkellern entkommen«

Der Roman »Die Erfindung des Lebens« von Hanns-Josef Ortheil erzählt davon, wie ein kleiner stummer Junge sprechen lernt, und er erzählt von einer Kindheit in den fünfziger Jahren. »Die Jahre des Krieges scheinen noch allgegenwärtig«, heißt es dort, »als wären die Menschen gerade erst den Luftschutzkellern und den Bunkern entkommen und als hätten sie den Staub noch nicht ganz von den Mänteln geschüttelt. Angst und Erschöpfung sind im alltäglichen Leben zu spüren, das viel langsamer verläuft als das Leben heutzutage.«[2] Darüber hinaus erzählt das Buch von der Liebe eines Vaters zu seinem Sohn und wie die Vaterliebe ein behindertes Kind stark machte. »Jedenfalls mochte ich meinen Vater sehr, nicht nur wegen seines befreienden Lachens, sondern auch, weil er mich niemals tadelte oder schimpfte oder zu etwas aufforderte, was ich nicht gern getan hätte. Vater und ich – wir verstanden uns gut, auch ohne das ununterbrochene, korrigierende und besserwisserische Reden, das andere Eltern auf ihre Kinder niederregnen ließen.«[3]

Normalerweise scheuen Romanautoren ein Klima der guten familiären Beziehungen. Der handfeste Generationenkonflikt ist als Stoff weit ergiebiger als ein harmonisches Miteinander. Doch Ortheils Leser – wie man hört, überwiegend den 1950er Jahrgängen angehörend, wie der Schriftsteller selbst – empfinden dieses Buch als erholsame wenn nicht gar heilsame Lektüre, gerade weil es keine Beziehungsdramen enthält und sich der Sohn fast mühelos aus dem hochkomplizierten und viel zu engen Verhältnis zu seiner traumatisierten Mutter löst.

Nachkriegskinder erinnern sich, wie viele Väter und Großväter voller Spannung steckten. Die meisten waren starke Raucher. In der Zigarettenwerbung tauchte in dieser Zeit ein kleiner Kerl auf, der optimistisch sein Tagwerk beginnt, aber dann, sobald eine Kleinigkeit schief läuft, explodiert. Wir liebten die Episoden des HB-Männchens im Kino, bevor der Hauptfilm begann, brachten es allerdings nicht mit den uns gut bekannten Kettenrauchern in Verbindung, denn diese ließen sich, wenn sie ihre Anfälle bekamen, durch einen Zug aus der Zigarette wohl kaum beruhigen. Das leise und liebevolle Zusammenleben in dem Roman »Die Erfindung des Lebens« war fraglos eine Ausnahme. In den meisten Familien ging es erheblich geräuschvoller zu. Davon handelt die folgende Geschichte, aber auch davon, wie ein Vater die Schrecken seiner Vergangenheit verbarg, wie biografische Erfahrungen sich in Ideologie verwandelten und wie unterschiedlich sich seine Kinder dazu stellten.

Am Familientisch zwei Fraktionen

Wenn im Elternhaus von Martin Best* das Essen auf dem Tisch stand, wurde erst gebetet und unmittelbar danach begann eine laute politische Diskussion. Es gab zwei Fraktionen. Die beiden älteren Geschwister hielten zum Vater, die beiden jüngeren zur Mutter. Hannelore Best* war Feministin und wählte die Grünen, Harald Best* wollte Franz-Josef Strauß als Bundeskanzler und warf den Sowjets Kriegstreiberei vor.

Mein Kontakt zu Martin Best war durch einen gemeinsamen Bekannten zustande gekommen. Während wir zum ersten Mal telefonierten, stellte ich ihn mir mit Designerbrille und Kaschmirpullover vor. Vermutlich lag es daran, dass er als Rahmen für unser Gespräch nicht seine Praxis, sondern ein Mittagessen in einem nicht gerade preiswerten Restaurant vorschlug, woraus ich klischeehaft schloss, er würde auch bei seiner Kleidung nicht sparen. Auf der anderen Seite wusste ich, dass die meisten Psychotherapeuten kein Faible für Anzüge haben. Tatsächlich trug er eine Designerbrille, einen Pullover im Marinestil und ausgebeulte

Cordhosen, wie ich sie an Männern kenne, seit ich 20 Jahre alt bin.

Martin Best, geboren 1951, Vater von drei Kindern, ist ein kultivierter Mann. Die Speisen wählt er mit Bedacht, ein trockener Sherry vorweg, ein Glas Rotwein zum Wild. Während des Vorgerichts und der Hauptspeise reden wir über neue Filme und Theaterstücke und über das eingestürzte Archiv in meiner Heimatstadt Köln. Wir sind noch dabei, uns aufeinander einzupendeln. Natürlich will er einschätzen, wie weit er mir vertrauen kann. Er kennt meine Bücher nicht, nur grob deren Inhalte. Erst beim Dessert, einem Zimtparfait, gibt er mir einen ersten Einblick in seine meinungsfreudige Familie, und angesichts seiner ruhigen, abwägenden Art frage ich mich, wie er sich als Jugendlicher am Esstisch überhaupt Gehör verschaffen konnte.

Bei seinen Schilderungen fallen mir die Bundestagsdebatten der siebziger Jahre ein, die leidenschaftlichen, im hohen Maße ideologisierten Kontroversen, teilweise mit üblen Beschimpfungen, teilweise mit hohem Unterhaltungswert und weit entfernt von dem blutleeren Duktus, wie er heute unter der Kuppel des Berliner Reichstags Standard ist. In einer Kleinstadt am Rande des Harzes wurden die Debatten aus Bonn nachinszeniert. Bei Familie Best kreiste man damals um dieselben Themen: die Angst vor den Russen, Ost-West-Entspannung, Freiheit statt Sozialismus, RAF, Nachrüstung, Atomraketen. Langweilig wurde es nie, obwohl am Ende kein Erkenntnisgewinn stand in dem Sinn, dass sich Positionen angenähert hätten.

Politische Wortgefechte mit Subtext

Martin Best glaubt, der Subtext unter den Wortgefechten sei gelegentlich ein anderer gewesen: Die Eltern hätten ihre Paarkonflikte auf die Ebene der politischen Diskussionen verschoben. Auf andere Weise hätten sie nicht aggressiv sein können, erklärt er weiter. Vater und Mutter verstanden sich gut, vielleicht zu gut, und Ehekrach war für sie ein Tabu. Jahre später, bei einer Familienzusammenkunft, als alle Kinder erwachsen waren und die Eltern sich wie gewohnt zu einer neuen Redeschlacht rüsteten, sagte Martins älterer Bruder: »Jetzt haben wir zwei Möglichkeiten. Entweder die 37. Aufführung des immer gleichen Stückes, oder damit aufzuhören.« Alle im Raum lachten, und ab diesem Zeitpunkt wurde auf weitere Aufführungen verzichtet.

Martin Best schiebt seinen leeren Dessertteller zur Seite und lehnt sich entspannt zurück. »Meine Eltern haben wirklich dauernd politisch diskutiert«, sagt er, »alle Themen, die aufkamen: die Grünen, Frauenbewegung, Lohn für Hausarbeit, Gewerkschaften, Arbeitnehmerrechte. Als Jugendlicher fand ich das klasse!« So entstand sein Interesse an Politik. Seine Freunde freuten sich, wenn Martin sie mit in sein Elternhaus nahm. Dass sein Vater auch reaktionäre Sprüche klopfte, dass er manchmal abstruse Argumente in die Debatte warf, war dem Sohn nicht peinlich. Mit dieser Aussage überrascht er mich. Schämt man sich nicht, wenn der eigene Vater wie jemand vom Biertisch redet? »Nein«, wiederholt er. »Meine Freunde fanden die Atmosphäre bei uns zu Hause toll: So offen kann man bei euch miteinander reden … Mein Vater hat ja auch mit meinen Freunden diskutiert. Er hat nachher nie gesagt: Was haben die denn für Einstellungen, die will ich nicht mehr sehen. Es waren freundliche Gefechte sozusagen, die fanden wir alle belebend.«

Bei den Eltern einer Freundin lernte Martin ganz andere Gespräche kennen. Da wurde interessiert gefragt: Wie geht es dir denn, was hast du in der Zwischenzeit gemacht, wie läuft dein Studium? Bei ihm zu Hause, sagt er, seien die persönlichen Themen ausgeblendet worden. Es habe wenig Zärtlichkeit gegeben, der Mutter habe es nicht gelegen, ihre Kinder zu trösten oder mit ihnen zu kuscheln. Da seien er und seine drei Geschwister wohl etwas zu kurz gekommen. »Unsere Eltern haben sich schon dafür interessiert, ob es in der Schule klappt«, fügt er hinzu, »aber die Gespräche beim Essen waren von Politik dominiert.«

Martin erwarb am Familientisch die Basis seiner politischen Bildung und seines Engagements für soziale Gerechtigkeit und Frieden. An der Seite seiner Mutter lernte er Empathie für sozial Benachteiligte. Beim Abitur trug er die Haare lang, er verweigerte den Kriegsdienst. In den achtziger Jahren beteiligte er sich an den Blockaden in Mutlangen – symbolträchtiger Widerstand gegen die Stationierung atomarer Mittelstreckenraketen.

Von Jugend an Pazifist

Er bezeichnet sich als Pazifist. Aber gewaltfreier Widerstand, räumt er ein, wäre heute nicht mehr sein Weg. Überzeugender findet er politische Konzepte, wie durch wirtschaftlichen Aufbau Krieg verhindert werden kann. »Den Jugoslawen«, erläutert er, »hätte ich direkt nach Titos Tod gesagt: Ihr kommt in die EU, aber nur als ein gemeinsames Land, ihr bleibt zusammen und wir geben euch 20 Milliarden Aufbauhilfe.«

1972 durfte Martin zum ersten Mal wählen, sein Kandidat hieß Willy Brandt. Die Mutter verband mit Brandt eine große Hoffnung, sein Vater befürchtete den Anfang des Sozialismus. Später erkannte der Sohn: Die lautstarken politischen Debatten hatten nicht nur die Funktion Dampf abzulassen, wenn man sich über den Ehepartner geärgert hatte. Auffällig war, dass seine Eltern nur selten Themen der deutschen Vergangenheit berührten, während davon im Fernsehen immer häufiger die Rede war, als im Zuge der Studentenunruhen von 1968 die NS-Verbrechen auf den Tisch der Nation kamen.

Viel, sehr viel hätten Martins Eltern dazu sagen können, wären sie in der Lage gewesen, die Gewalteinbrüche in ihr Leben und das Unglück in ihren Familien zu betrauern. Martin Best weiß viel über Trauer, wie wichtig sie ist, um mit seinem Schicksal Frieden schließen zu können. Zwar gelang es Harald und Hannelore Best, stabil zu bleiben, doch heftige Gefühle, scheinbar von der Vergangenheit abgekoppelt, führten ein Eigenleben und drängten zum Ausbruch. Die Wortgefechte zur aktuellen Politik dienten stellvertretend der emotionalen Entladung. Auf diese Weise gelang es, zumindest kurzfristig, innere Spannungen und Aggressionen loszuwerden.

Der Vater von Hannelore Best, ein Funktionär der Zentrumspartei, war von den Nationalsozialisten verfolgt worden. Auf Grund seiner Kontakte zu Widerständlern des Kreisauer Kreises wurde er mehrfach verhaftet, er verlor seine Arbeit, was die ganze Familie in tiefe Armut stürzte. Martins Mutter stand dem Widerstand ambivalent gegenüber, sie kritisierte die Männer, die ohne Rücksicht auf ihre Familien gehandelt hätten. Ihr Sohn berichtet, sie sei lange überhaupt nicht stolz auf ihren Vater gewesen, sondern habe die Meinung vertreten, nur Junggesellen und Priester dürften sich dem Widerstand anschließen. »Die Geschichte meines Opas wurde früher genauso verschwiegen wie die Kriegsgeschichte meines Vaters«, berichtet Martin Best. Lange Zeit konnte Hannelore ihrem Vater nicht verzeihen, sie gab ihm die Schuld an Angst, Not und Unglück in ihrer Kindheit. Grundsätzlich warf sie ihm unverantwortliches Verhalten gegenüber der Familie vor. Sie selbst wandte sich linken politischen Positionen und dem Feminismus zu, organisierte sich politisch. Sie praktizierte Gleichberechtigung unter ihren Kindern; auch die Söhne wurden zur Hausarbeit herangezogen. Inhaltlich folgte sie der Linie ihres Vaters.

Mit 12 Jahren hatte Hannelore ihre Mutter bei einem Bombenangriff verloren. Das Haus war zerstört worden. Die Familie kam auf einem Bauernhof unter, wo die Kinder dankbar sein mussten, wenn sie Abfälle essen durften. Der Vater starb nach Kriegsende an den Haftfolgen.

Später verlor Hannelore Best eine Tochter. Sohn Martin kommt zu dem Schluss: Die ersten Verluste seiner Mutter fielen in Zeiten des Überlebenskampfes, Innehalten war nicht möglich gewesen und daher hatte sie Trauern nicht gelernt.

Eine Konsequenz war ihre Partnerwahl. Mit Harald Best hatte

sie einen absolut zuverlässigen Mann an ihrer Seite. Als 19-Jährige lernte Hannelore ihn kennen, einen Kriegsversehrten. Der hatte mit 20 Jahren an der Front sein Bein verloren. In seiner Nähe war eine Granate explodiert, nicht alle Splitter konnten entfernt werden. Danach gab es für ihn keinen schmerzfreien Tag mehr in seinem Leben. Auch seine Leber hatte Schaden genommen, weil er im Lazarett Blutkonserven mit der falschen Blutgruppe erhalten hatte. Dass ihm dennoch ein erfülltes Leben gelang und dass es seiner sechsköpfigen Familie an nichts fehlte, beruhte auf ungeheurer Disziplin und Arbeitsbereitschaft, auf Optimismus und Kreativität. Als Kriegsverletzter musste er sich, um Arbeit zu haben, selbständig machen und hatte als Handwerker einen Betrieb aufgebaut. Er hatte sogar Erfindungen gemacht, mit denen sich zeitweise sehr gut Geld verdienen ließ.

Kriegsnarben

»Mit dem Verlust seines Beines ging Vater immer offen um«, sagt sein Sohn Martin. »Sonntagmorgens im Elternbett wollten wir Kinder wissen: Wie war das im Krieg? Und er hat knapp geantwortet, Russland, die Granate, deren Narben man auf der Haut sah, die Amputation, manchmal entzündete sich der Stumpf.« Zum Glück sei sein Vater mit einem relativ guten Selbstbewusstsein ausgestattet gewesen, fügt er hinzu, ohne depressive Attacken, ohne größere Einschränkungen, ohne Macken. Grundsätzlich sei er dem Thema Krieg eher ausgewichen.

Sein Sohn meint, der Vater habe seine eigene Mitbeteiligung an der deutschen Kollektivschuld, sein Zwangsverstrickt-Sein, nicht weiter beachtet. Dem habe er sich entzogen, indem er zum Antisozialisten geworden sei und aggressiv auf die Russen geschaut habe – auf deren Verbrechen, deren Schuld. »An seinem Leid musste jemand Schuld sein – in seinen Augen die Russen. Das war seine Art, mit Wut und innerem Stress umzugehen. Und so brauchte er nicht zu trauern.«

Martin Best beschreibt ihn als einen Mann mit einem recht einfachen Bildungsstand, der aus einer kinderreichen Bauernfamilie stammte. Lebensklug sei er schon gewesen, betont der Sohn, doch habe er kaum Fähigkeiten gehabt, sich mit inneren Vorgängen auseinanderzusetzen. »Mein Vater feierte gern, er war sehr kontaktfreudig, also eigentlich ein offener Mensch – nur nicht in Bezug auf die Russen«, stellt er fest. »Er war ein absoluter Kommunistenhasser, das kam bei ihm als Reflex, da brauchte er keine Argumente.«

Der Sohn sieht noch weitere Widersprüche. In seinem Umfeld verhielt Harald Best sich zugewandt, hilfsbereit und großzügig. »Aber politisch war er überhaupt nicht sozial eingestellt, sondern richtig reaktionär.« Für den Vater waren die sozial Schwachen, sofern er sie nicht persönlich kannte, selbst Schuld, wenn sie nichts aus ihrem Leben machten. Harald Best nahm diesbezüglich an sich selbst Maß: Er hatte sich nicht unterkriegen lassen, er hatte sein Schicksal in die Hand genommen, und dies mit großem Erfolg. Martin Best kommt an dieser Stelle auf seinen älteren Bruder zu sprechen, der in der Jugend die Einstellung seines Vaters übernommen und nicht mehr geändert habe. Noch heute rede der Bruder abwertend über sozial Schwache, da sei er ohne jede Empathie. Er halte Schwäche bei sich und anderen so wenig aus, dass er seiner Mutter drei Tage nach dem Tod ihres Mannes nahelegte: »Weinen hilft jetzt auch nicht!« Die Mutter beherzigte den Rat und wurde depressiv.

Der abwesende Vater

Martin Best unterbricht unser Gespräch, er bestellt einen Espresso. Dann kommt er auf seine eigene Entwicklung zu sprechen. »Mein Vater hat von sieben Uhr morgens bis sieben Uhr abends gearbeitet. Man hat als Kind nicht viel von ihm gehabt. Und in der Jugend hatte ich zu wenig Orientierung in Fragen, was es heißt ein Mann zu werden und ein Mann zu sein.« Das habe vorübergehend zu einer Irritation in der Geschlechtsrolle geführt, bekennt er. Seine Versuche, mit sich und der Welt ins Reine zu kommen, beschreibt er so: Mit 16 aus der Kirche ausgetreten, mit 19 Jahren wieder eingetreten. Er wollte Priester werden, genauer Arbeiterpriester. Damit, erklärt er mir, sei er unbewusst dem Vorbild des Großvaters gefolgt, dem katholischen Widerstandskämpfer. »Ich wollte Priester werden – nicht trotz des Zölibats, sondern wegen des Zölibats. Von einer bruchlosen Identifikation mit meinem Vater kann keine Rede sein.« Die Defizite seines Aufwachsens, fährt er fort, habe er während seiner Ausbildung zum Therapeuten bearbeiten können und seitdem wisse er: Es habe bei ihm stärkere Belastungen gegeben als bei anderen Gleichaltrigen, deren Eltern vergleichsweise unbeschadet durch den Krieg gekommen waren. Wie ich weiter erfahre, hat ihm später eine gewisse Distanz gut getan, als er seine Eltern nur noch dreimal im Jahr besuchte. Vermutlich hat ihm der räumliche Abstand geholfen, als Familienvater und Psychotherapeut seine eigenen Wege zu finden.

Während Martin Best seinen Espresso trinkt, nimmt er den Faden der Kriegsvergangenheit seines Vaters wieder auf. Er kann sich nicht erinnern, ob in seiner Familie, wo jedes aktuelle Thema aufgegriffen wurde, über die Wehrmachtausstellung diskutiert wurde. »Wenn ja, dann vermute ich, dass er einerseits die Inhalte nicht in Frage stellte, aber sofort reflexhaft auf die Verbrechen der Russen zu sprechen kam.« Ich frage ihn, ob er, Martin Best, in jener Zeit gedacht oder laut gesagt habe: Soldaten sind Mörder. Nein, antwortet er, nur einmal sei er in die Nähe dieses Themas gekommen. Er schildert ein Ereignis während einer Familienfeier, als sein Vater sein 70. Lebensjahr schon überschritten hatte: Ohne jede Vorankündigung nahm Harald Best ein paar handgeschriebene Blätter in die Hand und sagte ruhig: »Ich will euch etwas vorlesen.« Es war ein nüchterner Bericht über seine Zeit als Wehrmachtsoldat, eine Auflistung seiner Stationen während des Krieges. Demnach war er nur wenige Wochen an der Front gewesen.

Martin Best erzählt, der Vater habe alles völlig unaufgeregt vorgetragen, und in der Familie sei darauf reagiert worden, als habe es sich um den abendlichen Wetterbericht gehandelt.

Martins Bruder fragte noch: »Warum hast du das eigentlich geschrieben?«

»Ich wollte nachweisen, dass ich im Krieg niemanden erschossen habe.«

»Ach so.«

Nur mit seiner jüngeren Schwester, der Martin Best nahe steht, seit sie sich beide in ihrer Jugend auf die Seite der Mutter schlugen, konnte er sich später darüber austauschen. »Ich bin vorher davon ausgegangen: Natürlich hat er als Soldat geschossen«, sagt er. »Und ich war verwundert darüber, wie stark er unter der Vorstellung gelitten haben muss, andere könnten ihn diesbezüglich verdächtigen.« Für ihn als Sohn ist die Aussage wichtig, für sein Vaterbild ist sie wichtig. »Obwohl das ja auch kein Beweis war, er kann ja aufschreiben, was er will«, räumt er ein. »Dennoch: Ich glaube ihm.«

Wachsendes Leid mit der Prothese

Harald Best starb mit 75 Jahren. Nach seinem Tod meinte der Hausarzt, er hätte damit gerechnet, dass der Vater nur 35 oder maximal 50 Jahre alt werde. »Das Erstaunliche« sagt Martin Best, »ist mir erst bei seiner Beerdigung aufgegangen: Wie hat dieser Mann eigentlich gelebt? Jahrzehntelang die starken Schmerzen, Granatsplitter, Leberschädigung, große Einschränkungen. Je älter mein Vater wurde, desto schwieriger war es für ihn, die Prothese zu bewegen – das ist ja auch eine Kraftfrage. Später hatte er so große Schmerzen, dass er eine halbe Stunde brauchte, um die Prothese überhaupt anzulegen.« Er beginnt zu weinen, spricht aber weiter. »Mein Vater war für den Rest seines Lebens gequält, doch es war ihm kaum anzumerken. Durch ein aktives Leben hat er seine Belastungen von uns ferngehalten.«

Der Vater vermittelte seinen Kindern Optimismus und den Wert planvollen Handelns, allerdings auch das Vertrauen, wonach das Leben ungeahnte Geschenke bereithält. Seine Einstellung: Man kann nicht alles planen. Man muss mit dem zurechtkommen, was sich gerade bietet. Gerade aus dem Unvorhergesehenen können sich Optionen entwickeln, an die man selbst nie gedacht hätte.

Wir sind so in unser Gespräch vertieft, dass uns erst, als der Kellner ungefragt die Rechnung bringt, auffällt, dass wir die letzten Gäste im Restaurant sind. Wir brechen auf. Hinter uns wird die Tür verschlossen. Auf der Straße erfahre ich in einer letzten Geschichte, wie Familie Best Urlaub machte. Der schwer behinderte Vater setzte mehr auf Abenteuer als auf Bequemlichkeit. Zusammen mit Frau und vier Kindern erkundete er Irland und Skandinavien ohne eine vorher festgelegte Route. Jede Nacht mussten für sechs Menschen Betten gefunden werden. Daraus ergaben sich großartige, frustrierende und kuriose Erlebnisse. Martin Best wird noch seinen Enkeln davon erzählen.

Alles im allem war Harald Best ein guter Vater. Ohne dessen Vorbild hätte sein Sohn eine freiberufliche Existenz als Therapeut vermutlich nicht riskiert und daher nie erfahren, dass er vom Vater nicht nur die Kreativität, sondern auch den Geschäftssinn vererbt bekam.

Wochen später, beim Verschriften unseres Gesprächs, bestätigte sich für mich der Eindruck, dass wir dem Vater mehr Gewicht gegeben haben als dem Sohn, und ich dachte: Man ist einfach tief davon beeindruckt, wie dieser Mann bei allen Einschränkungen sein Leben meisterte, und es dürfte für seinen Sohn nicht leicht gewesen sein, aus dem Schatten des Vaters herauszutreten.

»Im Westen nichts Neues«

Harald Best zog neunzehnjährig in den Krieg, genau wie Paul Bäumer, die Hauptfigur des Romans »Im Westen nichts Neues« von Erich Maria Remarque. »Wir sind verlassen wie Kinder und erfahren wie alte Leute, wir sind roh und traurig und oberflächlich – ich glaube, wir sind verloren.«[4] So beschreibt der Schriftsteller seine Generation, die in den Schützengräben die Hölle des Ersten Weltkriegs erfuhr. Bei einem Heimaturlaub findet sich Bäumer nicht mehr zurecht. Mit Menschen, die ihm vertraut sein müssten, kann er nichts mehr anfangen. Er registriert ein »fürchterliches Gefühl der Fremdheit«[5]. Von der Front erzählt der Neunzehnjährige wenig und schon gar nicht die Wahrheit. Lange schiebt er den Besuch bei der Mutter eines gefallenen Mitschülers auf, doch als sich sein Urlaub dem Ende zuneigt, kann er der Begegnung nicht länger ausweichen.

Man kann das nicht niederschreiben. Diese bebende, schluchzende Frau, die mich schüttelt und mich anschreit: »Weshalb lebst du denn, wenn er tot ist!«, die mich mit Tränen überströmt und ruft: »Weshalb seid Ihr überhaupt da, Kinder, wie ihr –«, die in einen Stuhl sinkt und weint: »Hast du ihn gesehen? Wie starb er?«

Ich sage, dass er einen Schuss ins Herz erhalten hat und gleich tot war. Sie sieht mich an, sie zweifelt: »Du lügst. Ich weiß es besser. Ich habe gefühlt, wie schwer er gestorben ist. Ich habe seine Stimme gehört, seine Angst habe ich nachts gespürt, – sag die Wahrheit, ich will es wissen, ich muss es wissen.«

»Nein«, sage ich. »Ich war neben ihm. Er war sofort tot.«

Sie bittet mich leise: »Sag es mir. Du musst es. Ich weiß, du willst mich damit trösten, aber siehst du nicht, dass du mich damit schlimmer quälst, als wenn du die Wahrheit sagst? Ich kann die Ungewissheit nicht ertragen, sag mir, wie es war, und wenn es noch so furchtbar ist. Es ist immer noch besser, als was ich sonst denken muss.«

Ich werde es nie sagen, eher kann sie aus mir Hackfleisch machen. Ich bemitleide sie, aber sie kommt mir auch ein wenig dumm vor. Sie soll sich doch zufrieden geben, Kemmerich bleibt tot, ob sie es weiß oder nicht. Wenn man so viele Tote gesehen hat, kann man soviel Schmerz um einen einzigen nicht mehr recht begreifen. So sage ich etwas ungeduldig: »Er war sofort tot. Er hat es gar nicht gefühlt. Sein Gesicht war ganz ruhig.«

Sie schweigt. Dann fragt sie langsam: »Kannst du das beschwören?«

»Ja.«

»Bei allem, was dir heilig ist?«

Ach Gott, was ist mir schon heilig – sowas wechselt ja schnell bei uns.

»Ja, er war sofort tot.«

»Willst du selbst nicht wiederkommen, wenn es nicht wahr ist?«

»Ich will nicht wiederkommen, wenn er nicht sofort tot war.«

Ich würde noch wer weiß was auf mich nehmen, aber sie scheint mir zu glauben.[6]

Krieg ist überall, an der Front, in der Heimat, in der Fassungslosigkeit einer Mutter, in der Betäubung eines 19-Jährigen, der als Soldat in kürzester Zeit lernte, seine Gefühle von Schmerz und Trauer nicht mehr wahrzunehmen. »Im Westen nichts Neues« erschien zehn Jahre nach Ende des Ersten Weltkriegs. So lange brauchte Remarque, um für seine Kriegserlebnisse Worte zu finden. Er beschönigt nicht, er heroisiert nicht. Er sagt präzise, wie es war. »Im Westen nichts Neues« wurde in 50 Sprachen übersetzt und erreichte bis heute eine Auflage von 20 Millionen. Das Buch beschreibt die Schrecken aller Kriege. Aber es beschreibt nicht die Verbrechen des Krieges. Denn darin unterscheidet sich der Erste

Weltkrieg vom Zweiten Weltkrieg. Wäre Remarque, der 1933 in die Schweiz emigrierte, 1939 als Soldat eingezogen worden, hätte er schnell feststellen müssen: Dies ist kein normaler Krieg.

Als Vernichtungskrieg wurde er in Berlin geplant und als solcher von den Kommandierenden in den überfallenen Ländern geführt. Die Folgen sind uns allen bekannt. Dieser Krieg wurde auf der ganzen Welt, aber eben auch in der BRD wie der DDR geächtet. Damit sahen sich die ehemaligen Wehrmachtsangehörigen konfrontiert. Die meisten deutschen Veteranen des Zweiten Weltkriegs brachen, wenn überhaupt, erst als alte Männer ihr Schweigen. Davon war gelegentlich in meinen Gesprächen mit Nachkriegskindern die Rede. Wenige Wochen, bevor Vera Christens* Vater starb, äußerte er sich dazu, in einem einzigen, aber entscheidenden Satz: »Ich habe ein glückliches, erfülltes Leben gehabt, aber das, was ich im Krieg erlebt habe, damit bin ich nicht fertig.«

Mauerfall und Depression

Die Ärztin Vera Christen berichtete von ihren Depressionen, von mangelndem Lebensmut, und wie lange sie brauchte, um zu erkennen, dass sich in ihren seelischen Zuständen neben anderen Einflüssen auch die unheilvolle deutsche Vergangenheit niederschlug.

Im Jahr 1989, als Deutschland den Mauerfall feierte, begann für Vera Christen ein Jahr der Dunkelheit. Über Monate hatte sie versucht, einer schwer depressiven Freundin zu helfen und war gescheitert. Die Freundin brachte sich um. Kurz bevor sie sich das Leben nahm, hatte sie zu Vera gesagt: »Du hast es gut – du hast es geschafft!« Die junge Ärztin, verheiratet und Mutter von zwei Kindern, hatte nichts dazu gesagt, doch gedacht hatte sie: Du hast keine Ahnung! Nichts habe ich geschafft!

Als das Begräbnis hinter ihr lag, spürte sie eine deutliche Warnung: Du musst etwas tun! Auch du läufst Gefahr aufzugeben. Vera Christen stand am Wendepunkt und traf eine Entscheidung: Ich möchte leben, das ist für mich nicht selbstverständlich, ich muss etwas dafür tun, damit ich leben kann.

Seit sie denken konnte, fehlte ihr der Boden unter den Füßen – so beschreibt sie im Rückblick ihr vorherrschendes Lebensgefühl. Durch ihre ganze Kindheit zog sich ein Zwiespalt. Mutter, Vater, ihre beiden Geschwister, für sie alle stand fest: Wir sind eine heile Familie. Für ihre Eltern war klar: Wir lieben unsere Kinder über alles, wir wollen ihnen einen guten Start ins Leben ermöglichen. Wir können über alles reden. »Dem gegenüber stand immer mein Gefühl: Da ist etwas faul, etwas stimmt nicht«, schildert Vera ihre frühe Beunruhigung. »Aber weil sich alle anderen so einig waren, habe ich geglaubt: Mit *mir* stimmt etwas nicht! Ich war mir selbst ein Rätsel.«

Sie war in einer Umgebung aufgewachsen, wie sie für Kinder kaum besser sein kann. Ein großer Garten am Waldrand, daneben der elterliche Betrieb. Sie, die Älteste, bekam einen Hund, später ein Pferd. Als sie anfing, sich über die Welt der Erwachsenen Gedanken zu machen und dabei auf Ungereimtheiten und Ungerechtigkeiten stieß, die sie nicht anzusprechen wagte, sah Vera in ihren Tieren die verlässlichsten Gefährten. Von ihnen fühlte sie sich verstanden.

Wenn Vater explodierte

Wie soll man als Schulkind verstehen, warum der Vater schlägt, der doch »der liebe Papi« ist? Manchmal, während des Essens in der großen Küche, platzte ihm der Kragen. Dann forderte er Vera auf, in den Nebenraum zu gehen. An die Auslöser seiner Wut kann sie sich nicht erinnern – wohl aber, dass es ihm gut tat, seine Tochter geschlagen zu haben. »Für so etwas haben Kinder ja feine Antennen. »Er hat sich entladen und damit entlastet«, stellt Vera Christen nüchtern fest. »Ich bin mir sicher, das ganze Ritual hatte eine sexuelle Komponente.« Danach gingen sie in die Küche zurück, und die Mutter fragte ihre Tochter: »Und wer soll dir denn jetzt ein Butterbrot schmieren?« Das Kind erwiderte: »Der liebe Papi.« Szenen dieser Art wurden später als Familienanekdoten erzählt, als Beweis dafür, wie wertvoll und förderlich die Schläge gewesen waren. Vera vermutet, im Alter zwischen acht und zehn Jahren häufiger auf diese Weise bestraft worden zu sein – für ein Vergehen, das sie nicht verstand. »Ich habe nur gedacht. Warum tut er das? Ich bin doch schon so groß.«

Vera Christen hatte mich nach einer Lesung auf der Straße angesprochen, als ich auf dem Weg zum Bahnhof war. Vor mir stand eine hübsche Frau um die fünfzig, ein gewinnendes Lächeln, dunkle, hochgesteckte Haare. Ihre Sprache verriet die hessische Herkunft. Während sie mich zum Bahnhof begleitete, erfuhr ich, sie sei in einer mittelgroßen Stadt aufgewachsen. Ihr Vater habe dort nach dem Krieg eine Gärtnerei aufgebaut, die sich in den siebziger Jahren zu einem lukrativen Garten-Center entwickelt hatte.

Dann erzählte sie mir von ihren Patienten, von alten Menschen mit Kriegserfahrungen. Die Ärztin sprach so lebendig und unbefangen, wie ich es bei dieser Thematik nur selten im kirchlichen Milieu gehört habe. Denn soviel verstand ich schon während unserer ersten Begegnung: Es bedeutete ihr viel, in christlich geprägten Einrichtungen der Altenpflege zu arbeiten und nicht bei sogenannten weltlichen Trägern. Als wir uns zum zweiten Mal trafen, zu einem verabredeten Gespräch, erfuhr ich eine Geschichte, die ich hier mit Vera Christens eigenen Worten wiedergeben möchte:

🖉 Ich habe mal mit einer älteren Dame gesprochen. Sie sagte: Ich bin müde, es ist genug und ich will jetzt gehen, ich will jetzt wirklich sterben, aber ich krieg das nicht hin. Und da hatte ich eine Idee und sagte: Wissen Sie was? Sie haben es sehr hart gehabt im

Krieg, und Sie mussten sehr viel Energie aufwenden und Ihr Überlebensinstinkt ist dabei sehr stark geworden, habe ich ihr gesagt. Sie können sich den vorstellen wie einen Wachhund, der hat auf Sie aufgepasst, und der sitzt da jetzt immer noch da und knurrt, wenn der Tod sich Ihnen nähert. Und dem müssen Sie jetzt sagen: Es ist jetzt genug, du hast wunderbar auf mich aufgepasst, aber jetzt ist es genug. Leg dich hin und lass mich gehen. – Dann sprachen wir noch über etwas anderes, und plötzlich sagt sie: Ich glaube, ich kann das! Was? Das mit dem Hund und dem gut zureden. Und dann, drei Tage später, ist die ältere Dame friedlich gestorben. 🖉

In dieser Weise erzählt mir die Ärztin aus ihrem Berufsalltag und von ihren häufigen Begegnungen mit Menschen, die am Lebensende von den Folgen des Krieges eingeholt werden. Mich erstaunt bei ihren Schilderungen, wie gut sie sich einfühlen kann und wie kreativ sie dabei ist. Auf die Idee mit dem Hund muss man erst mal kommen … Seit wann, frage ich sie, achtet sie darauf, ob Patienten durch die Kriegs- und NS-Vergangenheit belastet sein könnten? Das habe sie als Tochter eines Kriegsvaters schon früh gewusst, erwidert sie, aber es sei gefühlsmäßig nicht in ihr verankert gewesen.

In der Gedenkstätte Yad Vashem

Mit 19 Jahren reiste sie nach Israel und besuchte dort die Gedenkstätte Yad Vashem. Der Busfahrer, der die Besuchergruppe aus Deutschland betreute, war in Auschwitz gewesen und hatte von seinem Überleben im Konzentrationslager berichtet. Er hatte auch gesagt: »Ihr seid die Nachkommen, euch trifft keine Schuld.« Vera kannte die Fakten des Holocaust aus dem Schulunterricht und aus den Medien. Das Wissen hatte bei ihr Entsetzen ausgelöst, aber noch kein wirkliches Mitgefühl für die Opfer. Das wurde erst durch die Begegnung mit dem Zeitzeugen von Auschwitz geweckt.

Dreißig Jahre später entdeckte sie ihre Empathie für Kriegstraumatisierte. Gleichzeitig wurde ihr bewusst: Dieser Krieg steckt ja auch noch in mir! Vera berichtet: »Als ich 2004 den Film ›Der Untergang‹ sah, begriff ich plötzlich, wie wenig Zeit vergangen ist von 1945 bis 1958 – meinem Geburtsjahr. Und ich habe als Vergleich zurückgerechnet, wie nah für mich noch der Mauerfall ist.« Auch begann sie zu verstehen, in welchem Ausmaß dieser Krieg viele Menschen nachhaltig verstört hatte, so dass ihre Selbstkontrolle versagte.

Was mag der Grund dafür gewesen sein, dass ihr Vater die Beherrschung verlor? Hatte sie ihn provoziert? Vera schüttelt den Kopf. Nie hat jemand später in der Familie erzählt, sie sei ein anstrengendes Kind gewesen, sagt sie, nie habe sie Streiche gemacht, im Gegenteil, sie müsse ein ausgesprochen pflegeleichtes Kind gewesen sein. Das habe sie auch später ihre Mutter sagen hören. »Allerdings meinte sie auch, ich hätte gelegentlich einen Dickkopf gehabt«, fügte sie hinzu: »Es gab Pflaumenkuchen, ich aber wollte Apfelkuchen, und wenn es keinen Apfelkuchen gab, dann sagte ich: Ich esse den Pflaumenkuchen nicht.«

Weil die Gewaltausbrüche beim Essen stattfanden, frage ich nach, ob der Vater unter einem Hungertrauma gelitten haben könnte. Sie schaut mich überrascht an, denkt nach, und schließlich erfahre ich: Es gebe da eine Geschichte, die ihr Vater häufiger erzählt habe. In der Gefangenschaft hätten sie zu zweit pro Tag eine Pflaume bekommen. Es sei Streit entbrannt über die Frage: Wer kriegt den Kern und wer kriegt das Fruchtfleisch – der Kern sei natürlich sehr viel begehrter gewesen, da habe man lange drauf rumlutschen können …

Ihr Vater Bernhard Klemm* wurde 1927 geboren. Mit 14 Jahren kam er zur Flak, mit 16 Jahren an die Front. Bei Kriegsende geriet er in englische Gefangenschaft. Klapperdürr sei er bei der Entlassung gewesen, erzählt seine Tochter, das habe sie auf einem

Foto gesehen. Dann nimmt sie meinen Gedanken auf: »Doch, es kann sein, dass Vaters Hungertrauma getriggert wurde. Das kann wirklich sein. Ich mochte bestimmte Dinge nicht und war dann wohl bockig.«

Gespräche vom Krieg hinter verschlossenen Türen

Gelegentlich besuchten den Vater Kriegskameraden. Man saß hinter verschlossenen Türen. Zwischen einem der Männer und ihrem Vater habe eine große Herzlichkeit bestanden, erinnert sich Vera. Aber er habe sich nie dazu geäußert, was sie verband. In der Familie, fügt sie hinzu, sei über Krieg nicht gesprochen worden. Der Vater sei gesellig und humorvoll gewesen, scheinbar ein extrovertierter Typ, aber tatsächlich habe er das Wesentliche in sich verschlossen.

Bernhard Klemms Leben bestand aus Arbeit. Er war ein erfolgreicher Gartenfachmann, Pflanzenzüchter und Geschäftsmann. Beim Aufbau des Betriebs hatte es eine Reihe von Rückschlägen und finanzielle Krisen gegeben, aber sein Optimismus verließ ihn nie. In der Stadt sagten sie über ihn: »Der Bernhard gibt nicht auf«. Auch sein Gemeinsinn fand Anerkennung, er engagierte sich in zahlreichen Ehrenämtern. Man habe ihn als eine integre Persönlichkeit gesehen, erinnert sich seine Tochter. Die sozial Schwachen seien von ihm mit großer Selbstverständlichkeit unterstützt worden. Nie habe er schlecht von Flüchtlingen geredet.

Seiner Familie widmete er nur wenig Zeit. Er gehörte zur Kategorie »abwesender Väter«, und das fand Vera als Kind und Jugendliche normal. Dass ihr in der Beziehung zu ihm etwas gefehlt hatte, wurde ihr erst bewusst, als sie schon über vierzig Jahre alt war. Da schmerzte sie plötzlich die Erinnerung an den zugewandten, liebevollen Vater ihrer frühen Kindheit. Sie hatte auf seinem Schoß gesessen und er hatte selbst erfundene Geschichten erzählt, die von den Abenteuern zweier Bären handelten. Mit Beginn der Schulzeit war das vorbei. »Es gab nur ganz wenige Momente, in denen ich mit ihm alleine war«, erzählt Vera Christen, »und ich hatte dann immer das Gefühl, es mit einem Fremden zu tun zu haben. In den Tischgesprächen ging es nur um seine Belange. Wir Kinder waren Statisten. Dabei sagte Mutter oft: Er ist so stolz auf seine Kinder, seine Familie bedeutet ihm soviel, da tankt er auf. – Und es war klar: Wir, die Klemms, sind etwas Besonderes.«

»Mach einen Mann glücklich, dann geht es dir gut«

Es herrschte eine strikte Rollenaufteilung bei den Eltern. Die Mutter, zehn Jahre jünger als ihr Mann, kümmerte sich um die drei Kinder und den Haushalt. Vera schildert sie als herzlich und umtriebig, aber auch als kränkelnd. Mit ihren Problemen habe sie bei der Mutter kein Gehör gefunden. Besonders in der Pubertät habe sie sich allein gelassen gefühlt. »Es ging mir sehr schlecht, weil ich übergewichtig war. Aber wenn ich mit meinen Problemen kam, fand sie ihre Sorgen wichtiger und dann wurde nur darüber geredet.« Die Mutter ordnete sich ihrem Mann unter und schien damit einverstanden zu sein. Ein Merksatz, den sie an ihre Tochter weitergab, lautete: »Mach einen Mann glücklich, dann geht es dir gut.« Tatsächlich nahmen sich die Eltern häufig in den Arm, sie zeigten ihre Zärtlichkeit füreinander. Einmal, als sie schon ältere Leute waren, fragte die Mutter den Vater: »Bin ich eigentlich die gewesen, nach der du gesucht hast?« Und er antwortete: »Nein, aber die, aus der ich das machen konnte.« Als Witwe spricht Veras Mutter heute gern von ihrer »unglaublich glücklichen Ehe«. Sie vergöttert ihren verstorbenen Mann. Überall im Haus sind Fotos von ihm, 17 Stück hat ihre Tochter gezählt.

Mit Mitte sechzig war Bernhard Klemms Lebenskraft aufgebraucht. Vera, seine Älteste, spürte, dass der Todkranke durch Unerledigtes aus seiner Kriegszeit belastet war, und es kam sogar eine Bestätigung von ihrem Vater, eben der Satz: »Ich habe ein glückliches, erfülltes Leben gehabt, aber das, was ich im Krieg erlebt habe, damit bin ich nicht fertig.« Sie wagte nicht nachzufragen. Stattdessen schenkte sie ihm ein Buch, Titel: »Sieh nach den Sternen, gib acht auf die Gassen«, in dem der Pfarrer und Autor Jörg Zink seine Kriegserfahrungen schildert. Ihr Vater las darin und zeigte Freude darüber, weil er sich wahrgenommen sah. Konkretes zum Krieg äußerte er nicht mehr. Er starb friedlich, zu Hause, umgeben von seiner Familie.

Wenige Tage vor seinem Tod hatte er seine Tochter mit dem Satz überrascht: »Du bist mir immer so vertraut gewesen.« Doch Vera reagierte nicht gerührt, auch nicht dankbar, sondern hatte Mühe, ihre Fassungslosigkeit zu verbergen. Es gelang ihr gerade noch eine heftige Erwiderung hinunterzuschlucken, nämlich diese: »Du kennst mich doch gar nicht! Du weißt doch gar nicht, wer ich bin!« An diesem Punkt unseres Gesprächs steht Vera Christen vom Tisch auf und öffnet das Fenster. Als sie zurückkommt, erklärt sie mir, sie müsse ehrlicherweise hinzufügen, sie habe, als ihr Vater starb, nicht einmal selbst gewusst, wer sie sei. Damals befand sie sich am Anfang eines Prozesses, den man vielleicht als ein langsames Sich-selbst-kennen-lernen bezeichnen könnte. Nach dem Suizid ihrer schwer depressiven Freundin, nach dem bereits erwähnten Wendepunkt, war sie einer Meditationslehrerin begegnet, in der sie eine kompetente und gleichzeitig behutsame Begleiterin fand.

Hatte Vera Christen bis dahin ihren Alltag als eine endlose Kette von Pflichten erlebt, lernte sie nun, Schritt für Schritt, besser auf sich zu achten. Sie begann damit, sich Pausen zu gönnen, gutes Essen zu genießen, ausreichend Urlaub zu machen und – womöglich die folgenreichste Umstellung – nicht mehr automatisch jedes Mal Ja zu sagen, wenn jemand sie privat oder beruflich einspannen wollte. Rückblickend kann sie nur staunen, wie grundlegend sich ihr Lebensgefühl verändert hat. Unter depressiven Verstimmungen leidet sie nur noch selten. Wenn sie heute restlos erschöpft ist, dann weiß sie, dass sie viel – häufig auch zu viel – gearbeitet hat, aber es bestimmt sie nicht mehr die Angst, sie könne in ein schwarzes Loch fallen. Hatte sie sich früher von der hektischen Arbeit in einer Klinik aussaugen lassen, die ihr kaum Zeit ließ, ihre Patienten anders als als Krankheitsfälle wahrzunehmen, betreut sie heute die Bewohner mehrerer Alten- und Pflegeheime, wo sie in der zeitlichen Gestaltung ihrer Aufgaben völlig frei ist.

Letztlich, glaubt Vera Christen, habe ihre Phase der bewussten Selbstentwicklung zwanzig Jahre gedauert. Dabei habe sie sich immer wieder gehäutet, Schicht um Schicht. Ihre Meditationslehrerin habe ihr beigestanden, als es darum ging, »in den Keller der Kindheit« hinabzusteigen.

Ihre Erinnerungen nahmen zu, sie wurden deutlicher. Eines Tages riss ein Vorhang. Plötzlich gab ihr Gedächtnis etwas preis, was tief in ihr vergraben gewesen sein muss: Sie war von ihrem Großvater sexuell missbraucht worden. Das sechsjährige Mädchen hatte sich nicht getraut seinen Eltern davon zu erzählen. Die Erkenntnis 40 Jahre später traf ihren Körper mit großer Wucht. Sie bekam Schüttelfrost und Unterleibskrämpfe. Zwei Wochen war sie krank. Jahre später erkannte Vera Christen: »Die Gewalt an Kindern, Missbrauch und Alkoholismus – dem allen hat der Krieg die Tür noch weiter geöffnet. Auch deshalb, weil die Eltern mit dem Aufbau einer neuen Existenz beschäftigt waren und wenig Aufmerksamkeit für ihre Kinder hatten.« Seit sie weiß, dass sie Missbrauchsopfer ist, kann sie nachvollziehen, warum sie als Kind so lieb, so angepasst und unauffällig war. Warum sie ihrem Hund und ihrem Pferd mehr vertraute als ihren Eltern.

Alpträume und unwirksame Gebete

Sie berichtet von wiederkehrenden Träumen ihrer Kindheit: Sie geht auf ihr Elternhaus zu und merkt, sie wird verfolgt. Jemand geht mit ihr ins Haus, jemand will sie erschießen, niemand kommt, um sie zu beschützen. »Entweder das Haus war leer oder voller Leute«, erzählt Vera weiter, »ich fand meine Eltern nicht, oder sie waren da, haben mich aber nicht wahrgenommen. Ich sollte erschossen werden und bin mit dem Knall aufgewacht.«

Oft wachte sie weinend auf und suchte Schutz im Elternschlaf-zimmer. Der Vater stand auf, brachte sie ins Bett zurück und betete mit ihr. Die Gebete, erinnert sich die Tochter, hätten sie in keiner Weise beruhigt. Keine Frage vom Vater: Was hast du geträumt? Kein Erstaunen darüber, dass ein Kind so verängstigt sein kann.

Bis in ihre vierziger Jahre hinein hatte Vera Christen geglaubt, der abwesende Vater habe bei ihrer Entwicklung kaum eine Rolle gespielt. Sie sei vielmehr durch eine ungute Fürsorge für ihre Mutter geprägt. Seit sie sich erinnern kann, hatte sie sich für deren Wohlergehen verantwortlich gefühlt. Heute glaubt sie, sie habe – was ihr aber nicht bewusst gewesen sei –, etwas Unerlöstes, etwas Unheiles in ihrem Vater gespürt, obwohl sie ihn als stark sah und ihn bewunderte. Anders kann sie sich ihre große Anstrengung nicht erklären, die sie immer wieder auf sich nahm, in der Hoffnung, den Vater emotional zu erreichen. Es war sogar ihrer besten Freundin in der Jugendzeit aufgefallen, wie sie sehr sich darum bemühte, von ihrem Vater beachtet zu werden. »Lauf ihm nicht hinterher«, hatte die Freundin geraten. Es war dieselbe Freundin, die sie vor einem halben Jahr angesichts einer schweren Ehekrise fragte: »Willst du immer noch Männer retten?«

Es gibt Väter, die sind stolz auf ihre hübschen Töchter – jene Väter, die den Mädchen die Erlaubnis geben, sich später als Frau wohl zu fühlen. Vera Christen und ich reden eine Weile über Väter, die ihre heranwachsenden Töchter gern verwöhnen. Nach dem konventionellen Rollenverständnis verwöhnen Mütter ihre Söhne und Väter ihre Töchter. Vera bekam von ihrem Vater keine Aufmerksamkeit, keine Komplimente, erst recht keine unerwarteten Geschenke. Nie wäre er auf die Idee gekommen, Zeit und Geld zu opfern, um mit ihr ein schönes Kleid kaufen zu gehen.

Als ich das Gespräch mit Vera Christen führte, war gerade auch ihre zweite Ehe gescheitert. Während ich ihre Geschichte schrieb und mir dabei Gedanken über die leidvollen Männerbeziehungen machte, rief sie mich an und teilte mir mit, sie merke erst jetzt, welchen Stress sie damit habe, sich verwöhnen zu lassen. Der Hintergrund: Sie hatte sich, nachdem ihr Mann ausgezogen war, umgehend wieder verliebt. Dieser neue Freund arbeite in ihrem Umfeld und sei – oh Wunder – Single und nun, erzählt sie freudig weiter, habe es zwischen ihnen »gefunkt«. Im Zusammensein mit Gregor, so hieß der Neue, hatte sie sich offenbar von ihrem alten Beziehungsmuster verabschiedet. »Es enthielt einen absurden und natürlich nicht zu erfüllenden Auftrag«, erläutert sie mir, »und dieser Auftrag lautete: Ich muss meinen Partner erst heilen, erst danach kann ich kommunizieren – erst danach kann ich endlich von ihm bekommen, was ich brauche. Das Scheitern empfand ich als mein alleiniges Versagen, mit tiefen, kaum auflösbaren Schuldgefühlen.«

Das Ende falscher Schuldgefühle

In ihrer ersten Ehe war es ihr so ergangen. »Ich war elf Jahre verheiratet und hatte danach noch weitere zehn Jahre Schuldgefühle«, schildert sie ihre Verzweiflung. Erst jetzt, in diesem Jahr, als auch noch die zweite Ehe in die Brüche ging, habe sie sich zu ihrer großen Überraschung und Erleichterung überhaupt nicht schuldig gefühlt. »Dazu muss ich sagen: Wenn ich mich früher verliebte, dann in Männer mit einem riesigen Bedürfnis nach Halt oder Trost. Es waren Männer, die ich anfangs für stark hielt. Ich habe regelmäßig mich selbst verloren, habe keine eigenen Bedürfnisse mehr gehabt, und stattdessen nach ihnen geschmachtet – da steckt ja auch das Wort Hunger drin.« Auch habe sie den Mann stets überschätzt, räumt sie selbstkritisch ein, und sie habe gehofft, er werde sein sparsames Wohlwollen ihr gegenüber steigern – wenn sie ganz lieb zu ihm sei.

Wie ich im weiteren Verlauf unseres Telefongesprächs erfahre, ist mit Gregor, ihrem neuen Freund, alles anders. Zum Beispiel: Vera kommt an einem Abend total erschöpft heim. Sie telefonieren. Vera sagt, an diesem Abend könnten sie sich nicht mehr treffen, sie läge schon im Bett. Aber Gregor meint, er würde sie dennoch gern sehen, nur kurz, für eine halbe Stunde. Er besucht sie, bringt ihr einen Tee ans Bett, streicht ihr über den Kopf, sitzt bei ihr. Nach 30 Minuten geht er wieder. Am folgenden Tag sagt er seiner Freundin, wie sehr er diese Zeit an ihrem Bett genossen habe. Das alles schildert mir Vera Christen am Telefon und fügt hinzu: »Aber wissen Sie was? *Ich* habe es nicht genossen! Verwöhnt zu werden, das kenne ich überhaupt nicht. *Ich* war doch immer diejenige, die dafür sorgte, dass es den anderen gut ging. Je mehr ich mich anstrengte, umso stärker waren meine Gefühle für sie. Aber war das wirklich Liebe? Was ich jetzt mit Gregor erlebe, ist für mich ein Quantensprung.«

Noch einmal kommt Vera auf ihren Vater zu sprechen. Er war der Meinung gewesen, Freiheit und Geborgenheit schlössen einander aus – entweder Freiheit oder Geborgenheit. Da müsse man sich entscheiden. Für Vera Christen sind Freiheit und Geborgenheit ein Geschenk des Urvertrauens und gehören zusammen. Das Urvertrauen sei ihrem Vater im Krieg sicherlich verlorengegangen, sollte er es vorher jemals gehabt haben, erläutert sie. Und wie solle man etwas so Kostbares an seine Kinder weitergeben, wenn es in einem selbst zerstört worden sei?

Ich frage sie, wie es ihr als Mutter gelungen sei, ihren eigenen Kindern eben dieses Vertrauen ins Leben zu geben, mit dem sie selbst nicht ausgestattet war. Eine wirkliche Erklärung könne sie nicht anbieten, sagt sie, aber eine Beschreibung: Sie habe von Anfang an, schon während der Schwangerschaften, eine tiefe Verbundenheit mit ihren Kindern empfunden. Auch habe ihr der neue Zeitgeist in der Pädagogik sehr geholfen. Überall in den Medien, im Fernsehen, in der Zeitschrift »Eltern« sei davon die Rede gewesen, wie viel wohlwollende Aufmerksamkeit Kinder brauchen. Dann erzählt sie von einem Schlüsselerlebnis, direkt nach der Geburt ihres ersten Kindes. Sie lag im Bett und wollte schlafen. Doch das Neugeborene schaute so wach in die Welt, dass sie sich sagte: Ich kann doch jetzt nicht schlafen! Mein Kind ist neugierig auf seine Umgebung, und ich bin neugierig auf mein Kind. Ich will doch wissen: Wer ist mein Sohn? – Im Grunde, fügt Vera Christen hinzu, reiche es schon, Kinder mit aufmerksamer Wahrnehmung und Respekt zu behandeln.

Von der Schulbank in den Krieg

»Aufmerksam sein« und »wahrnehmen« sind relativ neue Begriffe, mit denen gute Beziehungen beschrieben werden. Veras Vater hätte vermutlich nicht gewusst, wovon genau die Rede ist, doch dass man sich in der Ehe mit Respekt zu behandeln habe, dem hätte er sicher zugestimmt. Es ist bedauerlich, dass in diesem Buch nur einseitig die Sicht der Nachkriegskinder auf ihre Väter wiedergegeben werden kann. Über das, was in Bernhard Klemm vorging, lässt sich heute nur spekulieren.

Bei meinen Lesungen vor Kriegskindern meldeten sich gelegentlich Besucher zu Wort, die meinten, sie gehörten ja eigentlich nicht dazu, sie seien Jahrgang 1926 oder 1927. Je länger sie redeten, umso deutlicher wurde: Sie fanden die hier stattfindende Veranstaltung unpassend – was hatten die Kriegskinder schon Schlimmes erlebt, gemessen an dem, was sie an der Front und in der Gefangenschaft mitgemacht hatten. Der Subtext war klar: Es sei an der Zeit, dass auch diejenigen, die von der Schulbank in den Krieg gezogen waren, in der Öffentlichkeit wahrgenommen würden. Ich fand, sie hatten Recht, und fragte eine Reihe von Kollegen, ob sie sich ein entsprechendes Buchprojekt zu eigen machen könnten. Ich war der Meinung, diese Aufgabe müsse ein Mann übernehmen. Stets fügte ich hinzu, die Zeit sei reif für ein solches Buch, es würde gewiss viel Beachtung erfahren – aber auch, dass die Zeit dränge, weil es in wenigen Jahren kaum noch Interviewpartner geben werde. Alle von mir angesprochenen Männer winkten ab. Begründung: Die ehemaligen Soldaten würden sich ausschließlich als Opfer sehen und die Verbrechen auf deutscher Seite leugnen oder relativieren. Das aber, so meinten meine Kollegen, sei für sie als Journalisten, aber eben auch als Söhne von Kriegsvätern unerträglich – eine denkbar ungünstige Voraussetzung, um faire, ergebnisoffene Interviews zu führen. Die andere Seite ist: Wir wissen nicht, ob Männer wie Bernhard Klemm sich hätten befragen lassen.

Beim Nachdenken über den Vater von Vera Christen war mir ein Gespräch eingefallen, das ich vor fünf Jahren mit dem Schriftsteller Dieter Wellershoff, geboren 1925, geführt hatte. Es ging um sein Buch »Der Ernstfall – Innenansichten des Krieges«[7], eine bestechend klare Selbstauskunft. Wellershoff hatte fünf Jahrzehnte gebraucht, um sich als Schriftsteller dem zu stellen, was ihm als 19-Jährigem auf dem Schlachtfeld widerfuhr.

Die Hölle eines Tages

An der ostpreußisch-litauischen Grenze wurde seine Kompanie, überwiegend Rekruten, in eine aussichtslose Großoffensive geschickt. Die Bilanz des 13. Oktober 1944: Von 180 Mann waren am Abend nur noch 30 einsatzfähig.[8] Der 18-jährige Wellershoff wurde durch einen Granatsplitter am Bein verwundet und verbrachte den Winter im Lazarett. Auf diese Weise überlebte er. Wie er erst sehr viel später erfuhr, war sein Freund noch am selben Tag durch einen Kopfschuss gestorben. Andere schleppten die Hölle dieses Tages ein Leben lang mit sich herum. »Ich habe einen Kriegskameraden«, erzählt er, »der damals als Melder beim Bataillonsstab immer zu den Kompanien musste und dabei die Sterbenden und die Leichen gesehen hat, die auf dem Feld lagen. Das hat ihn so schockiert, dass er noch heute an jedem 13. Oktober Ängste hat, sein Haus zu verlassen.«[9]

Wellershoffs Buch hilft, sich eine realistische Vorstellung davon zu machen, wie es jenen Jugendlichen erging, die von der Schulbank an die Front kamen. »Der Ernstfall« beantwortet Fragen, die Söhne und Töchter ihren Soldatenvätern nicht zu stellen wagten und auf die umgekehrt die Soldatenväter nicht hätten antworten können oder wollen.

Drittes Kapitel

VATERTÖCHTER

Mutig und dickköpfig?

Wer sind sie eigentlich, die Vatertöchter? Gehört Angela Merkel dazu, weil sie durchsetzungsfähig ist und als »Kohls Mädchen« in der Politik Karriere machte? Sind es Frauen, die auffallen durch Sachlichkeit, klaren Verstand und Mut? Eine eindeutige, mir wirklich einleuchtende Definition habe ich nirgends gefunden. Also bleibe ich bei dem, was ich immer schon dachte: Vatertöchter sind eigenwillige, häufig dickköpfige Frauen, die eine besonders gute oder besonders problematische Beziehung zum Vater haben. Selbst wenn er schon tot ist – sie stehen ihm nahe. Man erkennt Vatertöchter daran, dass sie viel über ihren Vater zu erzählen haben, im Guten wie im Bösen und selbst dann, wenn sie zugeben müssen, dass er letztlich für sie ein Fremder blieb. In diesem Sinn sehe ich in den beiden Frauen, die in diesem Kapitel zu Wort kommen, typische Vatertöchter.

Iris Mallek* hatte früher nur geschimpft, wenn die Rede auf ihren Vater kam. Sie hatte ihn nur als Familientyrann erlebt – ein Choleriker, aufbrausend und extrem launisch, ein Macho mit einem stockkonservativen Frauenbild. Gewalttätig war er nicht, doch ganz im Einklang mit der noch in den 60er Jahren üblichen Erziehung rutschte ihm gelegentlich die Hand aus. »Ich war schon 14, als er mir noch eine Ohrfeige gegeben hat«, erzählt Iris Mallek. »Ich weiß noch, ich hatte mich gestoßen und vor Schmerz aufgeschrien. Ein Onkel stand dabei und meinte: Bis du heiratest, ist es wieder gut. Da hab ich gesagt: Ich werde nie heiraten! Das war mir richtig ernst, das weiß ich noch. Da hat mein Vater sich umgedreht und gebrüllt: Wie kann man so etwas Blödes reden und hat mir eine gescheuert!« Eine Szene aus dem Jahr 1965.

Doch mit einem Fund auf dem Dachboden ihres Elternhauses änderte sich die Haltung der Tochter in einem Maß, wie sie es nie vermutet hätte. Die Bühnenbildnerin war hinaufgestiegen in der Hoffnung, sie werde dort den alten Tisch finden, an dem sie so viele Stunden ihrer Kindheit gesessen und gemalt hatte. Er sollte als Requisite für ein Theaterstück dienen. Der Tisch war noch da. In seiner Schublade entdeckte Iris eine Mappe, deren Inhalt das Bild, das sie bis dahin von ihrem Vater hatte, erheblich aufhellte.

Als Jugendliche konnte sie ihn nicht ausstehen, als Erwachsene machte sie ihn genauso mit Worten nieder wie er sie. Iris war 29 Jahre alt, als er 1980 mit Ende Sechzig starb. Vor zwei Jahren dann fand sie einen in unregelmäßiger Schreibmaschinenschrift abgefassten Bericht, der eine völlig andere Seite von Erich Mallek* beschrieb: Er sei ein Mann von hoher Integrität, hieß es, menschlich und solidarisch, sein Verhalten könne nicht anders als vorbildlich bezeichnet werden.

Warum verbirgt jemand seine guten Seiten?

Es handelte sich um eine Beurteilung von Erich Malleks Einsatz in der örtlichen Entnazifizierungskommission. »Als ich das gelesen hatte«, erklärt die Tochter, »da habe ich zum ersten Mal in meinem Leben positiv über ihn gedacht.« Aber wieso wusste sie davon nichts? Warum hatte ihr Vater nie ein Wort darüber verlauten lassen? Normalerweise verschweigen Menschen doch Geschehnisse aus der Vergangenheit, die ein schlechtes Licht auf sie werfen könnten. Aber hier lag der Fall genau umgekehrt. Erich Mallek, Jahrgang 1922, hatte das gute Licht gemieden. Er hatte sich in den Schatten gestellt.

Mir gegenüber stellt die Tochter klar, sie habe ihren Vater nie für einen Nazi gehalten, er sei auch kein »alter Kommiskopp« gewesen. Er hatte sich geschworen, nie wieder ein Gewehr anzufassen. Die Wiederbewaffnung war in seinen Augen ein nie wieder gutzumachender Fehler der jungen Bundesrepublik gewesen. Auch sprach er ohne Groll über die Russen und über seine Erfahrungen in sowjetischen Gefangenenlagern. Die junge Iris sah keinen Grund, ihren Vater für die deutsche Schuld verantwortlich zu machen und unterschied sich damit von vielen Gleichaltrigen die, wie sie selbst, mit den rebellischen Studenten sympathisierten. Doch vermutlich, so erklärt sie mir, wäre sie ihrem Vater mit mehr Respekt begegnet, hätte sie gewusst, dass er, obwohl nicht einmal Kirchenmitglied, nach dem Krieg als Ausnahmepersönlichkeit galt. Er stand im Ruf, integer zu sein, man hatte Hochachtung vor ihm.

Was wäre gewesen, wenn …? Vorbei ist vorbei, was sollen solche Grübeleien jetzt noch bringen? Doch Iris Mallek, die auf die 60 zugeht, empfindet gerade Fragen im Konjunktiv hilfreich für ihre Lebensbilanz, keine einfache Zeit, wie sie einräumt. Wer gründlich sein Leben überdenkt, muss sich von einigen Gewissheiten verabschieden. Er deckt Irrtümer und Missverständnisse auf. Er erkennt, welche Chancen nicht wahrgenommen wurden und weiß nicht, was mehr schmerzt: die selbst verschuldeten oder die unverschuldeten Versäumnisse. Zum Beispiel stellt sich Iris die Frage: Hätten Vater und ich vielleicht doch eine andere, eine bessere Beziehung haben können? Mussten unsere politischen Auseinandersetzungen ausschließlich im Schwarz-Weiß-Modus geführt werden? Warum war es unmöglich gewesen, gemeinsame Sichtweisen zu erkennen, die es, wie sie nun aus der Rückschau weiß, durchaus gegeben hatte? Warum konnte Erich Mallek anderen Menschen Orientierung geben, ja sogar ein Vorbild sein, aber seinen Töchtern nicht?

»Dann geh doch nach drüben!«

Iris zeigt auf das Stück Papier aus dem Jahr 1948. »Wie soll ich das je verstehen? Warum hat er mir nicht gezeigt, wer er war?« Über viele Jahre hatten sie laute, erbitterte Debatten geführt. Wenn sie den Sozialismus verteidigte, kam von ihm jedes Mal der Satz: »Dann geh doch nach drüben!« Eines Tages hatte sie pariert: »Besser, du gehst selbst nach drüben! Du wärst der ideale DDR-

Bürger!« Der Vater sei konservativ bis spießig gewesen, erklärt sie, ein rechter Sozialdemokrat, ein Frauenfeind, aber sehr sozial eingestellt. Typisch für ihn: Er fand die Inhalte der Grünen gut, aber gewählt hätte er die junge Partei nie, weil Joschka Fischer sich im hessischen Landtag in Turnschuhen zum Umweltminister hatte vereidigen lassen. Auch sie selbst habe damals Sonderbares von sich gegeben, gibt sie zu. Die DDR vehement verteidigt zu haben, ist ihr heute etwas peinlich.

Sie, die Älteste von vier Schwestern, sei ihrem Vater im Charakter sehr ähnlich, teilt Iris mir ungefragt mit. Sie sei genauso aufbrausend und launisch wie er, mit einem Hang zur Rechthaberei. »Was man vorgelebt kriegt, das prägt einen nun mal. Daher muss ich ehrlich sagen: Ich bin mein zweiter Vater.«

Iris Mallek war mir von einer gemeinsamen Bekannten aus Süddeutschland mit den Worten empfohlen worden, »ihre Geschichte würde gut in dein neues Buch passen. Diese Frau trägt das Herz auf der Zunge …« Die Bühnenbildnerin, so erfuhr ich, habe eine Reihe von Preisen gewonnen, sie sei kreativ für drei und doch arm wie eine Kirchenmaus. Iris Malleks Markenzeichen ist, wie mir weiter berichtet wurde, die Nonkonformität. Den Sprung auf die großen Bühnen hat sie nicht geschafft oder nie angestrebt, vermutlich ist ihr das Kulturestablishment suspekt oder es mangelt ihr schlicht an diplomatischem Verhalten. Ihr temperamentvolles Auftreten löst in der Kulturszene Begeisterung oder Ablehnung aus. Wenn sie sich im Raum befindet, ist sie nicht zu überhören. – Tatsächlich musste ich, als ich sie anrief und sie mir einige Fragen zu ihrer Biografie beantwortete, einen gewissen Abstand zwischen Telefonhörer und Ohr herstellen.

Die äußerlichen Bedingungen ihrer Kindheit klangen nach Idylle. Ein großes Haus in einem kleinen Dorf, ein wunderschöner Garten. Doch dann warnte mich die dunkle Frauenstimme: Wenn ich Genaueres über ihre Eltern erfahren wolle, könne es für mich enttäuschend werden. Zwar habe der Vater ihrer Kindheit wie alle Männer jener Zeit einen Hut getragen, doch das wisse sie nur von Fotos. Angeblich soll sie das Vaterkind gewesen sein, Vaters Liebling, aber sie besitze keinerlei Erinnerungen – die begännen erst mit ihrem zehnten Lebensjahr, nachdem die Mutter gestorben sei. »Über die ersten zehn Jahre mit meinen Eltern und meiner Großmutter – darüber weiß ich absolut nichts. Aber darüber *müsste* ich etwas wissen, denn ich kann mich ja entsinnen, wie wir im Krankenhaus waren, als meine Schwester geboren wurde – da war ich fünf. Da kann ich mich noch an rote Stühle erinnern.«

An einem Sonntag im November besuche ich Iris Mallek in ihrer Werkstatt, in einer schlecht zu beheizenden ehemaligen Lagerhalle, die sie mit einem Bildhauer teilt. Der Mann mit Glatze und weißem Pferdeschwänzchen grüßt nicht, er nimmt uns während des langen Gesprächs überhaupt nicht wahr, sondern hämmert in seiner Ecke ohne Pause weiter.

Eine Frau mit Improvisationstalent

Die Theaterfrau trägt einen Blaumann, verwaschene Jacke und Hose, und sieht darin aus wie ein Handwerker der Sechziger. Seit drei Jahrzehnten versorgt sie kleine private Theater mit Bühnenbildern. Weil sie selbst finanziell am Rande der Existenz lebt und nie anders gelebt hat, bedeuten für sie Aufträge mit kleinen Budgets nicht Einschränkung sondern Herausforderung. Ihr Improvisationstalent wird gerühmt. Iris Mallek, so heißt es in der Szene, löst jedes Bühnenproblem.

Sie ist ausgebildete Tischlerin. Mit 20 Jahren zog sie in die Großstadt. Über den zweiten Bildungsweg holte sie das Abitur nach, dann studierte sie Politologie und Sozialwissenschaften – das Modestudium der damaligen linksorientierten Studenten. In den Semesterferien jobbte sie, denn sie wollte ihren Vater nicht um Unterstützung bitten. Sie dachte, sie könne genügend Geld auf die Seite legen, um für die Examenszeit ausreichend versorgt zu sein. Aber dann entdeckte sie ihre Liebe zum Theater, wo die

Aushilfsarbeiten – wenn auch erbärmlich bezahlt – weit mehr Spaß machten als im Büro. Irgendwann strich sie ihre Examenspläne und wurde Bühnenbildnerin.

Sie lebt und arbeitet in einem Stadtteil, in dem inzwischen über die Hälfte der Familien ursprünglich aus arabischen Ländern stammen. Die Arbeitslosigkeit ist beunruhigend hoch. Iris macht deutlich, sie fühle sich nicht mehr wohl, weil die meisten Jugendlichen und jungen Männer nichts mit sich anzufangen wüssten. Es ist bei ihr eingebrochen worden. Fast das gesamte Werkzeug wurde mit ihrem Kleintransporter fortgeschafft. Ein Totalverlust, der sie 8000 Euro kostete. Eine Versicherung hatte sie nicht abgeschlossen. Gute Freundinnen erkannten, dass sich Iris von dem GAU nicht erholen würde und riefen hinter ihrem Rücken zu einer Spendenaktion auf. Eine beachtliche Summe kam zusammen. Als Iris mir davon erzählt, werden ihre Augen feucht: »Da habe ich eigentlich erst begriffen, was für tolle Wahlverwandte ich habe!«

In ihrer Werkstatt steht der Tisch, von dem eingangs die Rede war. Die Frau im Blaumann öffnet die Schublade, zieht eine alte Mappe hervor, der sie Papiere und Fotos entnimmt. Sie hält das schwarze, abgenutzte Leder an ihre Nase. Ja, so habe es in ihrer Kindheit gerochen, sagt meine Gastgeberin, legt die Mappe zurück und schenkt Ingwertee aus einer Thermoskanne ein. Zur Einstimmung hält sie mir Familienfotos hin und es wird klar: Sie ist ihrem Vater auch äußerlich sehr ähnlich: groß gewachsen, körperlich stark, ein breites, ausdrucksvolles Gesicht, ehemals blonde Locken, die in die Stirn fallen. Außerdem, verrät sie, habe sie den Gang von ihm geerbt – weit ausholende Schritte. Sie sei nun mal der burschikose Typ.

Sie zeigt mir Fotos von ihren Großmüttern, und nun höre ich sie erstmals Gutes über ihre Herkunft sagen. »Ich stamme aus einer nazifreien Familie. Meine einfach gestrickte Oma, eine Schneiderin, konnte die Zeitung zwischen den Zeilen lesen und hat schon früh vor Hitler gewarnt.« Die zweite Großmutter hatte einer jungen Nachbarin gegenüber den Hitlergruß verweigert und gesagt: »Mein liebes Mädchen, ich grüße immer noch, wie ich will.« Sie führte eine Gaststätte mit Festsaal, der wurde eine Woche später von den Nazis als Unterkunft für Zwangsarbeiter beschlagnahmt.

Eines der Fotos, die Iris für mich bereitgelegt hat, vermittelt einen Eindruck von der am Telefon beschriebenen Kindheitsidylle. Das Haus mit Garten gehörte Mutters Mutter. Die hatte auch die Erziehung der vier Mädchen übernommen. »Nach allem, was mir erzählt wurde, konnte Mutter mit uns nichts anfangen«, berichtet die Tochter. »In den Fotoalben findest du keine Mama auf den Bildern. Bei Einschulung und Klassenaufführungen, da war immer nur die Tante dabei – und damals hatte meine Mutter noch keinen Krebs.«

Die Großmutter nahm die Erziehungsgewalt, die sie über die vier Enkelinnen besaß, wörtlich. Sie kommandierte und schlug. Oma habe immer einen Grund gesucht und gefunden, um zu prügeln, wird mir berichtet. Der Vater sei feige gewesen. Er habe seine Kinder nicht geschützt, und die Mutter habe es wohl auch nicht getan, glaubt Iris. Wie gesagt, es gebe da keinerlei Erinnerung, aber in der Verwandtschaft erzähle man sich, Mutter und Großmutter seien stets einer Meinung gewesen und hätten Front gemacht gegen den Vater. Die Ehe der Eltern müsse ein Alptraum gewesen sein – »ein einziger Horror«, wie sie sich ausdrückt. Während einer langen Therapie habe sie das begriffen. Und natürlich auch dies: Ihre Amnesie ist alles andere als das Merkmal einer intakten Kindheit. In ihrem Gedächtnis sind Szenen von Dorffesten gespeichert, vom Spielen mit anderen Kindern, aber nichts von den Eltern. »Ich habe drei Jahre Analyse gemacht, drei Mal in der Woche auf der Couch, aber das hat nichts an Erinnerung gebracht. Manchmal dachte ich, ich bin nah dran, gleich geht das Licht an – und dann bin ich jedes Mal eingeschlafen.«

Der Ehekrieg von zwei psychisch Kranken?

Ihre Eltern hatten sich Ende der vierziger Jahre kennen gelernt und im kurzen Abstand vier Kinder in die Welt gesetzt. Über ihren Ehekrieg lässt sich im Nachhinein nur spekulieren. Vielleicht waren beide traumatisiert gewesen: zwei psychisch Kranke, zwei seelisch Verletzte, die nichts anderes konnten, als sich gegenseitig zu verletzen. Die Mutter hatte bis 1945 als Krankenschwester in Riga gearbeitet und bei einem Bombenangriff ihren Verlobten verloren. Erich Mallek war in Stalingrad in Gefangenschaft geraten.

Bald nach dem Tod seiner Frau heiratete Erich Mallek ein zweites Mal und zog mit seiner Familie vom Dorf in die Kleinstadt. Zwischen der Stiefmutter, einer Kriegswitwe, und den vier Töchtern entwickelte sich ein vertrauensvolles Verhältnis. Ihrem zweiten Mann gegenüber verhielt sie sich passiv und geduldig. Für sie war er jemand, der Schweres durchgemacht hatte, und sie fand es sei das Beste, seine Launen und Wutausbrüche auszuhalten und auf besseres Wetter zu hoffen.

In Sibirien sei der Vater gewesen, erzählt Iris, aber wie viele Jahre, das wisse sie nicht. Er habe darüber kaum gesprochen. Nur eines ist ihr in Erinnerung geblieben: »Er hat gesagt, als Gefangene seien sie besser ernährt worden als die Bevölkerung. Die Russen hätten am Lagerzaun um Essen gebettelt.« Seine erste Arbeitsstelle nach seiner Heimkehr war eine amerikanische Bank. Danach kam er als Buchhalter in einer Handelsfirma unter. Dort hatte er eine Vertrauensposition, dort blieb er ein Vierteljahrhundert, bis er in Rente ging. Im ganzen Ort habe man den Vater genommen wie er war, erinnert sich seine Tochter. »Er konnte ein Ekel sein, aber er hatte auch eine sehr soziale Seite.« Erich Mallek verstand es offenbar, sich unentbehrlich zu machen. Seine selbst gereimten Gedichte zu Hochzeiten und bei runden Geburtstagen wurden geschätzt. Für eine Reihe von Ortsbewohnern machte er die Buchführung.

Stalingrad erwähnte er mit keinem Wort. Auch seine älteste Tochter wäre nie auf die Idee gekommen, dem Vater Fragen zu stellen. Stalingrad war eine Tatsache, kein Geheimnis, sie hatte immer schon davon gewusst. Doch eine andere Tatsache hatte sie völlig ausgeblendet: wie nah der Krieg in ihrer Kindheit noch war. »Heute denke ich oft: Der Krieg war zu Ende, da war ich gerade mal sechs Jahre. Das muss man sich mal vorstellen! Das ist doch keine Zeitspanne! Das muss doch damals für die Erwachsenen wie gestern gewesen sein. Aber so was begreift man eben erst, wenn man selbst älter ist.«

Das Rätsel mit den Panzern

Seit kurzem stellt sie sich Fragen zu den wiederkehrenden Alpträumen in ihrer Kindheit. Feuer kam darin vor, Häuser brannten, Menschen brachten sich schreiend in Sicherheit. Alle Traumsequenzen spielten sich in dem Dorf ab, in dem sie aufwuchs. Warum träumte sie immer vom Feuer, obwohl sie damit keinerlei Erlebnisse verband? Noch ein zweites Motiv tauchte auf. Es war ein Geräusch, das sie erst viele Jahre später identifizierte – das Knallen von Stiefeln im Gleichschritt. Und es gab einen weiteren beängstigenden Traum, der sie häufig heimsuchte. Da sah sie merkwürdige riesengroße Fahrzeuge auf sich zurollen. Zu einem Zeitpunkt, als sich die Alpträume schon aufgelöst hatten, erfuhr sie durch eine Fernsehsendung, dass sie von Panzern geträumt hatte. Wie war das möglich? Panzer waren bis dahin in ihrer Welt überhaupt nicht vorgekommen; im Elternhaus hatte es keinen Fernsehapparat gegeben.

Inzwischen fragt sie sich, ob sie die Alpträume von ihren Eltern geerbt haben könnte – entsprechend der Angst, die viele Nachgeborene überfällt, wenn bei einem Probealarm die Sirene ertönt. Werden womöglich nicht nur Gefühle, sondern manchmal auch Bilder an die Nachkommen weitergegeben? Bei Fernsehbeiträgen über Afghanistan-Traumatisierte falle ihr sofort der

Vater ein, sagt Iris. In der letzten Zeit denke sie mehr an ihren Vater als jemals vorher. »Ich glaube, ich kann erst heute vom Gefühl her erfassen, warum er so war, wie er war.«

Iris nennt ihn einen »Diktator«. Auch Erich Mallek strapazierte den Satz, womit viele Soldatenväter den Widerstand ihrer heranwachsenden Kinder niederzubrüllen versuchten: »So lange du deine Füße unter meinen Tisch stellst, geschieht, was *ich* sage!« Alle sollten nach seiner Pfeife tanzen. Um viertel vor eins musste das Mittagessen auf dem Tisch stehen. Kam es eine Minute später, begann der Hausherr zu toben. Die Tochter schildert Verhältnisse, wo Frauen das nachbeten, was ihre Männer sagen und wo Frauen die Partei wählen, die ihre Männer wählen. Iris erinnert sich daran, dass in den sechziger Jahren die Berufstätigkeit von Frauen öffentlich diskutiert wurde. Vaters empörte Reaktion: »Das kann doch kein Sozialstaat sein, wenn Frauen arbeiten müssen!«

Der Neffe wurde den Töchtern vorgezogen

Erich Mallek hatte seinen in der Nachbarschaft lebenden Neffen Jochen den Töchtern vorgezogen. Mit ihm unternahm er ausgedehnte Wanderungen. Mit ihm unterhielt er sich gern. Männergespräche. Jochen wusste sie zu schätzen. Oft hörte Iris, wie der Jugendliche den Älteren aufforderte: »Komm Erich, lass uns wieder für 50 Pfennig diskutieren.«

Iris litt, weil sie als Mädchen nicht ernst genommen wurde – nicht würdig genug war, um Vaters wohlwollende Aufmerksamkeit zu verdienen. Das schwäche sie bis heute, glaubt sie, an Selbstbewusstsein und Vertrauen ins Leben habe es ihr immer gemangelt. »Mit dem Vater gab es nur die Sonntagsspaziergänge, alle fein angezogen«, berichtet sie. »Wir mussten Beeren pflücken, was ich furchtbar fand.« Ihr Vater sei auch viel allein im Wald gewesen, erinnert sie sich. »Dorthin ist er regelrecht geflüchtet, wenn ihm alles zu viel wurde. Er war ja immer voller Spannung und hat wie ein Schlot geraucht. Ich habe ihn nie entspannt erlebt.« Doch das Merkwürdige ist: Obwohl er keine Widerworte duldete und seinen Töchtern das Naturerlebnis an jedem Sonntag geradezu aufzwang, profitiert seine Älteste bis heute davon. Erich Mallek kannte jeden Baum und jeden Felsen »Trotz des Drucks hat er mir einen guten Naturbezug vermittelt«, sagt sie »Dass ich weiß, wie Bäume heißen, dass ich weiß, welcher Vogel da fliegt, das hab ich von meinem Vater …« Ihre Stimme wird zittrig. »Gleich fange ich an zu heulen …« Iris Mallek schenkt mir Tee nach, was sie ein bisschen beruhigt.

Noch etwas anderes sei positiv gewesen, fällt ihr plötzlich ein. Er habe seine Kinder zu Höflichkeit und Rücksichtnahme erzogen. Nein, dies finde sie heute absolut nicht altmodisch, sondern richtig und notwendig. Sie würde ihren Vater sogar als liberal bezeichnen. Der hätte, würde er noch leben, gewiss weniger Vorurteile als sie – sie finde muslimische Frauen mit Kopftuch unerträglich.

Erich Mallek mochte keine Leute mit Standesdünkel. Für ihn sind alle Menschen gleich gewesen, für ihn gab es kein Oben und Unten. Nur für die Frauen seiner engsten Umgebung galt das nicht. Die hatten sich ihm unterzuordnen. Iris berichtet von einer Situation, die fast vierzig Jahre zurückliegt. Zu Ostern trafen sich die vier Schwestern, die inzwischen alle in der Großstadt lebten, in ihrem Elternhaus. Wenn sie mit ihrer Stiefmutter zusammensaßen, gab es immer viel zu erzählen. Plötzlich riss der Vater die Tür auf und brüllte: »Vier Weiber hocken einfach zusammen und quatschen, dabei ist nicht mal die Treppe geputzt!« Seine Älteste stand auf und brüllte zurück: »Hättest ja die Treppe selber putzen können, anstatt auf deinem faulen Hintern zu sitzen.«

Seit Iris ihr Elternhaus verlassen hatte, ließ sie sich von ihrem Vater nicht mehr einschüchtern. Sie fühlte sich genau so stark wie er, und manchmal sogar stärker. Die Tochter konnte ungeheuer wütend werden, wenn er seine Frau vor anderen demütigte. Eines Tages, bei einem Kaffeetrinken mit Verwandten, war Erich Mallek ganz besonders übler Laune, und ein Regen von Beleidigungen ging auf seine Frau nieder. »Niemand kam meiner Stiefmutter zur Hilfe«, erinnert sich Iris. »Da bin ich ausgerastet und habe ihn angebrüllt: ›Weißt du, warum ich keinen Mann gefunden habe? Weil ich so ein Arschloch als Vater habe!‹ – Da wurde er aschfahl und verließ den Raum.«

Der Gedanke war selbst für Iris völlig neu, und er entsprach der Wahrheit. Der Satz kam aus den tiefsten Tiefen – sie hatte ihn regelrecht erbrochen. Aber die Wahrheit half ihr nicht weiter. Am Grundproblem, an ihrem Misstrauen gegenüber Männern, änderte diese Erkenntnis nichts. »Das Männerbild, das mein Vater mir hinterließ, war eine Katastrophe«, stellt sie fest: »Wenn ich mich in einen Mann verliebte, musste der genau das Gegenteil von meinem Vater sein. Wehe, da ist jemand aufgebraust oder er wollte unbedingt Recht behalten oder er wollte faul sein und sich bedienen lassen … Was ich damit sagen will: Wenn ein Mann nur einen einzigen Funken des Verhaltens meines Vaters zeigte – dann war es von meiner Seite vorbei.« Anderseits, erklärt sie mir, habe sie auch keine Weicheier geschätzt, die zu allem Ja und Amen sagen, sondern der Mann, den sie sich wünschte, sollte ruhig und souverän sein.

Ich sage ihr, ein so perfektes Exemplar sei mir noch nicht über den Weg gelaufen. Und dann frage ich sie, wie das denn funktionieren solle: Alle Frauen und Männer ihrer Generation seien mehr oder weniger in Rollenklischees gebadet worden. In jedem Mann, der Karl May und Jerry Cotton – wo Frauen bekanntlich nie eine Rolle spielten – verschlungen habe, stecke ein Macho-Reflex, der noch heute gelegentlich aufblitze …

Bloß keinen Mann wie meinen Vater!

»Es funktioniert eben nicht«, unterbricht sie mich. »Deshalb habe ich ja auch keinen abgekriegt.« Sie lacht auf. Ihre absurden Muster sind ihr bekannt. Sie hätte genauso Grund zu weinen, denn das Tragische ist: Auch bei Iris haben sich bestimmte Reflexe tief eingebrannt. Sie geht sofort auf die Hinterbeine, wenn sie befürchtet, ein Mann könne sie so behandeln, wie der Vater es tat. Diesbezüglich hat ihr das Leben noch keine Gelassenheit geschenkt.

Seit zehn Jahren ist Iris Mallek ohne Freund oder Lebensgefährten. »Mein Vater war mein Trainingscamp«, sagt sie. »Hier habe ich gelernt, mich gegen Männer durchzusetzen. Aber ich habe nicht gelernt, Männern zu vertrauen.« Um einem Mann zu vertrauen, müsste sie mehr Selbstvertrauen besitzen. Das aber hat ihr Vater verhindert, indem er sich ihr und ihren Schwestern gegenüber nie solidarisch zeigte und sich bei Konflikten in der Schule stets auf die Seite der Lehrer stellte. Er lobte nie, sondern machte Iris nieder: »Aus dir wird nie was«. Jahre später erfuhr sie von Verwandten, wie stolz er immer von seinen Töchtern erzählt habe.

Sie glaubt inzwischen, dass er tatsächlich so empfand. Sie erinnert sich, wie er zur Premiere des ersten Theaterstücks angereist kam. Zwar habe er mit dem Bühnenbild nichts anfangen können, da hätten ihm die Kriterien gefehlt, aber die allgemeine Anerkennung für seine Künstler-Tochter habe ihm, wenn sie es richtig interpretiere, doch gut getan. »Mein Vater konnte nicht zeigen, wenn er sich freute, und ich glaube, das ist ihm im Krieg abhanden gekommen«, erklärt sie. «Das versteht man erst, wenn man viel, viel älter ist. Wir Töchter haben ihm mal zu Weihnachten einen Durchlauferhitzer geschenkt. Den hat er an Heilig Abend noch anmontiert, das war ein Zeichen seiner großen Freude. Weiß ich heute. Damals haben wir gedacht: Der spinnt.«

Trotz ihrer Erfahrung mit einem ausgeprägten Macho-Vater wurde Iris Mallek keine Feministin. Sie fühlte sich nicht von Männern bedroht. Sie hatte sich nicht von Männern unterdrücken lassen. Sie kannte keine finanzielle oder sonstige Abhängigkeit. Ihre Devise lautete: »Man braucht nur einen Mann fürs Herz. Aber darüber hinaus braucht man keinen Mann.« Ihre Kinderlosigkeit bedauert sie nicht. »Ich hab irgendwo gewusst, mein Leben würde chaotisch sein.« Der Umgang mit Kindern hat sich bei ihr auf andere Weise entwickelt. Viele erwachsene Kinder ihrer Freundinnen gehören heute zu ihren Wahlverwandten. Ihr Freundeskreis ist groß und die Beziehungen sind stabil. Manche Kontakte existieren seit ihrer Studienzeit, darunter ein paar Männer, die, wie sie sich ausdrückt, bis heute von der »Macke Nazi« nicht loskommen – die sich mit nichts anderem so intensiv beschäftigen wie mit dem Nationalsozialismus. Sie weiß: »Ich habe eine Affinität zu zugeknöpften schrulligen Männern, die sonst keiner so recht mag. Mit ihnen verbindet mich ein geschwisterliches Gefühl.« Dabei deutet sie auf den stumm arbeitenden Bildhauer, dessen Anwesenheit ich trotz seines Hämmerns vergessen habe.

Alles gescheiterte Liebesbeziehungen …

Für die gescheiterten Liebesbeziehungen möchte sie ihrem Vater nicht länger die Schuld geben. In ihr sei vor allem ein tiefes Bedauern, weil es keine wirklich guten Erinnerungen gebe, sagt sie. Haften geblieben sei eben nur der ewige Streit. Alles, was sie im Nachhinein über ihn gesammelt habe, sei kein Wissen sondern Interpretation. »Darum bin ich so traurig, dass ich mit meinem Vater nicht mehr darüber reden kann.«

Iris Mallek begleitet mich zum Bahnhof. Auf dem Weg erfahre ich von ihr eine letzte Geschichte. Es ist noch nicht lange her, da belauschte sie im Zugabteil einen älteren Mann und eine jüngere Frau. Es handelte sich um Vater und Tochter, die, wie sich später herausstellte, gemeinsam zu einer Tagung fuhren. Zwischen den beiden entwickelte sich ein anregender Austausch. Die etwa dreißigjährige Tochter sagte, sie müsse nun an ihrer Schule Beratungsgespräche mit Eltern führen. Aber bevor sie dazu Fachliteratur lese, würde sie gern seine berufliche Erfahrung anzapfen. Ob er ihr sagen könne, was dabei die wichtigsten Punkte seien. Wie man ein Gespräch eröffne? Wie man am geschicktesten das

Anliegen der Klienten kläre? Mit welcher Art von Fragen man die Leute verschrecke?

Was Iris Mallek am meisten verblüffte: Das Gespräch zwischen Vater und Tochter fand in völlig entspannter Atmosphäre statt. Hier Zeugin gewesen zu sein, entfachte in ihr eine Sehnsucht, die sie sich noch nie gestattet hatte. Genau so einen Vater hätte sie gebraucht. Einer, von dessen Erfahrung sie ganz selbstverständlich hätte profitieren können. Einer, der ihr gezeigt hätte, wie sie – zum Beispiel – Ordnung in ihr chronisches Finanzchaos bringen könnte. Als sie eine Stunde später in ihrer Stadt aus dem Zug stieg und mit schweren Taschen an beiden Händen das Gleis entlangging, liefen ihr Tränen über das Gesicht.

Soldatenväter und Feminismus

Seit ich Anfang der 1970er Jahre in New York die Frauenbewegung kennen lernte, die nur kurze Zeit später auch in Westdeutschland erwachte, machte ich mir Gedanken über die nationalen Unterschiede. Warum waren Feministinnen in den USA eher pragmatisch und in der Bundesrepublik eher rigide? Warum agierten die Amerikanerinnen mit viel Spaß und Provokation, zum Beispiel, indem sie sich öffentlich über prominente Macho-Männer lustig machten, während deutsche Frauen schnell ins Ideologische abglitten und sich auf verbissene Debatten einließen. Und warum ging den westdeutschen Feministinnen der Ruf »Männer raus!« so leicht über die Lippen, als hätten sie ihn schon Jahrzehnte lang heimlich geübt?

Der Grund lag wohl vor allem in den schlechten Erfahrungen mit den deutschen Kriegsvätern, die noch nicht in der Zivilgesellschaft angekommen waren, Männer, die im Kommandoton sprachen und die sich, in Ermangelung militärischer Untergebener, von Ehefrauen und Töchtern bedienen ließen. Darin sehe ich inzwischen auch einen misslungenen Versuch, den verlorenen

Selbstwert als Folge eines verlorenen Krieges zu kompensieren. Man darf nicht alles dem traditionellen Rollenklischee in die Schuhe schieben.

An dieser Stelle möchte ich von einem unvergesslichen Anruf aus New York erzählen. Er liegt fast vierzig Jahre zurück. Meine amerikanische Freundin war völlig aus dem Häuschen. Sie, die bei der feministischen Zeitschrift »Ms. Magazine« arbeitete, hatte gerade auf einem Verlagsempfang mit »Heinrich« gesprochen. Es dauerte eine Weile, bis ich begriff, wer damit gemeint war: Heinrich Böll, der spätere Nobelpreisträger der Literatur. Meine Freundin schwärmte, wie bescheiden »Heinrich« sei, wie menschenfreundlich und wie sanft. »What a man!« rief sie enthusiastisch. Dann kam sie auf eine von Bölls Heldinnen, auf »Leni« zu sprechen und sie rief: »What a wonderful female character!« Ich war verwirrt, denn ich konnte mich nicht entsinnen, dass Heinrich Böll im deutschen Feminismus wegen seiner anderen Sicht auf Frauen gelobt worden wäre.

Auch mir war Leni Pfeiffer aus dem 1971 erschienenen Roman »Gruppenbild mit Dame« beim Lesen sehr ans Herz gewachsen. Eine eher unauffällige, doch beim genauen Hinsehen ausgesprochen mutige Frau, die sich nicht vom Zeitgeist, vor allem nicht vom braunen Zeitgeist, beeindrucken ließ. Leni war keine Schönheit und mit ihren fast 50 Jahren nicht mehr jung und hatte doch gute Chancen bei Männern.

Keine Frage, Chauvinisten übersehen Frauen wie Leni. Es muss ihnen merkwürdig vorgekommen sein, als das deutsche Fernsehen ein Vierteljahrhundert später die Kommissarinnen in den Wechseljahren entdeckte.

Heinrich Böll, der »gute Vater«

Bei öffentlichen Auftritten sah man Heinrich Böll nie ohne Zigarette, aber damit und der Tatsache, dass er im Krieg gewesen war, haben sich die Ähnlichkeiten mit den Soldatenvätern, wie sie in diesem Buch auftreten, auch schon erschöpft. Er war kein Macho, jedenfalls habe ich ihn so nie reden hören. Er äußerte sich nachdenklich, nicht eifernd, er wirkte melancholisch, aber nicht düster. Für viele Nachkriegskinder wurde er zum Modell des »guten Vaters«.

1992 wurde Bölls Roman »Der Engel schwieg« veröffentlicht, sieben Jahre nach seinem Tod. Er schrieb ihn 1950, doch sein Verlag hatte ihn nicht herausbringen wollen, vermutlich, weil die Leserschaft zu diesem Zeitpunkt vom Elend der Nachkriegszeit nichts mehr wissen wollte. Die Handlung ist einfach: Ein Mann und eine Frau treffen sich in einer völlig zerstörten Stadt, sie haben alles verloren, auch die Menschen, die sie liebten. Sie wissen nicht, ob sie leben oder sterben wollen. Der Mann ist Buchhändler von Beruf, ohne Arbeit, ohne Begabung für den Schwarzmarkt. Erzählt wird eine zarte Liebesgeschichte in den Trümmern. Keine Szene ohne Zigarette, kein Tag ohne Hunger. Bei Kälte ist das Bett ihr Refugium. Es wird geraucht und viel geschwiegen.

> Zum ersten Mal dachte er: Was mag sie denken. Er hoffte, dass sie glücklich war; er liebte sie, aber er kannte keinen einzigen ihrer Gedanken; er liebte sie und er wusste, dass sie ihn liebte, aber von ihren Gedanken wusste er nichts, und er würde nie etwas davon wissen, niemals auch nur einen Bruchteil von den unzähligen Gedanken, die sich in ihrem Hirn bildeten, während der langen Stunden des Tages und der Nacht. Er fühlte sich sehr allein und hatte den Eindruck, dass sie nicht so sehr allein sei.
> Und plötzlich wusste er, dass sie weinte. Es war nichts zu hören, er entnahm nur den Bewegungen des Bettes, dass

sie mit der freien Hand in ihrem Gesicht herumwischte, aber auch das war nicht klar, und doch wusste er, dass sie weinte.[10]

Ihr Zuhause ist ein Zimmer in einem Wohnhaus, das seit einem Bombenangriff als halbe Ruine dasteht. Von Stunde zu Stunde mehr löst sich innen der Putz von den Wänden.

Dreck, staubiger, kalkiger Dreck, eine Wolke stob auf, die sich über alle Gegenstände des Zimmers lagerte: ein feiner ekelhafter Puder, und sie hörte es unter ihren Füßen knirschen; wo sie auftrat, ein trockener Kalkbrei, der sich in den groben Rillen des Bodens festsetzte.[11]

Und dann folgt das eigentlich Bemerkenswerte, etwas Sensationelles in der männlichen Literatur: Auf drei Buchseiten erleben wir eine Frau beim Putzen.

Eimer um Eimer schleppte sie in die Bude, aber sie brauchte nur zwei Quadratmeter aufzuwischen, und schon war das klare Wasser milchig und dickflüssig von gelöstem Kalk, Gips und Sand, und jedes Mal, wenn sie den Eimer unten in die Trümmer kippte, blieb ein zähes Sediment, das sie mühsam ausspülen musste. Jedes Mal, wenn sie mit neuem Wasser ins Zimmer trat, blieb sie erschrocken stehen: die Stellen, die sie aufgewischt hatte, waren inzwischen getrocknet und leuchteten weiß, spröde und häßlich, während der Boden, den sie noch zu säubern hatte, eine dunkle und regelmäßige Farbe hatte.[12]

Die Frau müht sich ab, vergeblich, doch aufgeben kommt für sie nicht in Frage. Der Versuch, Ordnung zu schaffen, Normalität herzustellen. Putzen als Metapher für die quälend langsame Wiederherstellung der menschlichen Würde.

Statt »Schwamm drüber« aufräumen

Als ich »Der Engel schwieg« mit dem Abstand vieler Jahre erneut las, fiel mir wieder ein, wie heftig Heinrich Böll von vielen seiner deutschen Altersgenossen abgelehnt wurde. Er war für sie ein »rotes Tuch«, man witterte in ihm den gut getarnten Verfassungsfeind. Sogar »Nestbeschmutzer« wurde er genannt, weil er die deutsche Vergangenheit nicht ruhen ließ, er wusste wie dünn die Decke der Normalität war, die verbergen sollte, woran nicht gerührt werden durfte. Böll, ein unbequemer Demokrat, traute dem faulen Frieden nicht. »Schwamm drüber« war mit ihm nicht zu haben. Er setzte der allgemeinen Verdrängung die Notwendigkeit des Aufräumens entgegen. Es würde ihn freuen zu sehen, wie ernsthaft viele Nachkriegskinder heute darum bemüht sind, sich von der irritierten Wahrnehmung, die ihnen das Schweigen der Eltern hinterließ, zu verabschieden, wie sie nach einem realistischen Bild des Soldatenvaters forschen und die Ambivalenz aushalten, dass er womöglich Opfer und Täter zugleich war. Davon erzählt auch die Geschichte von Marion Schlüter*, der zweiten Vatertochter.

Sie ist eine Geschäftsfrau von Ende fünfzig, sie kleidet sich konventionell, man könnte auch sagen britisch. Tweed und Karo. Das habe sie schon immer gern getragen, verrät sie. Zeitlos nannte man diese Mode bereits in den sechziger Jahren. Andererseits ist sie mit ihrer frechen, hennaroten Kurzhaarfrisur optisch durchaus auf der Höhe der Zeit. Eine typische Hamburgerin, könnte man meinen, hier geboren, hier verankert. Tatsächlich aber ist sie auf dem Land, in Schleswig-Holstein, aufgewachsen und erst mit 30 Jahren nach Hamburg gezogen.

Marion Schlüter ist viel gereist. Manchmal, wenn ihr die Arbeit über den Kopf zu wachsen droht, verlässt sie ihren Schreibtisch und stellt sich vor die große Weltkarte. Wie könnte der nächste Urlaub aussehen? Obwohl sie schon seit 30 Jahren in der Touristikbranche arbeitet, spürt sie nichts von der Reisemüdigkeit, die so viele altgediente Kollegen beklagen. In regelmäßigen Abständen packt sie das Fernweh. Sie trägt ein Traumziel in sich, schon seit ihrer Jugend – das Zweistromland. »Ich war 16, als ich meinen Mann kennen lernte«, erzählt die Unternehmerin, »und damals hat er schon von mir gehört: Ich will unbedingt nach Babylon.« Als Schülerin war Geschichte ihr Lieblingsfach gewesen. Auf dem Gymnasium wurde, gemäß den üblichen Schleifen, alle paar Jahre das Altertum durchgenommen. Doch der Unterrichtsstoff »deutsche Geschichte« hörte jedes Mal vor dem Ersten Weltkrieg auf.

Eine Frau engagiert sich für Kinder im Irak

Sie weiß, vom Zweistromland wird sie noch lange träumen müssen. Viele Jahre sind vergangen, seit der Irak das letzte Mal in Urlaubskatalogen auftauchte. Auf absehbare Zeit wird sich daran nichts ändern. Tief sind die Wunden, die Diktatur und Krieg der Bevölkerung zufügten. Wie in jedem Nachkriegsland ist der Alltag beschwerlich, dazu die Terroranschläge. Wie in jedem Nachkriegsland können seelische Verletzungen erst dann anfangen zu heilen, wenn normale Verhältnisse herrschen. Das war unser gemeinsames Thema, als wir uns bei einer Benefizveranstaltung für Kinder in Irak kennen lernten. Es dauerte nicht lange, und wir kamen auf den Zweiten Weltkrieg und seine Spätfolgen zu sprechen. Marion Schlüter zeigte sich sehr interessiert an der Thematik. Wir tauschten unsere Karten, und einen Monat später führten wir in ihrem Büro ein langes Gespräch.

Ein Vertreter der Hilfsorganisation, die Kinder im Irak unterstützt, hatte mir verraten, das Reiseunternehmen Schlüter sei seit Jahren ihr großzügigster Spender. Die Chefin, hieß es, sei mit ganzem Herzen dabei. Sie habe eine Reihe von Patenschaften übernommen und lasse sich regelmäßig über die Lebensumstände der Kinder informieren.

Marion und Nikolaus Schlüter* hätten in den Irak fahren

müssen, als sie jung waren – nachher weiß man eben alles besser. Aber damals hatten sie gerade ihr erstes Reisebüro aufgemacht. Zeit und Geld wurden nur in dringend notwendige Projekte investiert. Dann bekam die Geschäftsfrau in kurzen Zeitabständen drei Kinder. Sie blieb berufstätig, aber mit eingeschränkter Mobilität. Viele Jahre schob sie ihre Traumreise auf, und nun könnte es zu spät sein. Inzwischen sind die Kinder erwachsen, und das Unternehmerehepaar hat sich eine ganze Kette von Filialen mit entsprechenden Internetagenturen aufgebaut, einige davon in Osteuropa.

Was mich am meisten an Marion Schlüter fasziniert, ist ihre Art zu reden: langsam, gelassen, vollkommen ruhig. Eine weiche, dunkle Stimme, mit der sie vermutlich auch Menschen erreicht, die eigentlich keine guten Zuhörer sind. Jemand wie sie – so stelle ich mir vor – widerspricht nie direkt, sondern bringt ihre Einwände diplomatisch und vor allem ohne jede Aufregung vor, im Sinne von: Das überrascht mich jetzt aber, denn ich bin von etwas anderem ausgegangen. Darüber sollten wir jetzt noch mal reden … Als ich ihr meinen Eindruck mitteile, sagt sie in ihrer unnachahmlich ruhigen Art: »Das würde ich so nicht ausdrücken. Gelegentlich kann ich sehr laut werden. Meinem Mann zum Beispiel muss ich manchmal regelrecht ins Ohr brüllen, damit er merkt, wie wichtig mir eine Sache ist und dass ich seine Unterstützung brauche.«

Zu Fuß von Riga nach Schleswig

Sie reicht mir Fotos von der Eröffnung einer Filiale in Riga und leitet dann, für mich überraschend, zu unserem Thema über: Riga, den Namen habe sie schon als Kind gekannt, sagt sie. Da sei ihr Vater in sowjetischer Gefangenschaft gewesen. Seit sie denken kann, sieht sie ihn als einen Menschen, der Schlimmes erlebt und auf abenteuerliche Weise überlebt hat. Über das Wie hat er nie gesprochen, nur soviel, dass er aus dem Lager flüchtete und dass der lange Weg zurück in die Heimat ein Fußmarsch war. Wenn im Fernsehen Kriegsfilme gezeigt wurden, verließ er den Raum. Besonders schlimm muss es für ihn gewesen sein, als 1959 der Mehrteiler »So weit die Füße tragen« ausgestrahlt wurde – ein Straßenfeger, wie man damals sagte. Auch Marions Familie fieberte der nächsten Folge entgegen, und wenn sie im Vorspann angekündigt wurde, stets mit dem Zusatz »nach dem gleichnamigen Roman von Josef Martin Bauer« dann knisterte es vor Spannung im Wohnzimmer. Der Vater hatte dann schon das Haus verlassen und vermutlich das einzige Wirtshaus angesteuert, in dem noch kein Fernsehapparat stand. Zu groß waren die Ähnlichkeiten mit der Hauptfigur Clemens Forell, der einem russischen Kriegsgefangenenlager entflohen war und erst drei Jahre später die Heimat erreichte. Dort erkannte ihn niemand mehr.

Den Andeutungen ihres Vaters konnte Marion nur wenig entnehmen. Aus dem ersten Lager floh er, wurde wieder eingefangen und durch eine »Knüppelgasse« gejagt, wo man ihn halb totschlug. Die anderen Kriegsgefangenen mussten dabei zusehen. Es handelte sich um ein in den Lagern übliches grausames Ritual, das Nachahmer abschrecken sollte. Die Fähigkeiten von Anton Werk* wurden in Russland gebraucht. Der Gefangene aus Deutschland konnte bauen, er konnte aufbauen. Vor dem Krieg hatte er eine Maurerlehre gemacht und schon früh eine Baufirma geleitet.

In zwei oder drei Lagern hatte er die Jahre bis zu seiner Flucht verbracht, zuletzt in Riga. Als Marion noch sehr jung war, hatte sie sich gefragt, warum es ihm überhaupt wichtig gewesen sei heimzukommen. Verheiratet war er damals noch nicht. »Er hat erzählt, er hätte eine Zeitlang in Riga eine Freundin gehabt, denn er durfte das Lager verlassen«, berichtet sie. »Die Freundin hat ihm sogar einen Kuchen gebacken.« Marion verstand nicht, warum er so tollkühn gewesen war, ein zweites Mal zu flüchten.

Während unseres Gesprächs fällt der Tochter ein, sie hätte schon immer gern gewusst, welche Entfernung er von Riga bis

Schleswig zurückgelegt hatte, und sie befragt ihren Blackberry. Antwort: 1200 Kilometer. »Die wird er ja nicht in gerader Linie an der Ostsee entlang gegangen sein«, denkt sie laut. Sie hat keine Vorstellung davon, wie lange die Flucht dauerte. Ihre Mutter, fährt sie fort, habe sich sehr erschreckt, als sie Anton von weitem habe kommen sehen – dabei sei er schon gewaschen, rasiert und gut angezogen gewesen. Dennoch: Der Mutter habe sein Anblick Angst gemacht. »Mir hat sie gesagt, der Vater hätte etwas Tierhaftes an sich gehabt.«

Ich frage sie, was die Mutter damit gemeint haben könnte und Marion antwortet in dem ihr eigenen unerschütterlichen Tonfall: »Was glauben Sie, wie er das geschafft haben soll, sich durchzuschlagen, zu Fuß und nichts zu essen? Also, um zu überleben, hätte er jemanden umgebracht. Davon bin ich überzeugt. Dazu kenne ich ihn zu gut.«

Willy Brandts Kniefall in Warschau

Seinen Einsatz im Warschauer Ghetto erwähnte Anton Werk seiner Tochter gegenüber beiläufig, als diese noch sehr jung war, in einem einzigen Satz, ohne jeden Zusammenhang, nur den Fakt an sich. Als Soldat der Wehrmacht, gerade 21 Jahre alt, war er daran beteiligt gewesen, den Ghettoaufstand niederzuschlagen. Was hatte Anton Werk dazu gebracht, sein Schweigen zu brechen? War der Auslöser Willy Brandts Kniefall in Warschau gewesen? Was mag er empfunden haben, als er im Jahr 1970 die Bilder im Fernsehen sah? Was hielt Anton Werk davon, dass Willy Brandt mit dieser Geste um Vergebung bat für die Verbrechen, die in deutschem Namen begangen worden waren?

Marion erinnert sich, ihn später gezielt darauf angesprochen zu haben, aber er wich aus. Kein Wort sagte er mehr dazu. Ein Verdränger war er nicht. »Wenn er das Warschauer Ghetto erwähnt hat, dann heißt das: Er muss das alles im Kopf gehabt haben«, stellt seine Tochter nüchtern fest. »Er muss doch wer weiß wie oft mitbekommen haben, wie ein alter Nazi aufgestöbert wurde. Er muss doch auch Angst gehabt haben, dass jemand aus dem Ghetto auftaucht und sagt: »Du warst das doch! Du hast so-undso viele Leute erschossen!« Sie hält eine Weile inne, bevor sie weiterspricht: »Ich wusste ja von seinen schlechten Träumen nachts, wie er schrie und um sich schlug. Und ich wusste von der Knüppelgasse im Lager. Ich habe ihn eher als Opfer gesehen. Und anders als andere meiner Altersgruppe kannte ich keine stellver-tretende Schuld.«

Sie kann sich nicht entsinnen, über die Beteiligung ihres Vaters an einem NS-Verbrechen entsetzt gewesen zu sein. Ihre Aussage verblüfft mich. Teilte sie etwa nicht die große Angst der Nach-kriegskinder, ihr Vater könne ein schlimmer Nazi, ein Täter ge-wesen sein? Wie ist sie damit fertig geworden, als sie die Wahrheit kannte? Hat sie sich für ihren Vater geschämt? Die Antwort lautet Nein – ohne Wenn und Aber.

Er habe sich verstricken und missbrauchen lassen, glaubt sie und gibt zu bedenken: Als Hitler an die Macht kam, war Anton Werk 11 Jahre alt gewesen. Seine Jahrgänge hatten nichts ande-res als die NS-Propaganda und die übliche Judenhetze kennen gelernt, erst in der Hitlerjugend, dann im Arbeitsdienst. Ihm fehl-ten die Antennen des kritischen Wahrnehmens, des Argwohns. Er hatte das Verbrecherische seines Einsatzes in Warschau nicht rechtzeitig erkannt. Während ich ihr zuhöre, frage ich mich, wel-cher Zeitpunkt in seinem Fall »rechtzeitig« gewesen wäre.

Keine Karriere bei der Wehrmacht

Ihr Vater, betont Marion Schlüter, habe in der Wehrmacht keine Karriere gemacht, und er sei nach dem Krieg kein Ewiggestriger gewesen – das rechne sie ihm positiv an. »Er sprach nicht wie ein Nazi. Er hat nie abfällig über Juden geredet. Und ich habe nicht im Entferntesten daran gedacht«, fügt sie hinzu, »dass er zu de-nen gehörte, die einen Teil der Menschheit ausrotten wollten.«

Marions Mutter kannte Anton schon, bevor er Soldat wurde, aber, wie die Tochter vermutet, nicht besonders gut. Der Bauernsohn machte als Jugendlicher erfolgreich Sport, Boxen und Fußball. Auch konnte er gut schießen, stammte er doch aus einer armen Familie mit vielen Kindern. Alle Söhne wilderten. Sie erlegten Wild und stellten Fallen. Das sei, erklärt mir Marion, in der schlechten Zeit auf dem Land durchaus üblich gewesen. Man durfte sich eben nicht erwischen lassen.

Als der Heimkehrer Anton Werk beruflich wieder Fuß gefasst hatte und gut verdiente, pachtete er eine Jagd. Er blieb auch der begeisterte Chorsänger, der er von Jugend an war. In der Kriegsgefangenschaft hatte er einen Chor ins Leben gerufen und selbst dirigiert. Als Vater setzte er durch, dass alle seine fünf Töchter ein Instrument lernten. Marion übte 12 Jahre lang am Klavier, dafür ist sie ihm heute noch dankbar. Liebend gern hätte er aus seinen Töchtern ein Akkordeonorchester geformt. Er habe immer wieder gesagt, wie sehr ihm das Musikmachen in der Gefangenschaft geholfen habe, erzählt Marion. Sein Satz dazu lautete: »Wenn du Musik machen kannst, kommst du überall durch.« Aber er wäre nie auf die Idee gekommen, dabei zu sein, wenn seine Kinder in einem Schülerkonzert auftraten.

Anton Werk kam 1949 heim, ein Jahr später heiratete er. 1951 kam Marion als erstes von fünf Kindern zur Welt. Der Vater hatte ein Ingenieurstudium begonnen, was ihm nach den Strapazen von Krieg und Gefangenschaft äußerst schwer fiel. Oft sagte er: »Der Krieg hat mir so viele Jahre weggenommen, mich haben sie so betrogen.«

Jäger, Kettenraucher und Anarchist

Sie beschreibt ihn als einen Mann mit schier grenzenloser Durchsetzungskraft. Ein Mann, der sich immer im Recht sah und nach seinen eigenen Regeln lebte. Zum Beispiel habe er kurz vor seinem Tod drei Mal einen Bussard geschossen, nicht obwohl, sondern weil es verboten war. Seine Freude darüber drückte sich in dem Satz aus: »Wie alt muss ich werden, bis ich tun kann, was ich will.« Marion Schlüter kann sich nicht erinnern, jemals mit ihm ein gutes Gespräch geführt zu haben. Sich auszutauschen oder mit anderen über ein Thema zu reflektieren, gehörte nicht zu seinem Wesen. Er war Kettenraucher. Den Zustand des Entspannt seins kannte er nicht, selbst dann nicht, wenn er stundenlang auf dem Ansitz saß. Da sei es ja um Wettkampf gegangen, erklärt seine Tochter, er habe einen bestimmten Bock erlegen wollen. Anton Werk starb mit 85 Jahren. Als die Familie und andere Trauergäste nach seiner Beerdigung zusammensaßen und von ihm erzählten, ergab seine anarchistische Seite reichlich Gesprächsstoff: Wie er in den Sechzigern von einem Autofahrer geschnitten wurde, worauf Anton in ein Rennen einstieg und seinem Gegner beim Überholen so nah kam, dass er ihm den Autospiegel abfuhr. Wie er nacheinander für seine Kinder Häuser baute, jedes Mal ohne Baugenehmigung, was jedes Mal zu einem Baustopp führte.

»Er hielt sich nicht an Vorschriften, die ihm nicht einleuchteten«, erläutert seine Tochter. »Er hielt es nicht aus, wenn andere über ihn bestimmten, das war schon vor dem Krieg so. Als jüngerer Bruder hat er sich gegen die Bevormundung der älteren zur Wehr gesetzt. Er ließ sich wirklich von keinem etwas sagen. Vermutlich ist er deshalb in der Wehrmacht nicht aufgestiegen.« Die Frauen, fügt Marion hinzu, hätten ihn sehr gemocht und oft auch bewundert. Anton Werk war eben ein Kerl. Ein Mannsbild, würde man in Bayern sagen.

Kaum jemand wagte es, sich ihm in den Weg zu stellen. Schon wenige Jahre nach dem Krieg begann sein Aufstieg im Baugeschäft. Seine berufliche Wiedereingliederung war, wie bei so vielen Männern seines Alters, eine Erfolgsgeschichte. Freunde hatte er nicht. Er traf sich auch nicht mit ehemaligen Kameraden aus der Wehrmacht. »Für Menschen interessierte er sich im Grunde überhaupt nicht«, beschreibt ihn Marion. »Es gab Leute, die er täglich im Gasthaus sah, doch kannte er gerade mal deren Vornamen. Ihm war nur wichtig, dass sie keine Anforderungen an ihn stellten und sich über Freibier freuten.« Bei den anderen Gästen handelte es sich überwiegend um arme Schlucker, auch Obdachlose. Als Jugendliche hatte sich seine Älteste manchmal seines Umgangs geschämt.

Großer Abstand zu anderen Menschen

Menschen gegenüber hielt Anton Werk also zeitlebens Abstand, selbst wenn es sich um seine Frau und seine Kinder handelte. Niemand durfte ihn daran hindern, so zu leben, wie er es für richtig hielt. In der Familie war sein Wort Gesetz. Nie hätte er seinen Kindern zuliebe einen Sonntagsausflug gemacht. Nie hätte er seine Pläne geändert, um seine Frau nach einem Großeinkauf in der Stadt abzuholen und heimzufahren. Sollte sie doch den Bus nehmen … »Wenn so jemand und ich verheiratet gewesen wären«, sagt Marion trocken, »dann wäre einer von uns beiden bald tot gewesen.« Im Grunde, glaubt sie, langweilten ihn die Alltagsgeschehnisse und die kleinen Nöte eines Familienlebens. Es interessierten ihn auch keine Details aus der Schule, keine Hausaufgaben. Seine Mädchen sollten einen Abschluss machen, möglichst das Abitur, ansonsten wollte er mit Schulthemen nicht behelligt werden. Einmal bekam Marion einen blauen Brief. Darin stand, die Versetzung der Tochter sei wegen Schwächen in Mathematik gefährdet. Hier endlich wurde der Vater aktiv. »Aber es war für die ganze Familie ein Drama, wenn ich abends mit ihm Bruchrechnen üben musste«, erinnert sich die Tochter. »Vater hörte nicht auf zu brüllen. Er hatte null Geduld und war natürlich ein Choleriker. – Die Mutter hat ihm nie wieder blaue Briefe gezeigt.« Aber es gab auch eine andere Seite. Eines Tages wurde Marion beim Stehlen erwischt – ein Päckchen Gummibärchen. Da brüllte er nicht. Er weinte vor Entsetzen. Seine Tochter – eine Diebin!

Obwohl überwiegend ein abwesender Vater, war ihm seine

Familie überaus wichtig. Nie hätte er sich scheiden lassen. Wenn er, was selten genug geschah, einen halben oder gar ganzen Tag zu Hause verbrachte, dann zog er sich keineswegs zurück. Offenbar gefiel ihm der Trubel in einem großen Haushalt, er mochte es, wenn Frau und Kinder ihn umgaben – das war er gewohnt, stammte er doch selbst aus einer großen Familie. Als seine Älteste ihm eines Tages mitteilte, sie werde heiraten und mit ihrem Mann im nächsten Ort eine eigene Wohnung beziehen, brach für Anton Werk eine Welt zusammen und er reagierte mit Verweigerung: Nein, er werde nicht zur Hochzeit kommen, nein, es werde keinen Polterabend in seinem Haus geben. Tatsächlich schätzte er Nikolaus Schlüter und dessen Familie. Aber dass seine Tochter fortging, das war in seiner begrenzten Wahrnehmung einfach nicht vorgesehen. Wochenlang war mit ihm darüber nicht zu reden, er stellte sich stur. Aber schließlich, als der Polterabend näher rückte, räumte er den vollgestellten Keller aus, damit dort gefeiert werden konnte.

Familieneinsatz auf der Baustelle

Seine schönsten Zeiten erlebte er, wenn die ganze Familie zusammen an einem Haus baute. Samstags auf der Baustelle, erzählt Marion Schlüter, da sei der Vater in seinem Element gewesen. Er habe den Arbeitseinsatz dirigiert und jedem genau geklärt, was er tun solle. Aber natürlich habe der Vater auch selbst mit angepackt.

Er erfüllte seine Rolle als Ernährer, mit Geld war er großzügig. Seine Frau verwaltete die Finanzen für die ganze Familie. Aber wenn sie ihn kritisierte, weil er selten zu Hause war und lieber in der Wirtschaft Karten spielte, wurde er laut und verletzend. Er bestimmte, was eine Frau ihm sagen durfte und was nicht. Marion fand es schrecklich, weil ihre Mutter sich fügte und seine Ausbrüche hinnahm. An dieser Stelle frage ich nach: Ob sie sich schützend vor ihre Mutter gestellt habe? Sie denkt nach, dann schüttelt sie den Kopf. Nein, sagt sie, denn sie habe immer gedacht: Die Frau ist alt genug, sie ist die Mutter seiner Kinder. Wieso lässt sie sich das gefallen!

Wie Marion Schlüter weiter berichtet, gab es in ihrer Jugend viel Streit zwischen ihr und ihrem Vater, weil er sie schlecht behandelte. »Ich habe ihm dann klar gemacht, dass er mit mir so nicht umgehen darf«, sagt sie. »Einmal standen wir uns in der Küche gegenüber – ich hatte einen Besen in der Hand – und wenn meine Mutter nicht dazwischen gegangen wäre, hätte ich ihn verprügelt. Das hat er damals kapiert.«

Ihren Schilderungen entnehme ich: Sie wurde als einzige in der Familie vom Vater mit Respekt behandelt, wohl deshalb, weil sie ihm Grenzen setzte. Als erwachsene Frau verweigerte sie ein Jahr lang den Kontakt zu ihm, nachdem er sie äußerst grob beleidigt hatte. Ein Satz wie »Es tut mir leid«, wäre von seiner Seite nie gefallen, aber Marion erfuhr von anderen, wie ernst er den Konflikt nahm und wie hilflos er war, ihn zu beenden. Da ging sie wieder auf ihn zu.

Mir kommt ein Gedanke: Vielleicht ist es wie mit der Henne und dem Ei. Vielleicht konnte sie, im Unterschied zu ihren Schwestern, nur deshalb dem Vater die Stirn bieten, weil sie Vatertochter war – weil er und sie von Anfang an ein besonderes Verhältnis hatten. Marion denkt über meine Sichtweise nach und meint, so könne es in der Tat auch gewesen sein. Vielleicht sei dies der Grund gewesen, warum sie seine Ausraster nur selten auf sich persönlich bezog und sich kaum je wirklich verletzt fühlte. Im Unterschied zu einer ihrer Schwestern, die bis heute unter schweren Depressionen leide. Noch immer trage die Schwester Groll gegen den Vater in sich. »Für mich ist es einfacher, mit ihm im Reinen zu sein«, fügt Marion nach einer Pause hinzu. »Vater hat immer gesagt, dass er von allen seinen Kindern mich am meisten schätzt.«

Zunächst war Marion eine große Enttäuschung gewesen. Er hatte einen Jungen gewollt. Nach der Ältesten wurden noch vier weitere Mädchen geboren. »Erst, als ich größer war, konnte er mit mir etwas anfangen, und er ließ mich wirklich machen«, berichtet sie weiter. »Eigentlich ungewöhnlich. Ich musste mich nie rechtfertigen, wo ich hingehe, wann ich wiederkomme. Er war der festen Überzeugung, ich gehe meinen Weg – obwohl ich eine Frau bin.« Er habe sie wie einen Mann behandelt, fügt sie hinzu, das fiele ihr erst im Nachhinein auf. Sie gehe mit ihren beiden Töchtern völlig anders um als mit ihrem Sohn.

Man gab sich nur die Hand

Seit seinem Tod vor zwei Jahren beschäftigt sie die Vater-Tochter-Beziehung auf ganz andere Weise als früher. »Ich habe in letzter Zeit viel darüber nachgedacht, wie viel Abstand man zum Vater hatte, und wieso man das im ganzen weiteren Leben nicht ändern konnte. Das blieb so.« Sie schweigt eine Weile, dann nimmt sie den Gedanken wieder auf. »Ich kann mich nicht entsinnen, dass er mich, seit ich zur Schule ging, je angefasst hätte oder ich ihn, außer wir gaben uns zur Begrüßung die Hand. Das ist doch komisch zwischen Eltern und Kindern. Aber was noch eigenartiger ist: Ich konnte ihn bis zu seinem Tod nicht umarmen. Heute denke ich, es lag vielleicht auch von meiner Seite ein Misstrauen darunter. Irgendetwas stimmte mit ihm nicht, und das hatte mit dem Krieg zu tun – aber im Grunde kannst du es dir nicht erklären.«

Die Tochter entwickelt ihren Gedanken weiter: Vielleicht konnte der Vater niemanden mehr liebevoll berühren, weil er beschämt war über das, was ihm widerfahren war und wozu er als Soldat fähig gewesen war. »Darum denke ich, dieser Abstand zu anderen Menschen, der hat mit seinen Erlebnissen im Krieg zu tun. Bei mir ist es genau umgekehrt. Ich fasse meine Kindern viel an – ich berühre sie einfach gern – während ich, als ich ganz klein war, schon mal in Vaters Bett geschlafen habe, aber danach, wie gesagt, gab man sich nur noch die Hand.«

Im hohen Alter erkrankte Anton Werk an Krebs. Als der Arzt ihn fragte: »Wie viel wollen Sie wissen«, antwortete er: »Nicht so viel.« Seine Haltung war, die Krankheit einfach nicht zur Kenntnis zu nehmen, im Sinne von: Mein Körper hat immer funktioniert und das wird auch künftig so sein. Seine Familie begleitete ihn während der letzten Tage und Stunden. Es war kein schweres Sterben. »Seine letzten Worte überraschten mich sehr«, berichtet Marion. »Er fragte meine Mutter, ›Wie geht es dir?‹ Das ist doch eigenartig. Nie habe ich das vorher von ihm gehört. Nie hat ihn interessiert, wie es seiner Frau geht.«

Sie glaubte, sein Tod würde keine große emotionale Lücke verursachen, weil zeitlebens so viel Abstand zwischen ihnen gewesen sei. Aber dann, als sie die Urne sah und an das bisschen Asche dachte, fing sie heftig an zu weinen und konnte sich kaum beruhigen. Sie fühlte sich an einen anderen schmerzvollen Abschied erinnert, als sie noch sehr klein war. Da hatten ihre Mutter und sie den Vater, als der eine Kur antrat, zum Bahnhof gebracht.

Ich frage sie: Als Tochter eines solchen Vaters lernt man doch vor allem eines – dass man Männer nicht ändern kann. War das in ihrem Fall auch so? Sie lacht auf. »Na klar, und dann habe ich mir ja auch den entsprechenden Partner ausgesucht. Das ist mir ganz spät erst bewusst geworden.« In den ersten zehn Jahren ihrer Ehe arbeitete Nikolaus Schlüter – ohne sie deshalb überhaupt gefragt zu haben – weit entfernt in einer anderen Stadt und kam nur am Wochenende heim. Das fand sie normal. Sie kannte nichts anderes. Kinder waren eben Frauensache. Dennoch kümmerte sich Nikolaus weit mehr um sie, als Marions Vater es getan hatte. Aber vielleicht nicht genug, räumt sie ein, denn ihr Mann und ihr Ältester hätten ein kompliziertes Verhältnis. Seit der Sohn als Junior in die Firma eingestiegen sei, habe es viel Streit gegeben. »Das hat dann dazu geführt, dass mein Mann und mein Sohn überhaupt nicht mehr miteinander gesprochen haben«, schildert sie die Situation. »Und eines Tages habe ich gesagt: Das geht so nicht weiter. Ich halte das nicht mehr aus, und unsere Mitarbeiter auch nicht.« Marion Schlüter bestand auf einem Familienseminar – alle fünf an einem Tisch. Ihr Vorschlag: Man werde einen

Supervisor und eine Familientherapeutin engagieren, und mit deren Hilfe solle dann herausgefunden werden, was in der Familie schief laufe.

Ein denkwürdiges Familienseminar

Es kam zu einer denkwürdigen Zusammenkunft, in der laut und heftig zur Sprache kam, was schon längst einmal hätte gesagt werden sollen. Zum Beispiel warf der Sohn seinem Vater vor: Du bist ein schlechter Vater! Du hast dich nie richtig um mich gekümmert! Mir gegenüber gibt Marion Schlüter zu, das habe sie überrascht und erschüttert, denn ihre Sichtweise und ihre Maßstäbe seien ganz andere gewesen. Früher hätten sich Väter nun mal kaum um ihre Kinder gekümmert. Sie habe den Vater ihrer Kindheit nicht als die große Ausnahme gesehen, fügt sie hinzu, er wäre ihr nur etwas extremer vorgekommen als andere. Aber sie verstehe, was ihr Sohn meine. Inzwischen hätten sich die gesellschaftlichen Standards hinsichtlich des Väterverhaltens sehr geändert.

Weil sich ihr in jungen Jahren der Satz einbrannte: »Männer kann man nicht ändern«, hat sie es bei ihrem eigenen Mann erst gar nicht versucht. Er ist, wen wundert's, ihrem Vater in einigen wesentlichen Punkten ähnlich. Hat sich Nikolaus Schlüter etwas in den Kopf gesetzt, dann hält er unbeirrt daran fest. Er muss immer etwas Neues aufbauen. Keine Expansion bedeutet für ihn Rückschritt. Die Rollen von Marion und Nikolaus Schlüter in der Firma sind aufgeteilt. Er ist der Kreative, sie hat die Ausgaben unter Kontrolle. Und manchmal muss sie, obwohl sie neue Projekte grundsätzlich begrüßt und keineswegs risikoscheu ist, wie der Finanzminister sagen: Sorry, hier ist die Grenze!

Am Ende unseres Gesprächs fragt sie mich, wo sie über ihres Vaters Jahre im Krieg recherchieren könne. Vor allem würde sie interessieren, wo er überall gewesen sei und ob er tatsächlich ein kleiner Gefreiter geblieben sei. »Etwas Spektakuläres werde ich ja wohl kaum erfahren«, sagt sie. »Ich meine, dass er im Warschauer

Ghetto war, weiß ich ja.« Ich nenne ihr die WAST – die Wehrmachtsauskunftsstelle – und füge hinzu, dem Archiv müsse, da
der Vater erst wenige Jahre tot sei, das Einverständnis ihrer Mutter und ihrer Schwestern vorliegen. In den meisten Familien, gebe
ich noch zu bedenken, sei eine solche Übereinstimmung nicht zu
erreichen. Doch Marion meint, für sie als Älteste dürfte das kein
Problem sein: man werde ihr da schon freie Hand lassen.

Einzelne Sätze von Marion Schlüter klingen in mir nach, vor
allem der unvergleichlich ruhige Tonfall, in dem sie vorgetragen
wurden. Ich frage mich, ob sie ihre Art zu reden im Umgang mit
ihrem Vater erwarb. Wie anders als mit Ruhe und Gleichmut hätte sie sich bei einem Menschen Gehör verschaffen können, der
mit einem so hohen Erregungslevel ausgestattet war?

Untersuchung über Heimkehrer

Aus meiner Kindheit in den fünfziger Jahren fallen mir mühelos
ein halbes Dutzend Männer ein, darunter auch Lehrer, die sich so
verhielten wie Anton Werk. Von den Erwachsenen wurden sie in
Schutz genommen, was mir als Kind merkwürdig vorkam, bis ich
begriff, dass man Mitleid mit ihnen haben musste. Krieg, Gefangenschaft, Hirnverletzung, das waren die Stichworte. Hier nun
die Zahlen: Elf Millionen deutsche Gefangene bei Kriegsende, davon drei Millionen in sowjetischen Lagern.

Die Historikerin Svenja Goltermann hat die psychische Verfassung von Heimkehrern aus russischer Gefangenschaft untersucht,
indem sie Psychiatrieakten der Bodelschwinghschen Anstalten
Bethel, Bielefeld, auswertete. Sie stammen aus den Jahren 1945-
1949. Das Wesen ihrer Funde beschreibt sie als »Das Gedächtnis
des Krieges«, ihr Buch heißt »Die Gesellschaft der Überlebenden«.

Der Blick auf die Soldatengeneration war lange Zeit getrübt
durch Klischees, wonach die Männer entweder als die Vollstre-
cker der nationalsozialistischen Vernichtungspolitik galten oder

selbst nichts anderes als Opfer eines Gewaltregimes waren. Heute, meint die Historikerin, werde zunehmend gesehen, dass Menschen Täter sein konnten und auf einer ganz anderen Ebene auch Opfer.

Die Gewalterfahrung des Krieges ist in den zahlreichen Krankenakten präsent. Ein Arzt notierte über einen Patienten, den er ein Jahr zuvor nach Hause entlassen hatte, eine drastische Verschlimmerung seines Zustandes und wie verbittert seine Frau war: »Er nörgelt zu Hause herum, sieht alles schwarz in schwarz, macht sich Sorgen, wo keine sind, und tyrannisiert die Familie mit seiner ekelhaften Pedanterie.«[13] Doch wurden die Psychiatriepatienten mit ihren seelischen Verletzungen von der Gesellschaft weitgehend allein gelassen. Noch in den fünfziger Jahren war es für die Mediziner kaum denkbar, dass der Auslöser für eine psychische Erkrankung etwas anderes sein konnte als eine schwere organische – und damit messbare – Schädigung. Im Klartext hieß das: Ein gesunder Körper verursacht keine seelischen Störungen, da mussten dann andere Faktoren ausschlaggebend sein, vererbte Belastungen oder eine grundsätzlich labile Befindlichkeit.

Ein Patient mit tiefgreifenden psychischen Veränderungen, dessen Körper jedoch keine Spuren von Gewalt oder doch wenigstens von lang anhaltenden Strapazen aufwies, war also nicht etwa kriegstraumatisiert, wie es uns heute so selbstverständlich von den Lippen geht, sondern es wurde eine »anlagebedingte« Ursache für seine Störungen verantwortlich gemacht. Vor allem für die Holocaustüberlebenden hatten derartige medizinische Glaubenssätze böse Folgen, denn damit argumentierten deutsche Gutachter vor Gericht, wenn es darum ging, Rentenansprüche und Wiedergutmachungsleistungen abzuwehren.

In den Psychiatrieakten der Heimkehrer finden sich einige Aussagen, die für die gesamte westdeutsche Gesellschaft in den ersten Nachkriegsjahren von Bedeutung waren, aber bis heute kaum wahrgenommen werden. Beispiel Entnazifizierung: Im Rückblick zeigt sich, wie mühelos die meisten Täter und Mittäter den Ruf unbescholtener Bürger erlangten. Doch die Rückschau verzerrt einen wesentlichen Aspekt der damaligen Realität. Sie übersieht, dass sich die ehemaligen Soldaten des Ausgangs ihres eigenen Verfahrens nicht sicher sein konnten. Viele Männer waren zutiefst beunruhigt und fragten sich, ob ihnen jemals ein normaler beruflicher Neubeginn gewährt werden würde. Von vielen Psychiatriepatienten wurde die Schuld an den Verbrechen des Krieges und des Holocaust nicht verdrängt. Die größte Angst der Heimkehrer war es, wieder »in ein Lager gesteckt« zu werden. Es lässt sich denken, wie sehr die Ehefrauen und vor allem die Kinder unter den verstörten Heimkehrern zu leiden hatten.

Was Kinder nach dem Krieg beruhigte

Kinder übernehmen von den Erwachsenen die Signale von Anspannung, aber auch die von Entwarnung. In diesem Zusammenhang ist die sogenannte »Langeoog-Studie«[14] aufschlussreich. Von 1946 bis 1950 waren 12 500 Trümmerkinder während einer Erholungskur untersucht worden. Wer die Studie heute liest, bekommt einen Eindruck von ihrer körperlichen und auch seelischen Verfassung, vor allem während der Jahre 1946 bis 1948. Ab 1949, also im Jahr nach der Währungsreform, ging es den Kindern dann wesentlich besser. Es fällt auf, dass es eine sprunghafte und keine langsame Veränderung war. Offenbar war die Währungsreform ein Hoffnungssignal, das die Eltern beruhigte. Aber während der Lektüre von Goltermanns Buch wurde mir klar, dass noch ein anderer Fakt Erleichterung bescherte, das Ende der Entnazifizierung.

INTERVIEW

»Ich rechne auf«

Herbert W., geboren 1924, über seine Gefangenschaft in Russland

Als ich mich aufmachte, um für dieses Buch ehemalige Wehr-machtsangehörige zu interviewen, kam ich fast zu spät. Die meisten alten Männer, die ich anrief, wollten von meinem Vorhaben nichts wissen, oder ihre Frauen hatten mir schon im Vorfeld er-klärt, es rege ihren Mann zu sehr auf, man möge ihn bitte in Ruhe lassen. Ähnliches hörte ich von den Kindern noch lebender Sol-datenväter: Dem Vater gehe es gesundheitlich nicht gut, und auch: Er versinke mehr und mehr in der Demenz. Doch schließlich ge-lang es mir, mit einem Mann Kontakt aufzunehmen, der mit 17 in den Krieg gezogen und mit 25 nach jahrelanger Gefangen-schaft heimgekommen war. Herbert W. kann als Industriekauf-mann auf erfolgreiche Berufsjahre zurückschauen. Mit 86 Jahren bewohnt er zusammen mit seiner Frau das Haus, in dem auch seine Kinder aufwuchsen.

Sie wurden 1924 geboren. Wann kamen Sie zur Wehrmacht?
Ich habe mich mit 17 Jahren freiwillig gemeldet, im Februar 1941. Wir alle in der Abiturklasse hatten Angst, dass wir den Krieg ver-säumen. Wir dachten ja, es müsste nur noch England geschlagen werden, und dann wäre der Krieg vorbei. Diejenigen, die sich frei-willig gemeldet haben, brauchten kein Abitur zu machen, sie be-kamen den sogenannten Reifevermerk. Also bin ich am 12. Mai eingezogen worden und im August war ich schon in Russland.

Was hielten Ihre Eltern davon, dass Sie sich freiwillig gemeldet haben?
Mein Vater lebte nicht mehr. Meine Mutter war nicht sehr begeis-tert davon, aber sie hat schließlich nachgegeben. Ich brauchte ja ihre Zustimmung, ich war ja noch nicht volljährig.

Wie sah Ihr erster Einsatz an der Front aus?

Ich wurde zur Artillerie einberufen und wurde als Kanonier am Geschütz eingesetzt. Ich war derjenige, der die Munition fertig machen musste. Wir waren zu fünft am Geschütz: ein Kellner, ein Bauer, ein Arbeiter und einer, der in Babelsberg eine Ausbildung beim Film machte. Es war für mich eine unglaubliche Erfahrung, denn mit dieser Art von Leuten hatte ich ja noch nie zu tun gehabt. Das ging bis Oktober, wir hatten Verluste. Danach waren wir vor Leningrad, den ganzen Winter 1941/42. Wir haben versucht Leningrad einzuschließen.

Das war also die Belagerung von Leningrad.

Ja nun, Leningrad ist nie vollkommen eingeschlossen gewesen. Nur die Eisenbahn- und Straßenverbindungen waren abgeschnitten. Im Osten gab es einen Zugang über den Ladogasee, im Winter übers Eis. Ab November, Dezember war der Krieg stationär. Wir lagen uns gegenüber. Es gab keine große Bewegung bei teilweise minus 50 Grad. Im Februar habe ich Gelbsucht gekriegt und den großen Zeh erfroren, weil es keine anständige Winterausrüstung gab, und bin dann nach Deutschland ins Lazarett gekommen. Die zweite Hälfte meiner Kriegszeit bin ich in Jugoslawien gewesen und habe dieselben Erfahrungen gemacht, die jetzt die Soldaten in Afghanistan machen: Partisanenkrieg.

Und wie lange waren Sie in Jugoslawien?

Bis August 1944. Dann kam ich zur Offiziersschule nach Großborn in Pommern. Vorher gab es vier Wochen Urlaub, unglaublich, eine große Ausnahme, zu diesem Zeitpunkt gab es keinen Heimaturlaub mehr. Aber ich ging jeden Tag bei herrlichem Wetter ins Strandbad. Ab September besuchte ich in Ostpommern die Artillerieschule und wurde zum Leutnant befördert. Ende Januar/Anfang Februar sollte die Schulung beendet sein, aber wegen der russischen Offensive gingen wir alle an der Ostgrenze bei Schneidemühl in Stellung. Anfang März wurden wir von den Sowjets überrollt, aber nicht gefangengenommen. Ich hatte fünfzig Mann unter mir, die habe ich in Zehnergruppen aufgeteilt und gesagt, wir versuchen uns nach Westen bis zur deutschen Front durchzuschlagen. Das waren sehr abenteuerliche vier Wochen, immer nur nachts marschiert, tagsüber zum Schlafen Löcher gegraben und mit Zweigen abgedeckt. Wir gerieten in das Aufmarschgebiet für die Offensive auf Berlin. Am 1. April Ostersonntag um 12 haben sie uns erwischt und am 9. Oktober 1949 bin ich nach Hause gekommen.

Also mehr als acht Jahre Krieg und Gefangenschaft ...
Ja, als ich heimkam, war ich 25. Da konnte ich erst anfangen zu studieren. Ich meine, das darf man ja auch nicht vergessen: Nach dem Völkerrecht durfte es nicht sein, dass wir nach Kriegsende fünf Jahre als Zwangsarbeiter in der Sowjetunion festgehalten wurden. Wenn der Krieg zu Ende ist, müssen die Kriegsgefangenen entlassen werden. Das haben wir mit den Holländern gemacht, mit den Franzosen usw., in den früheren Stadien des Zweiten Weltkriegs.

Sie haben mir gegenüber erwähnt, Sie hätten Glück gehabt als Gefangener. Wieso?
Weil ich mich als Gefangener mit den Russen verständigen konnte. In Jugoslawien hatte ich eine Menge Serbokroatisch gelernt, und darauf konnte ich aufbauen. Ich habe sehr schnell Russisch gelernt. Ab Sommer 1946 bin ich im Büro tätig gewesen. Ab Januar 1947 kam ich nach Moskau, das war praktisch ein Lotteriegewinn, denn Moskau war besser mit Lebensmitteln versorgt als jeder andere Ort in der Sowjetunion. Einmal haben wir einen Hungerstreik gemacht, da kam sofort eine Kommission aus dem Innenministerium und hat unsere Lage überprüft. Insofern ist es uns sehr viel besser gegangen als den meisten anderen deutschen Gefangenen. Wir haben auch Hunger gehabt, aber wir konnten Geld verdienen. Unser Lager in Moskau funktionierte nach dem

Gulagsystem. Das heißt: Die Vorschriften, die im Gulag galten, galten auch für uns.

Wie kam es, dass Sie so gut über die Lagervorschriften Bescheid wussten?
Das erste Lager, in dem ich mich befand, wurde aufgelöst. Wir mussten uns nackt aufstellen und ein Arzt entschied, wer körperlich zu welcher Arbeit in der Lage war. Während dieser Phase gab einen Personalinspektor, der hat mich in seinem Büro eingeschlossen mit dem Auftrag, die Personalpapiere fertig zu machen. Da standen die ganzen Vorschriften im Schrank. Die habe ich mir angesehen und gut gemerkt. Ich wusste also, was sie mit uns Gefangenen machten durften und was nicht. In der ersten Nachkriegszeit waren viele Gefangene verhungert. Da gab es ganz harte Befehle, damit sich das nicht wiederholte. Zum Teil war das Theorie. Wenn Gefangene verhungert sind, lag das daran, dass es nichts oder zu wenig zu essen gab. Es wurden etwa eine Million Gefangene bei Kriegsende nach Russland transportiert, 15 Prozent sind gestorben.

Wo gingen Sie tagsüber arbeiten?
In Moskau vorwiegend im Wohnungsbau. Ich war »Arbeitsingenieur«, ich organisierte die Arbeit. Das war mein Glück. Ich musste nicht körperlich arbeiten.

Wie waren Ihre Kontakte zur russischen Bevölkerung?
Immer positiv. Die Kriegsgefangenen haben ja mit den Russen zusammengearbeitet. In meinem Fall war es eine Zeitlang eine sehr hübsche Ingenieurin. Mit ihr habe ich dann am besten Russisch gelernt. Wir haben auch heimlich miteinander geschlafen. Das war alles drin, nur nicht auf Dauer. Eines Tages schöpften sie Verdacht. Dann wurde es unterbunden, und ich habe sie nie wieder gesehen. Die Bevölkerung war immer sehr freundlich. Die alten Frauen haben uns Mut machen wollen, wenn sie bei jeder

Gelegenheit sagten: Es kann nicht mehr lange dauern – ihr kommt bald nach Hause. Und ich muss ganz ehrlich sagen: Wir haben die Russen bedauert. Denn wir haben gewusst: Eines Tages kommen wir nach Hause, aber sie müssen immer hier bleiben. Sie lebten unter armseligen Bedingungen, das hat man ja gesehen, sie wohnten zum Teil in großen Gemeinschaftsunterkünften, dazu der Zwang, dem sie ausgesetzt waren.

Wie sah Ihre finanzielle Lage als Gefangener aus?
Zuletzt, also ab 1947/48 einigermaßen. Wir bekamen maximal 150 Rubel für unsere Arbeit ausbezahlt. Das heißt: Es gab die Lagerverpflegung und von unserem Verdienst konnten wir uns zusätzlich Nahrungsmittel kaufen. Ein Brot kostete zu der Zeit 3 Rubel. Da hatte man keinen Hunger mehr. Ein Problem war die Kleidung. Die Schuhe gingen am schnellsten kaputt.

In wie vielen verschiedenen Lagern waren Sie?
In vier Lagern. Im Prinzip ging es mir immer besser. Zuletzt war ich im Wohnungsbau eingesetzt.

Was war denn für Sie das Schlimmste in der Gefangenschaft?
Die Unsicherheit. Man wusste ja nicht, ob man jemals wieder nach Hause kommt. Fliehen hatte auch keinen Zweck. Ich weiß nur von einem, ein Sudetendeutscher, der es bis nach Hause geschafft hat. Der hat uns eine Karte geschrieben. Wenn sie einen Flüchtenden wieder eingefangen hatten, wurde er der Lagerbewachung übergeben, und die hat ihn halb totgeschlagen.

Dem Vater einer meiner Gesprächspartnerinnen ist es so ergangen, er war im »Knüppelgang«.
Das war furchtbar. Das habe ich selbst einmal gesehen. – Ich habe mir die ganze Zeit gesagt, du musst überleben, du musst sehen, wie du durchkommst. Ich glaube, ich habe sehr günstige Wege gefunden und auch viel Glück gehabt, so dass es mir besser er-

gangen ist als 95 Prozent der anderen. Wer 1949 noch in Russland war, der war auch kräftig und gesund. Auf der Baustelle arbeiteten viele Studentinnen von einer benachbarten Hochschule. Die Mädchen waren ganz scharf auf die gut aussehenden jungen Deutschen. Da gab es manche Freundschaft. Das gehörte auch mit zu unseren Erlebnissen.

Wie groß war die Unsicherheit in der Frage, ob und wann Sie entlassen würden?

Es war uns versprochen worden, wir würden Ende 48 repatriiert. Aber es geschah nichts. Anfang Januar war in der Prawda zu lesen, die Westalliierten hätten auf ein bestimmtes Abkommen zur Freilassung der Kriegsgefangenen hingewiesen. Die Sowjetunion hat sich auf Transportschwierigkeiten berufen. Was aber unsere Lage verschlimmerte: 1949 fing die Suche nach Kriegsverbrechern unter den Gefangenen an, und zwar nach einem sehr groben Raster. Wenn man zum Beispiel 1941 bei einer Division war, die 1943 an Kriegsverbrechen beteiligt war, gehörte man automatisch zu den Verdächtigen. In unserem Lager wurden im Keller Arrestzellen eingerichtet und es kam zu Verhören. Es war eine furchtbare, verzweifelte Stimmung. Diejenigen, die pauschal als Kriegsverbrecher eingestuft wurden, mussten gewöhnlich tagsüber noch arbeiten und wurden am Abend mit Lastwagen abgeholt. Wer abgeholt wurde, stand auf der Liste vermerkt, die ich als Arbeitsingenieur bekam und verlesen musste. Voll Spannung habe ich sofort nachgeschaut, ob ich auch auf der Liste vermerkt bin. Die sogenannten Kriegsverbrecher wurden später zu 25 Jahren Zwangsarbeit verurteilt. Das waren die 10 000, die 1955 von Adenauer heimgeholt wurden.

Wann wurde Ihr Lager in Moskau aufgelöst?

Ende September 1949. Plötzlich musste alles ganz schnell gehen. Es kam dann am Bahnhof zu herzzerreißenden Abschiedsszenen, zwischen den Deutschen und ihren Freundinnen. Ich hatte nicht einmal mehr die Zeit, mein Geld auszugeben, ein paar hundert Rubel. Die habe ich dann, kurz bevor wir in Brest-Litowsk die Sowjetunion definitiv verließen, einem Landsmann gegeben, der noch dort bleiben musste.

Sie sind als 17-Jähriger losgegangen und als 25-Jähriger zurückgekommen. Sie sind als Jugendlicher aufgebrochen und als Erwachsener mit viel schlechter, aber auch verantwortungsvoller Erfahrung heimgekehrt.

Diese Erfahrungen habe ich nie vergessen. Ich habe immer gesagt: Mir kann nichts mehr passieren. Ganz egal, was kommt, ich werde mit allem fertig werden. Ich war Gott sei Dank gesund. Anfang Oktober 1949 kam ich nach Hause.

Schon drei Wochen später begann in Göttingen das erste Semester.

Was war Ihr größter Wunsch auf dem Weg nach Hause?
Ein richtiges Bett! Neun Jahre hatte ich kein richtiges Bett gehabt. Neun Jahre war ich nicht auf einem WC gewesen.

Sie haben später nie Camping gemacht, oder?
Doch, einmal. Ich bin mit Freunden in Holland gesegelt. Da musste man eine öffentliche Wasch- und Toilettenanlage benutzen. Eine solche Gemeinschaftseinrichtung war nichts mehr für mich.

Würden Sie sagen, dass Sie in dieser Zeit, in der Sie so schnell erwachsen werden mussten, etwas unwiederbringlich verloren haben? Oder würden Sie sagen, Sie sind unbeschadet durchgekommen?
Im Wesentlichen bin ich gut durchgekommen. Ich hatte den Wunsch, diese verlorene Zeit möglichst schnell aufzuholen. Nach drei Jahren war ich schon Diplomkaufmann. Insofern kann ich nicht sagen, dass es da Belastungen oder Beschädigungen gab.

Hatten Sie eine Zeitlang schlimme Träume?
Ja, Horrorträume. Jahrzehntelang habe ich geträumt, ich sei wieder in Gefangenschaft und wüsste nicht, wann ich nach Hause käme.

Gab es Menschen, die sagten, früher warst du anders?
Ich hatte zu denjenigen, die ich aus meiner Schulzeit kannte, kaum mehr Kontakt. Die Hälfte meiner Klassenkameraden ist gefallen oder wurde vermisst. Diejenigen, mit denen ich befreundet war, haben nicht überlebt. Außerdem hat man sich natürlich auch normalerweise nach neun Jahren verändert.

Wann haben Sie von der Vernichtung der Juden gehört?
Im Gefangenenlager in Posen hingen am Schwarzen Brett Bilder von den KZs. Da haben wir zunächst einmal reagiert wie: 1914/18 wurde auch behauptet, die Deutschen hätten den Kindern die Hände abgehackt u. ä. Den Holocaust haben wir erst später allmählich als Realität kennen gelernt. In den ersten Jahren bekamen wir keine Informationen und waren sehr mit unserem eigenen schweren Schicksal beschäftigt. Ab 1948 bekamen wir dann in Moskau DDR-Zeitungen. Dann bestand die Möglichkeit allmählich von den Ereignissen zu hören, die sich in der Zeit bis dahin abgespielt hatten.

Haben Sie während Ihrer Wehrmachtszeit von den Verbrechen gehört?
Nein.

Auch nicht in Jugoslawien?
Nein. Bei uns gab es keine Kriegsverbrechen. Wir haben ja dort einen Krieg gegen Partisanen geführt, die keine Gesetze kannten. Wir wussten: Sie würden uns als Gefangene sofort töten. Aber wir haben Partisanen gefangengenommen. Sie kamen dann in Kriegsgefangenenlager. Das müssen Sie sich so vorstellen wie

heute in Kundus. Wir lagen in einer Stadt und haben versucht, die Gegend zu befrieden, und da sind wir oft in Fallen gelaufen. Die Partisanen kannten das Gelände viel besser als wir. Und wer ihnen in die Hände fiel, der war tot. Das wussten wir. Daher waren wir sehr auf uns und unsere Lage konzentriert. Da gab es kaum Zeit und Gelegenheit, sich für andere Geschehnisse zu interessieren. Heutige Menschen, die mit Informationen von den Medien überflutet werden, die Fernsehen, Radio, Telefon und Handy haben, können sich kaum vorstellen, dass es das alles nicht gab und dass Menschen, die vielleicht verboten am Radio feindliche Sender hörten, zum Tode verurteilt wurden, wenn es ruchbar wurde. Wir bekamen in Jugoslawien gelegentlich eine deutsche Zeitung. In der stand nichts, was wir nicht wissen sollten.

Wie lange hat Ihre Begeisterung für den Krieg angehalten?
Begeisterung hat es eigentlich überhaupt nicht gegeben. Wir führten einen uns aufgezwungenen Krieg und mussten unser Land verteidigen. Da wollten wir nicht zurückstehen. Die Realität des Krieges habe ich ganz schnell im Winter 1941/42 kennen gelernt, die vielen toten Kameraden, die wir begraben haben. Ich selbst habe auch keine positiven Siegeserlebnisse gehabt, sondern wir sind ganz schwer vorwärts gekommen und dann zurückgeschlagen worden.

Bei Leningrad?
Ja. Da habe ich gewusst, was Krieg ist und dass dieser Krieg lange dauern würde. Man hat natürlich noch gehofft, dass er gewonnen würde – bis Stalingrad. Man hatte als Soldat ja auch keinen Einfluss auf das Geschehen, man konnte ja nicht weglaufen. Ich habe noch Glück gehabt, denn vier Jahre in Russland hätte ich wahrscheinlich nicht überlebt. Eines Abends entdeckte ich einen Ausschuss aus meinem Koppelschloss. – Das Koppel kann ich Ihnen noch heute zeigen! Ich habe es noch. Ich dachte: Seltsam, der Schuss muss doch durch deinen Bauch gegangen sein, und du

hast nichts bemerkt. Ich hatte großes Glück, denn der Schuss traf die Patronentasche, die am Koppel befestigt war und darin eine Patrone. Dadurch wurde er abgelenkt und trat am Koppelschloss wieder heraus und hinterließ einen 2 cm großen Ausschuss.

Haben Sie eigentlich begriffen, was die Deutschen in Russland wollten? Ich meine, die Bevölkerung dort war so arm, das haben Sie ja vorhin auch geschildert.
Es gab zwei Gründe: Der Kommunismus mit seiner bekannten Grausamkeit bedrohte uns. Wir kannten das ja aus der Zeit vor dem Krieg. Die ganze Welt sollte kommunistisch werden. Wir haben einen Präventivkrieg geführt. Dazu gab es die Wahn-Idee vom Volk ohne Raum. Da lockte die Kornkammer der Ukraine.

Haben Sie mal irgendwann gedacht: Meine Güte, was machen wir hier, die Leute sind so bettelarm, denen geht's doch so viel schlechter als uns …
Ich glaube, darüber haben wir nicht nachgedacht. Der Krieg wurde uns so dargestellt, als müssten wir uns gegen den Bolschewismus verteidigen. Und ich meine: Die standen ja auch da! Ob die auch zu uns gekommen wären, wenn wir nicht vorher zu ihnen gekommen wären, das weiß man nicht. Die Geschichtsforschung ist da, glaube ich, nicht ganz am Ende.

Sie waren ein normaler deutscher Junge aus bürgerlichen Verhältnissen. Sie sind jahrelang der NS-Propaganda ausgesetzt gewesen. Wie haben Sie es verkraftet, dass Sie diesem Regime vertraut haben?
Man braucht viel Zeit dafür. Ich meine, wir haben bezahlt dafür. In den viereinhalb Jahren haben wir als Kriegsgefangene völkerrechtswidrig Zwangsarbeit geleistet. Wir haben uns nicht schuldig gefühlt. Wir haben gesagt: Wir sind eigentlich auch Opfer.

Meine Frage bezog sich auf diese bodenlose Enttäuschung, auf das Erkennen, missbraucht worden zu sein.

Zunächst ist man natürlich am Kommunismus interessiert. Ich habe ja in Russland die entsprechende Literatur bekommen. Die ökonomische Entwicklung war positiv. Es ging der Bevölkerung von Jahr zu Jahr besser. Aber es tauchte natürlich schnell der Widerspruch auf zwischen dem, was als Anspruch in den Büchern stand und was ich ringsum als Realität wahrnahm. Die Willkür und Gewalt ist in den Geschichtsbüchern immer mit Bekämpfung von Verrat erklärt worden.

Konnten Sie erkennen, dass es sich um ein paranoides System handelte?

Natürlich, wir hatten ja viel Zeit dazu.

Was Sie beschrieben haben, ist der intellektuelle Weg der Verarbeitung. Wie ging das emotional? Wie sind Sie damit umgegangen?

Wir haben uns gesagt: Das haben wir erlitten. Das ist jetzt vorbei. Wir müssen den Blick nach vorne richten.

Hatten Sie nach dem Krieg noch Kontakt mit anderen Männern aus Ihrer Wehrmachtszeit?

Ja, aber nur ganz sporadisch. Ich habe über meine Gefangenschaft ein Buch geschrieben. Das war für mich der Versuch, das zu verarbeiten, auch weil ich immer wieder davon geträumt habe. Solange ich im Beruf war, habe ich keine Zeit für solche Sachen gehabt. Ich habe aber immer davon erzählt, überall. Ich war beruflich viel im Ausland unterwegs. Manchmal saß ich mit Amerikanern, auch mit Juden zusammen und es kam vor, dass ich die halbe Nacht erzählt habe. Sie waren begierig davon zu erfahren, denn keiner hatte jemals davon gehört. Als ich dann pensioniert war, haben meine Kinder gesagt, das solltest du aufschreiben – das sollten mehr Menschen wissen.

Haben Sie sich nach dem Krieg, nachdem Sie vom Holocaust erfahren hatten, nie geschämt, Deutscher zu sein?

Ich würde sagen: Nein. Ich habe damit nichts zu tun gehabt. Ich habe es nicht gewusst – ich hätte es auch nicht verhindern können, wenn ich es gewusst hätte. Ich rechne auf. Ich sage, dies ist nicht das Einmalige, als das es hingestellt wird. Die Franzosen haben fürchterliche Sachen noch nach dem Zweiten Weltkrieg in Algerien gemacht. Mao hat Millionen umgebracht, der Kommunismus hat Millionen umgebracht. Also, wir sind nicht nur die allein Schlechten, es gibt genug Schlechte – und das muss man einfach auch akzeptieren. Das ist wahrscheinlich nicht die politisch vorherrschende Meinung in Deutschland, aber es ist so. Dass an die Juden Entschädigungen gezahlt wurden, das sehe ich ein. Ich bin bestimmt kein Antisemit, ich habe auch eine jüdische Patentante gehabt – dass aber zum Beispiel der Zentralrat der Juden eine Stimme hat, als würde er in Deutschland 30 Millionen vertreten, und dann Dinge sagt, die absolut inakzeptabel sind, das finde ich nicht gut.

Man sieht – die Vergangenheit reicht immer noch in die heutige Zeit hinein, und deshalb würde ich gern noch über die Wehrmachtsausstellung sprechen. Das muss doch ein Schock für Sie gewesen sein.

Ja, absolut. Die Ausstellung ist auch großen Teils unwahr gewesen und tendenziös. Was ich weiß: Die Wehrmacht ist an diesen Dingen nicht oder kaum beteiligt gewesen. In Russland gab es diesen großen Bereich hinter der Front, wo der Nachschub durch transportiert werden musste. Da waren zur Sicherheit Landesschützen eingesetzt, ältere Männer, die noch eingezogen worden waren, aber nicht mehr fronttauglich waren. Und dort sind die Partisanen bekämpft worden, es war ja Krieg! Und nach der Genfer Konvention waren Partisanen rechtswidrig.

*Sie sprechen jetzt von der in der Wehrmachtsausstellung themati-
sierten Partisanenerschießung ...*

Ja, und ich meine, wenn man Soldat im Krieg ist, dann geht es
nicht mehr darum, was ist gerecht und was ist gut, sondern dann
muss man eben einfach die Befehle befolgen, und die lauteten:
Die Versorgung der Front muss sichergestellt werden. Aber die
Massenerschießungen, das war die SS. Daran war die Wehrmacht
nicht beteiligt. Das ist aber in Zweifel gezogen worden durch diese Ausstellung. Philipp Reemtsma hatte einen Vater, der die Nazis
so stark unterstützt hat, dass der Sohn ein schlechtes Gewissen
hatte – also hat er versucht, auf diese Weise wieder etwas gut zu
machen. So sehe ich das.

*Sie selbst waren Kriegsteilnehmer, haben aber nach dem Krieg bei
sich keine Schuld gesehen. Nun kommt da eine Generation der
Nachgeborenen. Und die Nachgeborenen sagen, sie hätten sich lange Zeit als Deutsche schuldig gefühlt oder sie tun es heute noch –
obwohl ihnen ständig gesagt wurde: Ihr müsst euch nicht schuldig
fühlen, ihr habt diese Zeit nicht einmal miterlebt, Schuld ist immer
individuell, eine kollektive Schuld gibt es nicht. Wie war das bei
Ihren Kindern?*

Das Gymnasium unserer Kinder hatte eine enge Kooperation mit
einer Highschool in Haifa. Meine Töchter sind beide in Israel im
Kibbuz gewesen, sie sind dort sehr gut aufgenommen worden, und
wir haben hier im Haus auch jüdische Kinder aus Israel als Gäste
gehabt. In diesem Zusammenhang haben natürlich Diskussionen
über den Holocaust stattgefunden. Dass wir während des Krieges
davon nichts gewusst haben, das wird nicht geglaubt. Das kann
man sich in einer Mediengesellschaft heute auch nicht vorstellen,
dass so etwas geheim gehalten werden kann. Ich habe darüber
schon früher in diesem Interview gesprochen. Helmut Schmidt,
der hoch angesehene Altbundeskanzler, hat in einem Buch geschrieben, er hätte bis zum Kriegsschluss nichts gewusst, und er
war Offizier und lange Zeit in Deutschland eingesetzt.

Es bleibt der Fakt, dass die Nachgeborenen erst im Jahr 2006 zur Fußballweltmeisterschaft mit gutem Gewissen und mit Freude die deutschen Fähnchen an ihr Auto befestigt haben.

Das schlechte Gewissen war entstanden, weil es ihnen eingebläut wurde, auch von deutscher Seite. Und es ist noch nicht zu Ende mit dieser Beeinflussung.

Die Nachgeborenen wuchsen normal auf, dann mit 12–14 Jahren erfuhren sie vom Holocaust. Ist es für Sie nachvollziehbar, dass die positive Identifikation mit dem eigenen Land darunter erheblich leidet?

Ja. Ich muss selber sagen, ich bin nicht nach Israel gefahren. Nach Yad Vashem hätte ich nicht gehen können, das hätte ich nicht gekonnt. Da hätte ich mich wahrscheinlich auch geschämt. Meine Frau ist in Israel gewesen, die Kinder sind dort gewesen, ich habe eine halbjüdische Schwiegertochter. Aber jetzt, glaube ich, könnte ich nach Israel fahren. Da hat sich in mir etwas verändert. – Aber eines ist mir noch wichtig zu sagen: Die traurige Gewissheit ist, dass das Töten von Millionen Menschen überall passieren kann und geschehen ist, dass Menschen in der Lage sind, auf Befehl solche Dinge zu tun. Davon bin ich überzeugt. Man muss sich hüten zu sagen: Das kann nie wieder passieren. Da muss man aufpassen!

In den Schilderungen von Herbert W. werden viele Deutsche ihre eigenen Soldatenväter wiedererkennen: Männer, die sich durchweg als Opfer sahen, und bei denen in der Erinnerung häufig die Gefangenschaft und nicht das Kriegsgeschehen im Vordergrund stand. In ihren Berichten spielten die durch die Wehrmacht begangenen Kriegsverbrechen keine Rolle, zum Beispiel die schändliche Behandlung russischer Gefangener, durch die die Hälfte ums Leben kam. Ebenso war es Konsens unter den ehemaligen Kriegsteilnehmern, die Millionen Opfer des Holocaust gegen die

Massenverbrechen anderer Machthaber aufzurechnen. Sie sahen keinen Grund, sich als Deutsche in besonderer Weise schuldig zu fühlen. Wenn sie entsprechende Schamgefühle bei den eigenen Kindern entdeckten, empfanden sie diese als völlig überzogen und glaubten, dies sei ihnen von außen »eingebläut worden«, wie Herbert W. es nennt. Das Interview mit ihm hat mir noch einmal vor Augen geführt, wie schlecht die Chancen für Soldatenväter und ihre Friedenskinder standen, NS-Zeit und Krieg auch nur annähernd übereinstimmend zu bewerten. Wenn Jugendliche anfingen, ihre Eltern zu fragen: »Was habt ihr im Krieg gemacht?« und diese mit Schweigen antworteten, wuchs auf beiden Seiten das Misstrauen. Die weit verbreitete Sprachlosigkeit zwischen den Generationen war womöglich noch das Beste, was geschehen konnte, um ein Auseinanderbrechen der Familie zu verhindern.

Viertes Kapitel

SÖHNE
IM SCHATTEN

Ein selbstbewusster Hartz-IV-Empfänger

Zu Beginn des Jahres 2010 bekam ich eine Mail von Manfred Holdt*. Er hatte mich in einer Radiosendung gehört und fragte, ob ich ihm, analog zu meiner Beschäftigung mit Kriegskindern und Kriegsenkeln ein Buch über die Nachkriegskinder, deren Eltern der Kriegsgeneration angehörten, empfehlen könne? Er sei 1953 geboren. – Ich schrieb zurück: »Sehr geehrter Herr Holdt, das Buch, nach dem Sie fragen, müsste ich selber schreiben. Tatsächlich überlege ich das schon eine ganze Weile. Könnte ich deshalb einmal mit Ihnen telefonieren?«

Wir verabredeten uns zu einem längeren Telefongespräch. Was er von sich erzählte und die Art und Weise, wie er sich präsentierte, machte mich neugierig: ein durchaus selbstbewusster Hartz-IV-Empfänger, ehelos, kinderlos, mit einer »Fernbeziehung« in Schwerin – er selbst wohnt in Würzburg. Als Architekt hatte er nie eine berufliche Heimat gefunden. Im Angestelltenverhältnis hatte er sich stets »fremdbestimmt« gefühlt, aber eine eigene Firma wäre für ihn auch nicht in Frage gekommen. Er klagte nicht über die geringe staatliche Unterstützung, wie man es sonst überall hört, sondern vermittelte mir die für ihn positiven Aspekte: »Arbeit war für mich vor allem Belastung. Hartz IV dagegen ist eine Form von Freiheit«.

Er wuchs im westlichen Harz auf, in einem Ort mit 2000 Einwohnern nahe der DDR-Grenze, die dort bis zum Mauerfall noch Zonengrenze hieß. Drei Generationen wohnten zusammen auf einem Bauernhof, den der Urgroßvater gebaut hatte. Es gab einen großen Garten, Kaninchen, Ziegen, Hühner und Katzen. »Noch heute«, verriet mir Manfred Holdt, »kann ich an keiner Katze vorbeigehen, ohne sie anzusprechen, wobei Katzen da ja nicht immer reagieren.«

Er beschrieb durchaus übliche Nachkriegsverhältnisse: eine Familie, die zunächst noch sehr arm ist, angespannte Eltern, der Vater Sachbearbeiter im öffentlichen Dienst, die Mutter Hausfrau, drei Kinder, dazu eine strenge, sparsame Großmutter und ein herrschsüchtiger Großvater, der aber – zumindest außer Haus – auch lebensfrohe Seiten zeigte. Manfred Holdts Stimme klang verhalten, aber nicht zögerlich, sondern eher nachdenklich. Bei einem zweiten Telefonat sagte ich ihm, ich sei an einem längeren Gespräch mit ihm für mein Buchprojekt interessiert und nannte ihm meine Arbeitsweise: Ich würde ihn in Würzburg besuchen, ihm danach den Text schicken mit der Bitte, ihn nach seinen Wünschen zu ändern und schließlich zu autorisieren. Zu diesem Zeitpunkt, fügte ich hinzu, könne er seine Geschichte aber immer noch zurückziehen. Manfred Holdt meinte, er finde diesen Rahmen unserer Zusammenarbeit »fair«. Nachdem er eine Nacht darüber geschlafen hatte, sagte er zu.

Dass Manfred Holdt arm ist, sieht man ihm in keiner Weise an. Zu unserer Verabredung in einem Würzburger Café erscheint ein dunkel gekleideter, schlanker Herr mit einem eleganten Hut. Es hätte mich nicht gewundert, ihn aus einer Limousine steigen zu sehen. Erst beim zweiten Hinsehen erkenne ich seine sportliche Kleidung, und tatsächlich ist er mit dem Fahrrad gekommen, direkt von einer Aktion für bessere Radfahrbedingungen in Würzburg, zu deren Initiatoren er gehört.

Ohne haltbare Freundschaften

Schon als Student engagierte er sich für Umweltfragen, im Architekturstudium stand Energiesparen im Hausbau im Mittelpunkt seiner Interessen. Davon erzählt er lebhaft und anschaulich. Dass sein starkes Engagement für umweltschonendes Bauen einem erfüllten Berufsleben im Wege gestanden habe, glaubt er nicht, die Ursache sei wohl eher sein Defizit im Umgang mit Menschen gewesen. Schon während seiner Schulzeit habe er, da die Klasse vor allem aus Fahrschülern aus verschiedenen Landkreisorten bestanden habe, keiner Clique angehört. Auch an der Universität, fügt er hinzu, habe er keine Peergroup gefunden und erst recht keine haltbaren Freundschaften geschlossen. Nie habe er Mentoren gehabt.

Seine Stimme verliert an Kraft, es fällt ihm nicht leicht, in dieser Weise über sich zu sprechen. Aber wem ginge es in seiner Situation anders? Er ist kein Alphatier, wie sein Großvater es war, sondern ein feinsinniger, reflektierter Mann, der sich in Woody-Allen-Filmen wiedererkennt. »Ich war im Beruf auch ungeschickt im Umgang mit Vorgesetzten, Kollegen und Auftraggebern«, räumt er ein. »Heute habe ich nur einen Freund, und den kenne ich schon seit 40 Jahren.« Er unterbricht seinen Gedanken, um bei der Kellnerin einen Kaffee zu bestellen und fährt dann fort: »Ich habe eben nie gelernt, wie man als erwachsener Mann Kontakte aufbaut und pflegt. Vielleicht liegt es auch daran, dass mir das schnell zu viel wird und ich mich dann unfrei fühle.«

Darin erkennt er ein Erbe seines Vaters. Josef Holdt*, Jahrgang 1916, hatte auch keine Freunde. Es kamen nur Verwandte oder Nachbarn zu Besuch. Für seinen Vater, meint Manfred Holdt, sei Geldverdienen und für eine Familie sorgen zu müssen sehr anstrengend gewesen. Jedenfalls habe er viel in der Küche auf der Couch gelegen – tagsüber sei man ja nicht ins Bett gegangen – und die Familie habe sich derweil möglichst still verhalten müssen. »Er hatte immer Ausschläge an den Händen«, erinnert sich sein Sohn, »doch im Ruhestand war das schlagartig weg – also eine eindeutige Stresserscheinung. Ich weiß aber nicht, welche Arbeit er lieber gemacht hätte.« Manfred Holdt hatte bei seinem Vater nie funkensprühende Begeisterung für irgendwen oder irgendetwas gespürt. Seine Kinder nahm er wenig wahr, sie sollten nicht stören, keine eigenen Wünsche haben, gute Schulnoten heimbringen, Abitur machen. Nie unternahm er etwas ihnen zuliebe, nur selten kam er auf die Idee, mit ihnen in den Wald zu gehen und sie mit der Natur vertraut zu machen.

»Ab meiner Zeit auf dem Gymnasium habe ich meinen Vater gehasst«, sagt Manfred Holdt; seine Stimme klingt ruhig und fest. Der Vater kannte vor allem Strenge, von ihm kam wenig Anerkennung. Bei Klagen aus der Schule hatten von vornherein die Lehrer Recht, die Kinder wurden erst gar nicht gefragt. »Andererseits«, räumt er ein, »erkenne ich es natürlich dankbar an, dass meine Eltern mir Gymnasiumbesuch und Studium ermöglicht haben.« An ausgeprägte Kinderängste könne er sich nicht erinnern, aber eine grundlegende Unsicherheit, betont er, sei immer schon da gewesen.

Das Glück eines Zündapp-Mopeds

Doch es gibt auch schöne Erinnerungen: »Vater besaß in den fünfziger Jahren ein Zündapp-Moped, das hat er sehr gepflegt. Es gab auf dem Hof eine kleine Rampe zur Scheune, und er hat mich als kleinen Jungen aufs Moped gesetzt und mich da hochgeschoben«. Zu Weihnachten baute Josef Holdt mit seinen Kindern zusammen die Modelleisenbahn auf, die dann für ein paar Wochen im Wohnzimmer bleiben durfte, aber stets geschah es nach einem bestimmten festgelegten Gleisplan, ohne Varianten in Kurven oder Steigungen. »Wenn es nach ihm ging, wurde immer die gleiche Anlage aufgebaut. Wenn wir Jungs das taten, versuchten wir Varianten und Veränderungen umzusetzen, ja, das Ausdenken und Aufbauen neuer Lösungen war für uns interessanter als das Spielen mit der fertigen Anlage.«

Josef Holdt neigte zu Zwangshandlungen, das hat er seinen beiden Söhnen vererbt: zwei bis dreimal an der Haustür rütteln, ob sie auch wirklich verschlossen ist, wiederholt nachschauen, ob das Kellerlicht auch wirklich aus ist, großes Theater, wenn mal ein Licht vergessen wurde …

In der Pubertät steigerten sich bei Manfred die sonderbaren Verhaltensweisen zu einer schweren Neurose mit Waschzwang. Mehrere Psychiatrieaufenthalte waren die Folge, zwölf Monate konnte er deshalb nicht die Schule besuchen. In der Klinik wurde nach Ursachen nicht geforscht, aber eine Verhaltenstherapie zeigte durchaus Wirkung.

Manfred Holdt kommt noch einmal auf seinen Vater zu sprechen. Er schildert ihn als unglücklichen, unausgeglichenen Charakter, angespannt, zu Jähzorn neigend. Es kam vor, dass der Vater auf die Kinder einprügelte, und auch auf seine Frau. »Als der Jüngste habe ich wahrscheinlich am meisten darunter gelitten«, sagt Manfred Holdt. »Ich war ein Kind, das unbewusst spürte: Ich muss ihn, der so unglücklich und beladen erscheint, stützen, und ich muss auch die Mutter stützen. Ziemlich viel für ein Kind!«

Der Sohn beschreibt seine Mutter als liebevoll, aber durch die viele Arbeit in Haus, Garten und auf dem Feld, bei der sie von ihrem Mann wenig Hilfe erfuhr, als stets angestrengt und häufig überfordert. Von ihrer eigenen Mutter, mit der sie unter einem Dach lebte, erfuhr sie keinen Beistand, sondern nur Bevormundung. Die Großmutter, fügt er hinzu, sei eine extrem sparsame Frau gewesen – die Küchenhandtücher hätten manchmal nur noch aus Gestopftem bestanden. Typisch für seine Mutter: Wenn sie sich etwas Neues kaufte, befürchtete sie Missbilligung ihrer Mutter, so dass das Kleidungsstück dann erst mal ein Vierteljahr ungetragen im Schrank hing. »Meine Mutter sah in den letzten Monaten ihr Leben als misslungen an«, sagt Manfred Holdt und zitiert einen ihrer Sätze, kurz bevor sie starb: »Ich habe alles falsch gemacht in meinem Leben.«

Selbstmord mit 82 Jahren

Ich bitte ihn, mir die Ehe seiner Eltern zu beschreiben, und er schildert folgende Situation: Die Mutter ist im Krankenhaus, alle im Zimmer haben am Sonntag Besuch – nur sie nicht, denn der Vater ist lieber auf den Fußballplatz gegangen. Seine Grundhaltung: immer auf der Flucht, vor allem vor unangenehmen Dingen, zum Beispiel Krankheit in der Familie. »Flucht war typisch für ihn«, wiederholt der Sohn, »bis hin zu seinem Selbstmord mit 82 Jahren. Als ich davon erfuhr, habe ich spontan gesagt: Das passt zu ihm!«

Der Krieg hatte Vater und Mutter zusammengeführt, genauer gesagt, der Tod von Mutters älterem Bruder. Der war in derselben Luftwaffeneinheit wie der Vater gewesen, und nachdem der Bruder gefallen war, hatte Josef Holdt sich bereiterklärt, per Brief mit der Familie Kontakt aufzunehmen. Er war daraufhin eingeladen worden, und so hatten sich Mutter und Vater kennen gelernt. Manfred Holdt weiß kaum etwas über die Kriegsjahre seines Vaters, nichts über Einsatzorte, Verletzungen, nichts über seinen Rang. »Er war in Russland. Und natürlich habe ich mir überlegt: Was macht das mit einem – sechs Jahre in diesem Krieg, von Anfang bis zum Ende!« Ich frage ihn, wie sein Vater auf die Wehrmachtsausstellung reagiert hat. Der Sohn weiß auch das nicht. »Diese Auseinandersetzung, was habt ihr als Soldaten damals gemacht, die ist bei uns nicht gelaufen«, erklärt er. »Ich weiß, was das angeht, auch nichts von meinen Geschwistern. Von meiner Mutter hörte ich, der Vater habe einmal gesagt: ›Ich hab mal einen Hasen erschossen‹.«

Manfred Holdt hat die gleichen Fragen wie so viele Männer seines Alters. Wer war mein Vater? Wo war er, wenn er geistig abwesend war – wo war er, während er sich mit seiner Familie in einem Raum aufhielt? An was dachte er? Mit welchen Gedanken ist er aufgewacht, mit welchen Bildern ist er eingeschlafen?

»Als ich bei der Bundeswehr war«, erinnert er sich, »da hat mir der Vater eine Art Gedicht geschrieben, dem Inhalt nach: Militär ist so öde, keine Frauen in der Nähe … Das war eine ganz neue Seite an ihm.« Doch der Sohn reagiert nicht darauf, er war dem Vater gegenüber voller Ablehnung. Erst viele Jahre später fragte er sich, ob hier vielleicht ein Anknüpfungspunkt gewesen wäre, um den Vater auf seine Wehrmachtszeit anzusprechen und ganz allgemein den Kontakt zu verbessern. Heute hält Manfred Holdt eine Kriegstraumatisierung für »nicht unwahrscheinlich«, wie er sich ausdrückt, denn: »Etwas wird er ja mit Sicherheit mitgekriegt haben, auch wenn er in seinem Funkwagen nicht geschossen haben sollte.«

Niemand mehr da, den man fragen könnte

Heute lebt niemand mehr in der Familie, den er fragen könnte. Allerdings glaubt er auch nicht, dass von seinem Vater, direkt auf den Krieg angesprochen, eine erhellende Auskunft gekommen wäre. »Mit ihm konnte man sich eigentlich nicht unterhalten – mein Bruder sagt das auch –, man konnte nicht ernst mit ihm reden. Entweder er gab Albernheiten von sich oder er hat uns Kinder ausgeschimpft, oder seine Frau. Aber dass man sich hinsetzt und sich ernsthaft unterhält, etwas erörtert, das gab es nicht. Er konnte mit anderen Meinungen als seiner eigenen nur schwer umgehen.« Auf der anderen Seite, fügt der Sohn hinzu, seien seine Eltern kulturell interessiert gewesen, sie hätten Zugfahrten in die Kreisstadt zu Veranstaltungen nicht gescheut und sogar ein Theaterabonnement gehabt. Es war ihnen wichtig, dass ihre Kinder Freude am Lesen entwickelten, also wurden ihnen die damals so beliebten »Schneiderbücher« geschenkt und Abenteuergeschichten wie die Fünf-Freunde-Reihe von Enid Blyton.

Manfred Holdt entstammt einer Familie, die, was den Rahmen anging, eine ausgesprochen glückliche Familie hätte sein können: ein Haus in ländlicher Umgebung, drei Generationen unter einem Dach, das Geld nicht üppig, aber doch ausreichend, drei gesunde Kinder, gute Bildungschancen, ein Aufwachsen in Frieden und Demokratie. Stattdessen schilderte er mir Ungereimtheiten, Spannung, Sprachlosigkeit, niedergedrückte Stimmung, Beziehungslosigkeit, Einsamkeit der einzelnen Familienmitglieder.

Nur einer der Erwachsenen war anders, der bereits erwähnte Großvater. Wenn er das Haus verlassen hatte, bei Ausflügen zum Beispiel, zeigte er eine leichte, lebensfrohe Seite. Nie kam er von seinen Messebesuchen heim, ohne für seine Enkel passende Mitbringsel dabei zu haben. Er war herrschsüchtig und warmherzig zugleich, Letzteres vererbte er seiner Tochter, Manfred Holdts Mutter. Ohne ihn hätte der kleine Manfred nichts zu lachen gehabt oder zumindest wenig. Dass er heute weiß, was Lebensgenuss bedeutet, verdankt er vermutlich diesem Großvater. Allerdings räumt der Enkel ein, dass er lange Zeit nicht in der Lage war, sein Erbe anzutreten, weil er zu sehr mit seiner eigenen, belasteten Situation beschäftigt gewesen sei. Dazu fällt ihm ein Erlebnis ein: »Während einer Exkursion im Studium fiel einer Kommilitonin auf, dass ich mich nicht entscheiden konnte, ob ich nach dem Essen noch ein Eis wollte oder nicht. Sie meinte: Sag doch einfach, was du willst. Aber ich hätte nicht sagen können, ob ich ein Eis will oder nicht. Ich habe mich damals selber kaum gespürt. Ich kannte meine Wünsche nicht. Außer diesem einem Bedürfnis: Die Vermeidung von Fremdbestimmung. Ich war nie gern Kind, weil ich mich ständig fremdbestimmt gefühlt habe.«

Endlich frei sein!

Jahrzehntelang war es sein größter Wunsch gewesen, frei zu sein, sich von niemandem mehr etwas aufzwingen zu lassen. Das hat auch seine Beziehungen zu Frauen beherrscht. Nur einmal hat er mit einer Freundin zusammengewohnt, drei Jahre lang. Aber er empfand zu wenig Freiraum, zu viel Kontrolle. Er habe nicht mehr telefonieren dürfen, mit wem er wollte, erläutert er mir, Kontakte jenseits des gemeinsamen Umfeldes seien auf Unverständnis, Misstrauen und Eifersucht gestoßen.

Seitdem verspürt er keinen Wunsch mehr nach Zusammenleben. Ohne Freundin ist er nicht, sie lebt über 600 Kilometer entfernt. Manfred Holdt sieht sich nicht als Eigenbrötler – der Begriff wäre ihm zu negativ – sondern einfach als jemanden, der viel Zeit für sich allein braucht. Vielleicht, schiebt er ein, habe sein Vater ja genauso empfunden – wenn er es bedenke, erschienen ihm dessen Fluchten in einem anderen Licht. Viele Menschen, viel Kommunikation, sagt Manfred Holdt, ertrage er nur sehr begrenzt. Wenn er zwei Abende hintereinander außer Haus ist, muss er am folgenden Abend wieder allein sein, andernfalls befürchtet er, sich zu verlieren – nicht mehr zu spüren, wer er ist. Zu Hause schreibt er viel Tagebuch, es hilft ihm, den Kreisel im Kopf zu unterbrechen und seine Gedanken zu ordnen. »Dieses ›bei mir sein‹, das gelingt mir nur allein oder mit sehr vertrauten Personen«, bekennt er. »Meine Geschwister haben Familie, aber für mich ist das nichts. Vielleicht wäre ich ein Vater geworden wie mein Vater einer war, einer, unter dem die Kinder leiden.«

Er hat begonnen Cello zu spielen, das Üben erfordert viel Zeit und eine Umgebung des Ungestörtseins. Er sagt: »Das intensivste Gefühl, bei mir zu sein, habe ich, wenn ich allein bin. Das ist der Grund warum ich gern allein bin. Ich genieße auch das Reisen in Zügen, vorausgesetzt, sie sind nicht zu voll. Ein schöner Zustand, nicht mehr da, wo ich herkomme, und noch nicht dort, wo ich hinfahre, sondern ganz bei mir und gleichzeitig unterwegs.«

Ich frage ihn, wann die beste Zeit in seinem Leben gewesen sei, und er antwortet ohne zu zögern: »Jetzt!« Das könne ich vielleicht nicht verstehen, weil er auf Hartz IV angewiesen sei, meint er, aber Freiheit sei ihm eben wichtiger als Status und Geldknappheit. Er werde eine kleine Rente aus seiner Zeit als Architekt bekommen. Im Notfall spende er Blut, dafür bekomme er 50 Euro. Er lebe auf 38 Quadratmetern in einem ausgebauten Dachgeschoss und noch nie, fügt er hinzu, habe er sich in einer Wohnung so wohl gefühlt.

In den vergangenen Jahren hat sich seinem großen Bedürfnis nach Freiraum ein weiteres hinzugesellt. »Meine zentrale Frage war: Warum kann ich nicht so sein, wie ich bin«, schickt er voraus. »Denn ich spüre in mir eine Heiterkeit, die nie so richtig rauskommen konnte. Da ist ein großes Bedürfnis nach einer Leichtigkeit in mir, wie sie in meiner Familie nicht vorkam.« – Fällt mir sofort der Opa ein. Vielleicht, schlage ich Manfred Holdt vor, sei ja in punkto Lebenslust beim Großvater noch mehr zu erben.

Der Typ unvitaler Vater

Bei Manfred Holdts ständig erschöpftem Vater handelte es sich offenbar nicht um eine Ausnahmeerscheinung. In dem Buch »Ich wußte nie, was mit Vater ist« des Psychoanalytikers Wolfgang Schmidbauer ist der Typus des unvitalen Familienoberhaupts in der Nachkriegszeit beschrieben: »Der Vater ist nur ruhebedürftig, ihm ist alles zuviel, er liegt auf dem Sofa, ist krank, reagiert nicht, spritzt sich Opiate, trinkt, nimmt Schlafmittel. Er hat keine Meinung, keinen beruflichen Ehrgeiz, kann nur mit Mühe oder gar keinen Arbeitsplatz behalten. Wenn er einmal etwas sagt oder sich in irgendeiner Weise auf das Kind bezieht, ist dieses verblüfft, als sei es in ein Sterntaler-Märchen geraten.«[15]

So war der Vater von Reinhard Pahle* nicht. Er gehörte zum Typus der aufbrausenden Väter. Seinen Sohn lernte ich kennen, als ich im Frühjahr 2009 für eine Hörfunksendung in einer psychosomatischen Klinik recherchierte. Im Garten, auf einer Bank, kam ich ins Gespräch mit einem Mann von Mitte fünfzig, der sich als Patient zu erkennen gab. Seine Stimme klang matt, sein Körper wirkte spannungslos, was mich irritierte, weil er einen Trainingsanzug trug. Als ich ihn fragte, ob er seinen Sport noch vor oder schon hinter sich habe, winkte er müde ab und meinte: »Alles Tarnung«. Seine Kraft beim Joggen reiche genau für fünf Minuten. In der Klinik hätten sie ihm das Walken empfohlen. Hier schaute er mich verblüffend wach an und sagte: »Ich finde, beim Walken sieht man bescheuert aus, besonders als Mann. Was meinen Sie?« Ich weiß nicht mehr, was ich ihm antwortete, vielleicht gab ich ihm sogar Recht. Daraufhin kam er auf sein Burnout und seine Depressionen zu sprechen. Er tat es freimütig, gelegentlich mit Galgenhumor, was aber nicht verdecken konnte: Die letzten drei Jahre waren für ihn eine Zeit der wachsenden Verzweiflung gewesen, daher die Entscheidung, in eine Klinik zu gehen.

Ein Lehrer, der seine Schulkinder liebt

Je länger wir uns unterhielten, desto munterer wurde er, sein ver-schattetes Gesicht hellte sich auf. Als ich sagte, ich hätte ihn jün-ger geschätzt als er in Wahrheit sei, freute er sich und verriet eines seiner Rezepte: Ab einem bestimmten Alter dürfe man als Mann nicht so dumm sein, sich vor den Spiegel zu stellen, um mit Hilfe eines weiteren Spiegels seinen Hinterkopf zu betrachten. Er fahre gut damit. Solange er seine Glatze nicht sehe, existiere sie nicht. Auf seinem Gesicht erschien ein verschmitztes Lächeln, als habe er mir von einem Streich erzählt. Er war verheiratet, kinderlos, von Beruf Grundschullehrer. Als ich ihn fragte, ob er einen Zu-sammenhang sähe zwischen seiner anstrengenden Arbeit und der Depression und ob er den Vorruhestand herbeisehne, fragte er zurück, wie ich denn darauf käme. Er liebe seine Arbeit, er lie-be Kinder. »Ohne die Kinder hätte mich die Schwermut schon viel eher gepackt«, sagte er mit Nachdruck. Es kam mir so vor, als wechsele er im Lauf des Gesprächs hin und her zwischen zwei Personen, einem verunsicherten Jugendlichen und einem ent-spannten Erwachsenen.

Schließlich stellte auch er Fragen. Er wollte etwas über meine Arbeit erfahren. Als ich ihm von meinem Buch über die deut-schen Kriegskinder berichtete, entzog er mir schlagartig sein Wohlwollen. Er reagierte heftig, er sagte, die Thematik würde von den Medien aufgebauscht, das mache ihn misstrauisch. Wir als die Nachkommen von Hitlerdeutschland sollten uns um die deutsche Schuld kümmern. Er zeigte sich fast verärgert, als ich ihm widersprach. Stille trat ein, und ich fragte mich, ob damit unser Gespräch beendet sei.

Dann erzählte er mir, sein Psychotherapeut hier in der Klinik habe ihm nahe gelegt, er solle versuchen, über Archive etwas über die NS-Vergangenheit seines Vaters herauszufinden. Was ich denn davon hielte. Ich sagte, mehr zu wissen sei immer besser als das, was uns das Schweigen unserer Väter hinterlassen habe und wünschte ihm alles Gute für seine Nachforschungen. Die Antwort brachte mir offenbar Pluspunkte ein, denn sein Misstrauen schwand. Ich erfuhr, sein Vater habe sich umgebracht, als er selbst 15 Jahre alt gewesen sei. – Was soll man darauf sagen? Was sind die passenden Worte? Wir schwiegen erneut, und schließlich wagte ich die Frage: »Befürchten Sie, Ihr Vater könne ein schlimmer Nazi gewesen sein?« Und er rief: »Was denn sonst? Nennen Sie mir eine größere Angst in unserer Generation! Das steckt doch ganz tief!«

Am Ende unseres Gesprächs fragte ich, ob ich ihn ein halbes Jahr später anrufen dürfe, um die Fortsetzung zu erfahren und er willigte ein. Nach dem Abendessen, in der Dämmerung, begegnete ich ihm noch einmal auf dem Gelände. Er grüßte nur kurz, blickte zu Boden. Kraftlos und abweisend saß er auf seiner Bank. Ich hätte es als aufdringlich gefunden, mich zu ihm zu setzen. Also grüßte ich zurück und ging weiter.

Wiedersehen im November

Mitte November besuchte ich ihn. Er und seine Frau bewohnen in der Lüneburger Heide ein altes Backsteinhaus. Auffällig kleine Fenster, Moos auf dem Ziegeldach, davor zwei Kastanien mit mächtigen Kronen, jetzt fast entlaubt. Die Tür ist von zwei großen Rosenstöcken eingerahmt, weiß und rot, die letzten Blüten. Schneeweißchen und Rosenrot. Kein Wunder, dass mir dieses Märchen einfällt, denn der ganze Ort hat etwas Verwunschenes und auch Verschlossenes. Niemand öffnet die Tür. Ich gehe um das Haus herum und entdecke einen in die Hecke geschnittenen Durchgang, eng und niedrig, ich muss in die Knie gehen, um hinten in den Garten zu gelangen. Reinhard Pahle ist ein zierlicher Mann. Da steht er unter Birken und hakt das letzte Herbstlaub zusammen, er hört mich nicht kommen. Wieder trägt er seinen Trainingsanzug. Als er mich endlich wahrnimmt, wirft er zur Begrüßung die Laubharke in die Luft. Wahrhaftig, er strahlt. Schon am Telefon hatte er mir von einer recht stabilen Seelenlage berichtet; manchmal habe er noch Stimmungseinbrüche, aber im Vergleich zu früher seien es »Depressiönchen«.

Es ist kühl im Garten. Seinen Vorschlag, ins Haus zu gehen, nehme ich gern an. Dort brennt ein Kaminfeuer, selbstgebackener Kuchen steht auf dem Tisch. Während er Tee kocht, erzählt er mir von seinem Besuch im Berliner Document Center. Der Name seines Vaters sei in den Akten über NS-Verbrechen nicht aufgetaucht, erfahre ich, also sei er doch nur Mitläufer gewesen. Dann bereitet mich Reinhard Pahle darauf vor, unser Gespräch könne vielleicht nicht allzu ergiebig ausfallen, denn seine Kindheitserinnerungen begännen erst mit acht oder neun Jahren. Er beschreibt einen Vater, der morgens mit dem Rad zur Arbeit fährt, oben der Hut, unten die Hosenklammern, der zum Mittagessen heimkommt, sich danach eine halbe Stunde hinlegt – die Kinder müssen leise sein! – und pünktlich wieder ins Büro aufbricht. Gegen Abend kommt er zurück, geht in den Garten, dort kann er umschalten; seine Kinder dürfen ihn bei der Gartenarbeit nicht stören.

Ein Mann mit starkem Willen und schwachen Nerven

Karl-Ernst Pahle*, 1922 geboren, hatte sich nach dem Krieg zum Büroleiter einer Kreisbehörde im Westen Niedersachsens hochgearbeitet. Er war das, was man einen treusorgenden Familienvater nennt. Seine fünf Kinder sollten keine Not leiden, sie sollten im eigenen Haus aufwachsen, sie sollten Abitur machen. Als Patriarch gab er die Regeln vor, an die seine Familie sich zu halten hatte. Sein Sohn beschreibt ihn als einen Mann mit starkem Willen und schwachen Nerven. Am Wochenende, wenn die Familie einen Fahrradausflug machte, gab er die Devise aus: Wir sind eine große Familie, wir fahren auf der Landstraße zu zweit nebeneinander.

»Manchmal sind wir 20 Kilometer gefahren«, erzählt Reinhard. »Da musste man als Kind ordentlich strampeln.« Beim Abendessen waren die Kleinsten in der Familie übermüdet und häufig endete ein schöner Tag damit, dass einem gereizten Vater der Kragen platzte. Das Weinen und Gequengel von Kleinkindern konnte er überhaupt nicht ertragen. Manchmal drohte er: »Ich schieb die gleich in die kalte Waschküche.« Für die Mutter eine deutliche und berechtigte Aufforderung, endlich Ruhe zu schaffen. Sie stellte das Wort ihres Mannes nie in Frage. »Einer muss ja bestimmen, wo es lang geht«, lautete ihre Einstellung. Damit war sie voll und ganz einverstanden, nicht aber, wenn er plötzlich vom Mittagstisch aufsprang und rief: »Ich häng mich noch mal auf!« Da meinte seine Frau: »Karl-Ernst, das darfst du doch vor den Kindern nicht sagen!«

Sie war 19, er schon 33 Jahre alt gewesen, als sie heirateten. Sie dachte: Er kennt die Welt, er wird gut für mich sorgen. Er wurde ihr Beschützer. Später erzählte sie gern, wie Karl-Ernst sie in den Arm genommen und »Ach, mein Mädel« gesagt hatte. Zu diesem Zeitpunkt hatte er schon ein komplettes Leben hinter sich – fünf Jahre deutsche Wehrmacht als Panzerjäger, fünf Jahre russische Gefangenschaft, wo er mit zwei Fluchtversuchen scheiterte.

Er litt unter Alpträumen, auch unter Ängsten, die gelegentlich cholerische Anfälle auslösten. Seit den fünfziger Jahren fuhr er regelmäßig zur Kur. Einmal wurde er in einem Sanatorium behandelt. Der Begriff psychosomatische Klinik war damals noch nicht geläufig. »Er hat regelmäßig Valium und Librium genommen«, berichtet sein Sohn Reinhard. »Die Tablettenröhrchen sind mir sehr vertraut. Er war medikamentenabhängig.« Im Ort kannte man ihn als vorbildlichen Familienvater, aber man wusste auch von seinen Zuständen und woher sie kamen. »Ein Heimkehrer«, hieß es mitfühlend, »der hat viel durchgemacht.«

Reinhards Mutter hatte schnell verstanden, dass nicht nur ihr Mann sie beschützte, indem er die große Familie gut versorgte, sondern dass umgekehrt auch sie ihren Mann schützte, indem sie Kinderlärm und Kindernöte möglichst von ihm fern hielt. Sie forderte nie: »Das musst du aushalten« oder »Du musst dich ändern«. Sie wusste, wie stressanfällig er war und wie sehr er seine Ruhe brauchte, und so hielt sie pragmatisch daran fest: »So ist er eben.«

Reinhard Pahle, geboren 1954, war das zweitjüngste Kind in der Familie. Zwischen ihm und seinen zwei Brüdern herrschte viel Spannung und Konkurrenz. »Wir bekamen ja so wenig Aufmerksamkeit von den Eltern«, erläutert er. »Es war auf keinen Fall genug, da neidete man den anderen alles.«

Sein Vater – das sei ihm heute klar – habe nicht gewusst, was man Kindern abverlangen könne und was nicht, berichtet Reinhard. Zum Beispiel sei einem Bruder das Essen regelrecht reingezwungen worden. Bis heute sei dieser Bruder nicht gut auf den Vater zu sprechen, vor allem, weil der ihn oft wegen schlechter Schulnoten drangsaliert habe. Begründung: »Der Junge kann viel mehr, der will bloß nicht.« Reinhard dagegen war ein guter Schüler. Die Eltern sagten: »Guckt euch Reinhard an, wie fleißig er in der Schule ist«, und ignorierten den Neid, den sie damit unter den Geschwistern entfachten. Es kommt kein Frieden dabei heraus, wenn Mutter und Vater nach dem Prinzip Teilen und Herrschen erziehen.

Wer sich nicht wehrt, hat selbst Schuld

»Ich glaube, mein Vater hat mich als Kind kaum wahrgenommen«, sagt Reinhard Pahle, während er im Kamin Holz nachlegt. »Ich hatte auch Angst vor ihm. Er war ja so stark und groß, und ich war so unsicher. Immer meine Sorge: Mache ich es ihm recht?« Er beschreibt sich als ein weiches, fast weinerliches Kind, das häufig den Satz zu hören bekam: »Sei doch nicht so empfindlich«. Einmal bewarf ihn der jüngere Bruder mit Steinen. Er bat den Vater einzugreifen, aber der lachte nur und stellte sich auf die Seite des anderen. Für den Vater war klar: Wer sich nicht wehrt, hat selbst Schuld. Dennoch war Reinhard als Kind der Überzeugung: Ich habe es gut. Mir fehlt nichts. Damit lief er lange durchs

131

Leben. Erst in der psychosomatischen Klinik begriff er, dass es keine gute Kindheit war, dass ihm die Grundlagen für ein stabiles Selbstbewusstsein fehlten, mit der Folge, dass er seinen Arbeitseinsatz ständig überzog. Er kannte das Maß nicht. Wann hatte er genug getan? Seinem Gefühl nach war es nie genug. Auf diese Weise manövrierte er sich in ein Burnout.

Heute weiß er: Kindheitserinnerungen, die so spät einsetzen wie bei ihm, sind ein Merkmal der emotionalen Unterversorgung. Erinnern muss man mit Kindern einüben. »Aber wir Kinder waren in dieser Familie so unwichtig, dass man überhaupt keine Erinnerungskultur gepflegt hat«, erklärt er. »Mein einziges Fotoalbum habe ich von der Grundschule bekommen. Die Familienfotos kamen in eine Kiste, die wurde nur selten geöffnet.« In der Familie seiner Frau gebe es eine ausgeprägte Fotoalbenkultur, fährt er fort, dies könne ihn regelrecht neidisch machen. Auch seien dort die verwandtschaftlichen Beziehungen sehr gepflegt worden – im Unterschied zu seiner Familie, wo man darauf keinen Wert gelegt habe, entsprechend spärlich seien heute die Kontakte zu seinen Verwandten.

Im Laufe unseres Gesprächs tauchen dann doch mehr Erinnerungen auf, als ich auf Grund seiner Ankündigung erwartet habe. Zum Beispiel, wie Vater und Mutter sich auf einen Betriebsausflug vorbereiteten, in dem sie das korrekte Essen mit Messer und Gabel übten, denn beide kamen aus einem einfachen Bauernmilieu, wo die Pfanne mit der Bratwurst mitten auf den Tisch gestellt wurde. Der Sohn erzählt von der Einweihungsparty im neuen Haus, ein Fest mit Verwandten. Man trank viel, grölte Nazilieder, man hatte sich Hitlerbärtchen angemalt. Ein Ulk sei das gewesen, sagt er, davon gebe es noch Fotos. Sein Vater sei in den 1940er Jahren in die NSDAP eingetreten, allerdings kenne er das Motiv nicht. Im Grunde gebe es nur zwei Möglichkeiten: Karrierevorteile oder Bewunderung für den siegreichen Führer.

Vom Krieg hörte der Sohn so gut wie nichts, aber immer wieder redete der Vater von den Schafen in Russland, Schafe mit breiten Schwänzen, »wie Butterpakete«. So etwas prägt sich tief ein in Menschen, für die jahrelang der Hunger der schlimmste Feind war. Doch man darf sich Karl-Ernst Pahle nicht als Russenhasser vorstellen, er sah sich im Kalten Krieg auch nicht von der Sowjetunion bedroht. Eines stand für ihn unzweifelhaft fest: »Meine Söhne gehen nicht zum Militär!«

An einem Herbsttag im Jahr 1969 kam der Vater nicht mehr nach Hause. Zunächst machte sich die Familie keine Sorgen. Man dachte, man müsse einfach nur warten. Schon mehrmals war er ohne Erklärung verschwunden, er war nach drei Tagen oder einer Woche heimgekehrt und hatte so getan, als sei nichts gewesen. So wartete seine Familie auch diesmal einigermaßen gefasst. Später stellte sich heraus: Karl-Ernst Pahle hatte am Morgen des Tages, als er zum letzten Mal gesehen wurde, eine heftige Auseinandersetzung mit seinem Vorgesetzten gehabt. Angeblich attackierte er den Chef mit einem Stuhl – andere Mitarbeiter konnten ihn zurückhalten und Schlimmeres verhindern. Man rief seinen Hausarzt herbei. Der gab ihm eine Beruhigungsspritze und meinte: »Herr Pahle, so geht das nicht weiter. Sie müssen mal richtig raus …« Reinhards Vater war klar, was der Doktor damit meinte: Er wollte ihn ins »Irrenhaus« schicken.

Die große Angst vor dem »Irrenhaus«

»Von Psychiatrie sprach ja damals noch keiner«, erklärt sein Sohn. »Das Irrenhaus war ein gesellschaftlicher Makel, mit dem er nicht leben konnte.« Er vermutet, der Vater habe sich noch am selben Tag erhängt. Drei Wochen später wurde er im Wald gefunden. Wie er als 15-Jähriger auf den Suizid des Vaters reagierte? Er weiß es nicht mehr. An heftiges Weinen kann er sich nicht erinnern, sondern nur, mit welchen Worten er seine Mutter zu unterstützen versuchte: »Wir dürfen jetzt nicht traurig sein.«

Karl-Ernst Pahle muss schon sehr lange ernsthaft an Suizid gedacht haben. Sein Satz »Ich häng mich noch mal auf!« war kein

Gerede gewesen. Rückblickend kam seine Familie zu der Einschätzung, er habe nur auf den richtigen Zeitpunkt gewartet. »Papa hat alles Finanzielle genau durchgerechnet, und erst, als er sah, es würde uns an nichts fehlen, hat er sich das Leben genommen«, meint sein Sohn. Den Hausbau hatte sich die Familie quasi vom Munde abgespart und war dabei, wenn auch manchmal murrend, ganz und gar Vaters rigiden Vorgaben gefolgt. Die Mutter hatte ihm jeden Pfennig ihrer Haushaltsausgaben vorrechnen müssen. Doch nach seinem Tod profitierten sie alle von seinem Geschick im Umgang mit Geld. Die Mutter bekam eine gute Witwenrente, der Hausbesitz war durch Bausparverträge mit überschaubaren Raten abgesichert und auch für die Ausbildung der Kinder war gesorgt.

Aber Reinhard Pahle glaubt, seine Mutter sei nach dem Suizid noch zehn Jahre in Trauer erstarrt gewesen. Bei jeder Gelegenheit wiederholte die Witwe den Satz: »Es könnte so schön sein, wenn Papa noch leben würde«. An seinem Selbstmord, sagte sie, seien seine schwachen Nerven Schuld gewesen, und sie blieb bei dem Vorwurf, man habe auf seiner Arbeitsstelle nicht genug Rücksicht auf ihn genommen. Sie stellte ihren Mann auf ein Podest, niemand kam an ihn heran. Auch Reinhard bewunderte seinen »großen Vater«, ohne dass er hätte sagen können, wofür. Aber es fragte ihn auch niemand danach.

Nach dem Abitur beschloss er, Lehrer zu werden. Während seiner Studentenzeit engagierte er sich in Bürgerinitiativen, die Proteste richteten sich vor allem gegen die Atomkraftwerke. Als junger Mann sei er immer noch sehr verunsichert gewesen, beschreibt sich Reinhard Pahle, aber zum Glück habe das Studium der Erziehungswissenschaften etwas Befreiendes gehabt, denn dort sei er mit einem anderen Menschenbild vertraut gemacht worden. Während seiner Praktika an Schulen merkte er, wie gern er mit Kindern zusammen war. Ihm stand ein Mentor zur Seite, ein Professor, der die Ansicht vertrat: »Genuss gehört zum Leben dazu«. Bei ihm waren es keine leeren Worte, er feierte gern und häufig mit seinen Studenten.

Einen Ersatzvater würde Reinhard Pahle ihn heute nicht nennen, aber jemanden, der ihm Orientierung gab, der ihm den Rücken stärkte, der seine pädagogische Begabung erfasste und förderte. In den Augen des Professors war Reinhard zum Lehrer geradezu berufen, und er versicherte ihm, seine künftigen Schüler seien zu beneiden. Zum ersten Mal in seinem Leben erfuhr Reinhard Pahle offene Wertschätzung. Daran, verrät er mir, habe er sich nur langsam gewöhnen können. Wenn er im Seminar gelobt wurde, war sein erster Impuls: Der meint nicht mich, der meint jemanden hinter mir.

In diesen Jahren wuchs in ihm der Wunsch herauszufinden, wer sein Vater tatsächlich gewesen war. Aber bei der Mutter traute er sich nicht nachzufragen. Ihr Leid über den Verlust bestimmte noch immer ihr Fühlen und Handeln. Womöglich hätte sie in den Fragen des Sohnes Kritisches gewittert und sie von vornherein abgewehrt. »Auf die Lichtgestalt meines Vaters durfte eben nicht der geringste Schatten fallen«, erklärt Reinhard Pahle. Er wollte damals seine Mutter nicht verletzen und darum forschte er nicht weiter nach.

Reinhard Pahle fragt, ob ich noch Kuchen wolle, und ich sage, sehr gern, und darüber hinaus würde ich gern etwas über seine Beziehungen zu Frauen erfahren. Wie nicht anders zu erwarten, hatten ihn seine ersten Erfahrungen in Ratlosigkeit gestürzt. Was wurde von ihm erwartet? Wie hatte man als Mann zu sein? Selbstbewusste Frauen mied er. Nur eines schien für ihn festzustehen: In Abgrenzung zum Ehemodell seiner Eltern sollte eine Frau nicht finanziell von ihm abhängig sein, sondern ihr eigenes Geld verdienen. »Diese Einstellung war wohl rein kopfgesteuert«, gibt er zu. In seiner Partnerschaft zeigt sich bis heute eine ganz andere Dynamik, ein Reflex, der auf dem Rollenbild beruht, das ihm von den Eltern vorgelebt wurde. »Ich hätte oft gern, dass meine Frau so spurt wie meine Mutter gespurt hat«, bekennt er lachend. »Das würde doch vordergründig vieles einfacher machen.«

Bedauern über die eigene Kinderlosigkeit

Am Anfang war ihre Beziehung eine geschwisterliche gewesen. »Meine Frau sagt immer: Ich war schwach weiblich, du warst schwach männlich, da brauchten wir voreinander keine Angst haben.« Und er fügt hinzu, Männlichkeit–Weiblichkeit bleibe bei ihnen Dauerthema und daran werde sich wohl für den Rest ihres Lebens nichts ändern.

Die Kinderlosigkeit ihrer Ehe bedauern sie sehr. Beide haben sie in ihren sozialen Berufen mit Kindern oder Jugendlichen zu tun. Er sagt, er habe durchaus eine väterliche Seite, denn: »Ich lebe meine Vaterrolle an der Grundschule.« Heute, fügt er hinzu, bewundere er Männer, die gegen den Strom schwimmen, die Position beziehen ohne Angst vor Nachteilen. Er selbst sei diesbezüglich immer noch ein Zauderer, es sei denn, er setze sich für andere ein. Als Vorbild nennt er Richard von Weizsäcker.

Womit wir fast wieder beim Thema Vater angekommen sind. Ich frage ihn, ob ihn das Ergebnis seiner Nachforschungen in Berlin erleichtert habe? Zu meiner Überraschung zögert er. Den Vater habe er schon seit vielen Jahren von seinem Podest heruntergeholt, schickt er voraus, aber dabei habe sich etwas verschoben. »Meine innere Logik war: Wenn er schon nicht dieser große Mann ist, den ich früher so bewunderte, dann muss er wenigstens ganz viel Dreck am Stecken gehabt haben ...« Hier unterbricht er sich und belächelt nachsichtig das Abstruse seiner Vorstellungen.

Weder im Guten noch im Bösen sei der Vater etwas Besonderes gewesen, stellt er mit Nachdruck fest. Daran müsse er sich erst einmal gewöhnen. Eine emotionale Leerstelle sei die Folge – nun habe er überhaupt kein Vaterbild mehr.

Wir kommen auf die Wehrmachtausstellung zu sprechen. »Hier ist mir die Beteiligung meines Vaters an den Verbrechen vor Augen geführt worden«, sagt er, »weil es zu diesem Krieg gehörte, dass auch Zivilisten getötet wurden. Mein Vater muss von den Massenmorden hinter der Front sehr viel mitbekommen haben.«

Ich frage ihn: Kennt er als Sohn die stellvertretende Schuld? »Und ob«, bestätigt er. »Ein Freund von mir, ein Niederländer, sagt oft: ›Dass ihr euch so lange damit herumquält, …!‹ Aber so ist es. Ich nehme bevorzugt Bücher in die Hand, die mit dieser Thematik zu tun haben.« Es beschäftigt ihn, seit er 18 Jahre alt ist. Die Schuldfrage lässt ihn nicht los – sein Gefühl, etwas wiedergutmachen zu wollen. Noch immer besucht er alle Veranstaltungen, in denen ehemalige KZ-Häftlinge zu Wort kommen. Einige Jahre hat er an einer Gesamtschule unterrichtet und dort entsprechende Projekte ins Rollen gebracht. Es wurde über Themen der NS-Vergangenheit vor Ort geforscht. Auch suchte der Lehrer den Kontakt zu ehemaligen Zwangsarbeitern aus der Ukraine und lud sie, nachdem er Sponsoren für die Kosten gefunden hatte, als Zeitzeugen an seine Schule ein. Er schweigt eine Weile, während er ohne Nutzen in seiner Teetasse rührt, und schließlich bekennt er: »Inzwischen wünschte ich mir, ich wäre nicht mehr so sehr auf die deutsche Schuld fixiert.«

Dann berichtet er – und es klingt fast wie ein coming out –, er habe vor einigen Monaten zum ersten Mal bewusst ein Buch zur NS-Vergangenheit wieder aus der Hand gelegt. Aber leicht sei es nicht gewesen. Er müsse üben.

Was verbirgt die stellvertretende Schuld?

Welche Funktion haben falsche Schuldgefühle? Welcher Gewinn mag darin liegen, sich zwanghaft mit dem Nationalsozialismus zu beschäftigen und zu glauben, ständig etwas gut machen zu müssen? Darüber habe ich nach meinem Gespräch mit Reinhard Pahle häufiger nachdenken müssen. Falsche Schuldgefühle tauchen ja in vielfältigen Zusammenhängen auf, und ich glaube, die meisten Menschen wollen sie nicht wirklich loswerden, weil sie ahnen, es könnten darunter weit unerträglichere Gefühle auf sie lauern: Ich bin ausgeliefert, ich bin völlig allein auf der Welt.

Solange die Ärztin Vera Christen aus dem Kapitel »Die gut getarnte Vergangenheit« nicht wusste, dass sie als Kind missbraucht und von ihren Eltern im Stich gelassen worden war, empfand sie heftigste Schuldgefühle gegenüber dem Ehemann, ohne zu ahnen, dass sie damit die Schmerzen ihrer traumatischen Verletzungen betäubte, die mit den Gefühlen absoluter Ohnmacht verbunden waren. Dieser Seelentrick führte zu der Illusion, sie sei nicht hilflos, sie könne etwas »tun«, in diesem Fall für die Beziehung, sie könne »ganz lieb« sein, ja sogar den Mann »heilen«. Sich schuldig zu fühlen hat – im Unterschied zu sich ausgeliefert zu fühlen – den Vorteil, dass man sich einbildet, man habe die Lage unter Kontrolle. Erst als Vera Christen verstand, dass sie selbst es war, die der Heilung bedurfte, änderte sich mit den Jahren ihr Beziehungsmuster, und die falschen Schuldgefühle lösten sich auf.

Erst als Reinhard Pahle in einer psychosomatischen Klinik die Wahrheit über seine Kindheit sehen konnte, als er seine Unsichtbarkeit begriff, das herzlose Ignoriertwerden durch die Erwachsenen, als er empfinden konnte, wie einsam und verzweifelt er gewesen war und seine Tränen zulassen konnte, da begannen auch bei ihm die falschen Schuldgefühle zu erodieren, und damit auch die stellvertretende Schuld an den NS-Verbrechen.

Am Ende unseres Gesprächs empfahl ich ihm den Roman »Das Eigentliche« von Iris Hanika. Er erschien 2010 und wurde in allen großen Zeitungen als literarisches Ereignis gefeiert. Als »Das Eigentliche« bezeichnet Iris Hanika das, was die Kriegskinder und die Nachkriegskinder nicht loslässt, was für sie identitätsstiftend war – das Unfassbare des Holocaust. Das Buch beginnt so:

Es kommt eine Zeit, da fällt alles ab von einem, die Wut der jungen Jahre und das Leiden an der Ungerechtigkeit der Welt, auch der Zuversicht, sie würde besser werden oder sogar gut, wenn man sich nur genug darum bemühte und mit ganzem Herzen. Es kommt eine Zeit, da ist dieses Herz plötzlich leer geworden und der Mensch, auf sich selber zurückgeworfen, ganz allein mit sich. Keine schöne Zeit.[16]

Schön geschrieben, denkt man, aber will man das lesen? Schon wieder eine Geschichte über Depressionen … Aber dann erfährt man, der Protagonist Hans Frambach arbeite als Archivar im Berliner »Institut für Vergangenheitsbewirtschaftung«, und mit dieser Bezeichnung ist klar: Der Roman ist in großen Teilen eine Satire, die sich – wie jede gute Satire – mit fließenden Übergängen an die Wirklichkeit anlehnt. Im Mittelpunkt steht eine jammervolle Figur. Schuldbeladener als Frambach kann kein Deutscher sein, da ist für das normale oder gar genüssliche Leben kein Platz mehr. Ein Unglücksrabe mit hoher Selbsterkenntnis, wissend »dass ihm nichts gelang, dass er sich immer ungeschickt benahm, dass er über die kleinsten Dinge tagelang grübeln musste, dass keine Frau sich für ihn interessierte, dass er seinen verschiedenen Ticks nicht entkam, dass er regelmäßig fast überfahren wurde und so weiter.«[17]

Doch in die Jahre gekommen muss Frambach feststellen: Die Fixierung auf Auschwitz hat nachgelassen. Eine Zeitlang noch stabilisiert ihn ein schlechtes Gewissen, das ihm das düstere Gefühl eingibt, sich von Auschwitz zu entfernen bedeute Verrat an den Opfern des Holocaust. Als auch das vorbei ist, beginnt ein ganz anderes Leid. »Früher nämlich war sein Unglück konkret gewesen, in gewisser Weise. Solange er geglaubt hatte, es rühre allein von Auschwitz her, hatte es einen Inhalt gehabt.«[18]

Kein Talent zum Glücklichsein

Vielleicht hat er ja einfach nur kein Talent zum Glücklich sein. Aus reiner Gewohnheit besucht er eine Gedenkveranstaltung in einer Kirchengemeinde, er sieht Besucher, die genauso unglücklich aussehen wie er selbst, es befremden ihn die erstarrten Rituale, die über Jahrzehnte eingeübte Betroffenheit.

Bei Reinhard Pahle führte der Wiedergutmachungsdrang zu etwas Positivem, zu einer Begegnung zwischen ehemaligen Zwangsarbeitern und deutschen Schülern, die für die alten Menschen aus der Ukraine gewiss etwas Tröstendes, vielleicht auch Heilsames hatte. Aber wenn in die Jahre gekommene Initiativgruppen, wo sich die schuldlos Schuldigen sammeln, auf Grund von Kalenderdaten eine Gedenkveranstaltung ausrichten, kommt in der Regel nichts Einladendes dabei heraus. Das Fixiertsein auf die deutsche Schuld macht unfrei und unkreativ. Aus Angst, man könne von den Opfern missverstanden werden, fällt Menschen in ihrem an sich verdienstvollen Bemühen, das Erinnern an den Holocaust hochzuhalten, nichts Neues mehr ein. Es fällt ihnen nichts Überzeugendes mehr ein. Jedenfalls erreicht man so nicht die Herzen der Jüngeren, im Gegenteil, man stößt sie ab.

Nachkriegskind Iris Hanika hat die heutigen Auswirkungen der NS-Vergangenheit genau im Blick. Die Absurditäten des Shoah Business gehören ohne Zweifel dazu. Dass ihr Buch »Das Eigentliche« in den Kulturredaktionen verstanden wurde, deutet darauf hin, dass inzwischen ein recht souveräner Umgang mit der deutschen Vergangenheit erreicht ist. Zehn Jahre früher wäre Vergleichbares nicht gedruckt worden – ich glaube, es wäre erst gar nicht gedacht worden.

In der Generation der Nachkriegskinder ist während dieser Zeitspanne die Fixierung auf die deutsche Schuld deutlich schwächer geworden, ohne dass die befürchtete Relativierung der deutschen Schuld an ihre Stelle getreten wäre. Das Umdenken kam nicht über Nacht, sondern langsam, unauffällig und ist auf viele Einflüsse zurückzuführen: die nachdenklicheren Töne in den Medien, offene Gespräche im Ausland, der kreative Austausch im eigenen Land, wenn Ostdeutsche und Westdeutsche ohne Vorurteile zusammentreffen, die unbefangenen Fragen der Kinder und die Erfahrungen der eigenen Lebensspanne.

INTERVIEW

»Ich weiß vieles, aber darüber rede ich nicht«

Friedrich S., geboren 1912, über seine Odyssee in der Wehrmacht

Friedrich S. war zum Zeitpunkt unseres Gesprächs 97 Jahre alt, inzwischen ist er verstorben. Für mich überraschend lebte er noch in den eigenen vier Wänden. Am Morgen meines Besuchs rief ich ihn noch einmal an, um mich zu vergewissern, ob er mich tatsächlich empfangen würde. Nun zeigte er sich misstrauisch, er erinnerte sich nicht mehr daran, dass unser Kontakt durch einen Freund von ihm zustande gekommen war. Er stellte die direkte Frage, ob ich vorhätte, ihn auszurauben. Da müsse er mich warnen: Er sei zwar alt aber immer noch stark.

Als ich seine Wohnung betrat, lief im Fernsehen eine Kochsendung. Mich begrüßte ein zierlicher Mann. Ich erfuhr, gerade heute litte er etwas unter Atemnot, ansonsten sei er geistig und körperlich noch »im guten Zustand«. Friedrich S. war zweimal verwitwet, seine beiden Kinder leben auch nicht mehr. Mit dem Thema Krieg, versicherte er mir, habe er keinerlei Probleme.

Sie haben den ganzen Krieg mitgemacht. Welcher Jahrgang sind Sie?
Ich wurde 1912 geboren. Mit 16 kam ich in die Lehre. Nach drei Jahren war ich Geselle.

Sie machten eine Ausbildung als Koch?
Nein, ich wurde mit 19 Jahren Metzgergeselle. In den ersten drei Monaten war ich bei einem Hungerkünstler. Mein Vater hat immer gesagt: Arbeiten ist gut – aber gut essen musst du. Wo du nicht gut zu essen bekommst, da haust du ab! Und das war so. Nach drei Monaten war ich weg! Da bin ich nach Wuppertal gekommen in eine Metzgerei, dort war ich ungefähr ein Jahr. Es wurde viel gearbeitet, von morgens 5 bis abends 9. Nach einem Jahr ging ich nach Düsseldorf. Da war ich dann in drei Metzge-

reien. Die letzte Stelle, die war bei einem Juden, und der kriegte von den Nazis alles weggenommen. Da ging ich noch weiter weg, ich bekam eine Stelle in Krefeld. Dort war ich dann, bis ich mit 28 Jahren eingezogen wurde. Damals war schon Krieg in Frankreich. Ich hab mich als Koch beworben. Das hat geklappt.

Sie waren also beim Frankreichfeldzug dabei?
Der war schon vorbei. Wir waren in Ruhestellung. Das erste Essen, das ich gemacht habe, war eine Suppe mit dem Vorderviertel von einer Kuh. Die hab ich klein gemacht und in den Kessel getan. Aber dann, direkt vor der Essenszeit, habe ich gemerkt: Die Nudelsuppe ist zu dünn. Was habe ich gemacht? Große Mengen Nudeln dazu gekippt. Die Masse wurde so fest, dass ich sie in Stücke schneiden musste – passend für das Essgeschirr. Aber es ist gut gegangen. Einer der Herren Offiziere hat sich nachher bei mir bedankt für das gute kräftige Essen. Ja, und dann blieb ich den ganzen Krieg über in der Küche.

Wo ging es hin? Wo waren Sie überall?
Zuerst Polen. Dann nach Jugoslawien, dann nach Russland – Beginn in der Ukraine. Ja, so ging das Spiel dann los: Die Schlammperiode, Straßen wie aus Kleister, die Wagen kamen kaum weiter, da mussten die Panzer unsere Küche abschleppen. Was soll ich sagen? Wir sind durchgekommen bis kurz vor der Wolga, vor Stalingrad, da sollten wir die Kameraden aus dem Kessel rausholen, wir kamen aber nicht über den Fluss, wir kriegten direkt Feuer von den Russen. Wir als Tross lagen in einer Ebene, eine Steppe war das. Die kämpfende Truppe befand sich ja weiter vorn. Dann der Rückzug! Wir hatten keine Fahrzeuge mehr, alles weg. Manchmal konnten wir den Russen die kleinen Panjepferdchen mit Wagen abnehmen. Dabei haben sie immer hinter uns her geschossen, Einschläge links und rechts von uns. Ich hab Glück gehabt, verschiedene Kameraden wurden erschossen. Und dann haben wir den Rückzug mitgemacht, bis Deutschland.

Mehr oder weniger zu Fuß?

Ja, fast nur zu Fuß. In Deutschland kriegten wir neue Fahrzeuge und wurden in der Normandie eingesetzt. Ich bekam wieder eine komplett neue Küche. Durch die Schiffsgeschütze und Flugzeuge der Amerikaner waren wir fast ständig unter Beschuss, also ging es langsam wieder zurück, immer weiter zurück, bis nach Deutschland. Wir kamen nach Düren. Unsere Küche war in einem Schulgebäude untergebracht. Von dort aus haben wir die kämpfende Truppe im Hürtgenwald mit Essen beliefert.

Wie gefährlich war es, das Essen bis zur Frontlinie zu bringen?

Das war sehr gefährlich. Und manchmal wussten wir nicht genau, wo sich unsere Truppe befand. Das war in Russland genauso. Wir sind 15 Kilometer gefahren, um denen das Essen zur Kampflinie zu bringen. Da wurde immer abends im Dunkeln rausgefahren. Ich habe immer versucht, soweit das eben möglich war, gutes Essen zu machen. Ich habe immer gedacht: Die an der Front haben es schlechter als ich. Da sollen sie wenigstens gut zu essen haben. Ja, ich war froh, dass ich hinten auf der Küche sein konnte. Insgesamt habe ich drei Küchen verloren. Ich war bei diesen Angriffen aber gerade nicht auf der Küche. Ich habe viel Glück gehabt.

Warum sagen Sie »auf der Küche«? Wie muss ich mir das vorstellen?

Die waren hinten auf einem Wagen aufgebaut, auf der Ladefläche.

Sie schilderten eben die Zeit, kurz bevor die Amerikaner im Westen Deutschland besetzten. Kamen Sie in Gefangenschaft?

Ja bei den Amerikanern. Man brachte uns in ein Lager im Harz, und dort haben die uns alles abgenommen, was wir noch hatten.

Was hatte man denn noch?

Löffel, Messer, Uhren. Zuerst haben wir in Höhlen gelebt. Dann kamen wir nach Remagen am Rhein. Ein Hungerlager. Zuerst haben wir uns zu vier Mann ein Erdloch gegraben, mit Löffeln, ein halber Meter tief und darüber eine Zeltplane. Da haben wir drin geschlafen, zu viert. Wie lang das dauerte, kann ich heute nicht mehr sagen. Wir kriegten am Tag eine Schnitte Weißbrot und eine rohe Kartoffel. Viele haben die Kartoffel roh gegessen und bekamen daraufhin Durchfall. Die Latrine bestand aus einen Balken über einem Graben. Der Balken war bei Regen glitschig. Manche von uns waren so erschöpft, die sind reingefallen und nicht mehr rausgekommen. Später kam ich in ein Entlassungscamp. Da gab es eine neue Küche, ich wurde wieder Koch, und es ging mir wieder gut. In der Küche waren 8 Kessel, in denen früher für das Vieh gekocht wurde. Jetzt wurde täglich Essen für 2.000 bis 3.000 Mann zubereitet. Wenn Essenszeit war, stürzten sich alle wie die Wilden auf die Kessel, und deutsche Landser wurden angewiesen, mit Knüppeln Ordnung zu schaffen. Anders ging es nicht. – Alle waren ja so ausgehungert, die waren anders nicht zu bremsen. Dann hieß es, wir sollten entlassen werden.

Wie lange waren Sie in Gefangenschaft?
Nicht lange, etwa ein Dreivierteljahr. Als ich da raus kam, war ich stark. Heute bin ich auch noch stark. Als Koch oder Metzger gab es keine Arbeit. Aber ich war jemand, der Säcke schleppen konnte: Mehl, Briketts, Zucker, Zwei-Zentner-Säcke. Die anderen Männer waren meistens zu schwach. Natürlich hab ich mich selbst versorgt – ich hatte ja auch eine Familie, die leben musste. Ich habe einiges für mich behalten und gegen Zigaretten getauscht. Mein Glück war, dass ich nicht rauchte. Zigaretten waren Gold wert auf dem Schwarzmarkt. Später arbeitete ich in einer Metzgerei, und natürlich wurde dort schwarzgeschlachtet. Es mussten ja die Herren auf dem Amt, bei der Polizei und so weiter gut essen. Aber einmal hatte ich Pech. Ich wurde beim Schwarzschlachten erwischt und musste ins Kitchen. Vorher hatte ich gesagt: Wenn ich ins Kitchen muss, sorgt dafür, dass ich wieder rauskomme – die Herren kriegen sonst nichts Anständiges zu essen. Na, diese Herren haben dann alles drangesetzt, dass ich wie-

der frei kam. Danach habe ich aber nicht mehr schwarzgeschlachtet. Und das war's. Mehr gibt es nicht zu sagen zum Krieg und zu der Zeit danach. Es gäbe wohl noch vieles, aber es fällt mir jetzt nicht ein. Das ist ja alles schon so lange her.

Wann haben Sie geheiratet, im Krieg?
Nein, vor dem Krieg. Die Tochter wurde vor dem Krieg geboren und der Sohn nach dem Krieg.

Als Ihre Frau starb, waren da Ihre Kinder noch klein?
Nein, die waren schon erwachsen.

Und dann haben Sie ja ein zweites Mal geheiratet. Kamen wieder Kinder?
Nein. Also, beide Frauen sind an Krebs gestorben. Ich bin schon lange allein.

Kommen wir noch mal auf den Krieg zurück. Damals sind Sie ja weit gereist. Ich zähle mal zusammen: Frankreich, Jugoslawien, Russland, Normandie, Hürtgenwald. Sind Sie, obwohl Sie Koch waren, in Kampfhandlungen verwickelt gewesen?
Nein. Natürlich mussten wir manchmal abhauen. Da war der Russe, der wollte uns einkesseln. Wir waren ein paar Mal eingekesselt, aber wir kamen da wieder raus. Ich hatte ein Gewehr, das steckte hinter einem Riesenberg von Lebensmitteln, also, selbst wenn ich gewollt hätte, da kam ich gar nicht dran. Ich hab keinen tot gemacht – das kann ich sagen.

Was haben Sie, der hinter der Front arbeitete, von Verbrechen der SS mitbekommen, die ja hinter der Front verübt wurden?
Da möchte ich nicht drüber sprechen. Ich weiß vieles, aber darüber möchte ich nicht reden.

Haben Sie mit anderen Menschen darüber geredet?
Nein auch nicht. Das ist – weg. Was die gemacht haben, das war nicht schön, aber ich möchte nicht drüber sprechen.

Haben Sie den Eindruck, dass Sie nach dem Krieg anders waren als vor dem Krieg?
Nein. Das kann ich Ihnen genau sagen. Mein Bestreben war nur: Wie komme ich weiter. Ich hatte ja Familie, für die ich sorgen musste.

Wenn man so lange im Krieg war, verändert sich da der Charakter?
Bei mir nicht. Nein. Und wie Sie schon erwähnen: Diese Sachen der SS, dazu möchte ich nichts sagen.

Mein Vater ist ungefähr Ihr Jahrgang, und er hat oft gesagt: Menschen sind zu so schlimmen, zu so ungeheuerlichen Dingen fähig, das kann man sich auch mit größter Fantasie nicht vorstellen. Und ich habe mich oft gefragt, ob er, bevor er das erlebt hat, also vor der NS-Zeit, anders war als nach Kriegsende.
Ja, ja … Das war bei mir nicht der Fall. Ich war – auf Deutsch gesagt – ein Streber. Und ich musste sehen, dass mir nichts passiert – und fertig! Ich habe auch viel gebetet.

Glauben Sie, dass Gott so etwas verzeiht?
(nach einer Pause) Das weiß ich nicht. Früher war mein Religiös-Sein nicht so stark, heute ist es stärker. Aber ich habe auch im Krieg gebetet. Das Schlimmste war in Russland Weihnachten. Da kriegten wir nachts von den Russen Geschenke: Rättätät-tätt …

Sie waren ja in Deutschland, als der Krieg noch nicht vorbei war. Haben Sie zivile Luftangriffe mitbekommen?
Ja, in Düren an der Westfront. Wir waren ja mit der Küche in einer Schule. Nachts bei einem Bombenangriff sind wir runter in

den Keller, das ganze Gebäude hat geschwankt. Aber es ist alles gut gegangen. Das war mein schwerster Luftangriff.

Von Düren ist durch die Bomben nicht viel übrig geblieben.
Stimmt. Aber das Schlimmste war die Schlacht im Hürtgenwald. Nach dem Krieg haben die Kameraden unserer Abteilung dort ein Kirchenfenster gestiftet. Und in der ersten Nachkriegszeit sind wir jedes Jahr zum Trauergottesdienst in der Kirche zusammengekommen. Im Hürtgenwald, da sind doch so viele geblieben. Das kann man nie vergessen. Ich kann vieles nicht vergessen – das war überall schlecht. Der ganze Rückzug von Russland, schlecht, und hier in Deutschland, alles schlecht. Ich hab immer Glück gehabt, dass ich nicht verletzt wurde. Und ich muss noch mal sagen, ich hab auch keinen verletzt. Ich habe auf keinen geschossen. Aber drei Küchen habe ich verloren. Aber wir haben auch mal von den Russen eine Küche erobert. Die hatte ganz große Kessel. Die habe ich als Wasservorrat voll gemacht; ich musste ja immer Wasser haben. Es war ja auch so: Damit wir zu essen hatten, musste ich organisieren …

Bei der russischen Landbevölkerung?
Ja, aber davon möchte ich nicht reden Das kann man gar keinem erzählen. (Er zeigt vor sich auf den Tisch, wo ein Speiseplan von »Essen auf Rädern« liegt.) Da bekomm ich jetzt mein Essen her.

Und ist es gut? Mal ehrlich …
Für mich nicht. Aber ich muss es essen. Ich kann hier nicht auch noch kochen. Ich gehe noch jeden Tag raus, wenigstens eine Stunde bis eineinhalb Stunden. Ich hab unten an der Haustür einen Rollator stehen. Ohne kann ich nicht mehr laufen. Kürzlich war ich im Krankenhaus, das erste Mal in meinem Leben. Da hatte ich mit der Luft zu tun gehabt. Und ich möchte nicht noch einmal ins Krankenhaus.

Sie sind jetzt 97 Jahre alt. Haben Sie ein Notrufgerät, falls Sie hier hinfallen sollten und nicht mehr allein hochkommen?
Nein. Wissen Sie was? Nebenan wohnen Russen – auch älter – die passen auf mich auf. Es kommt auch eine Frau die Wohnung putzen. Die kauft für mich ein. Ich lebe mutterseelenallein, aber ich bin zufrieden mit dem Leben. Wirklich.

Ich habe noch eine Frage zu Ihrem Sohn. Als der gesagt hat, er geht zur Bundeswehr, war das für Sie in Ordnung?
Ja, warum nicht. Er wollte freiwillig zur Bundeswehr. Es tut keinem schaden. Da werden sie richtig hergenommen – aber nicht so wie wir früher.

Wie war das denn früher bei Ihnen?
(lacht) Da machten sie uns zur Schnecke, wie man so sagt. Wie wir eingezogen wurden, da wurde exerziert, mit allen Schikanen. Wenn es geregnet hatte, mussten wir uns hinlegen, und wer die Hände aufstützte, kriegt die weggetreten – so drückten die uns in den Matsch rein. Ja, so war früher die Ausbildung. Aber, wie gesagt, das ist alles weg bei mir. Ich bin froh, dass ich noch da bin, und ich möchte auch noch was leben. Aber im Alter vergisst man viel. Ich muss mir alles aufschreiben. Dass Sie heute kamen, das hab ich mir aufgeschrieben.

Hat Ihr Sohn Sie früher mal nach Ihren Kriegserlebnissen gefragt?
Nein.

Haben Sie ihm von sich aus davon erzählt?
Nein. Dafür war keine Zeit. Ich hatte meine Arbeit, und dann war ich abends froh, wenn ich in Ruhe gelassen wurde. Meinem Sohn ging es genauso, hatte ja auch tun. Erst die Schule, dann die Ausbildung.

Worüber wir noch nicht geredet haben: Woran ist Ihr Sohn gestorben?

Es wurde mir nicht gesagt. Ich habe nur die Nachricht von der Polizei bekommen. Das war vor einem halben Jahr.

Die haben nichts Näheres über die Todesumstände gesagt?

Ich habe auch nicht nachgefragt. Er hatte mit Alkohol zu tun und mit Rauschgift – nehme ich an. Aber ich hatte ihn zu der Zeit schon abgeschrieben. Vorher hatte ich 15 Jahre keinen Kontakt zu ihm. Ich wusste gar nicht, wo er war.

Herr S., Sie wissen, die Verbrechen aus der Nazizeit sind für viele, die später geboren wurden, bis heute eine Belastung. Sie sind ein religiöser Mensch. Darum meine Frage an Sie: Wie kriegen die Deutschen diese Schuld los?

Sie werden sie nie loswerden. Nein, ich glaube es nicht. Das bleibt drinnen hängen. Das geht nicht mehr weg. Ich sag mir immer: Jeder weiß doch, was mit der SS war. Aber sprechen tut heute keiner mehr davon. Und ich auch nicht. Ich weiß vieles, aber ich möchte nicht drüber sprechen. Was in Russland alles passiert ist, ja, das waren dort auch alle Menschen genau wie unsereiner auch … Und ich persönlich, ich musste sehen, dass ich für die Soldaten was zu essen hatte. Manchmal wurden Lebensmittel angefordert, und was kam? Nichts kam. Aber wir mussten doch für die Soldaten was haben! Da musste man auch was machen, was sich nicht gehörte.

Was heißt das? Den russischen Bauern das Letzte wegnehmen?

Ja. Und ich persönlich, ich konnte das nicht. Aber wir hatten einen dabei, das war ein Ostpreuße. Was wir brauchten, ob das eine Kuh oder ein Schwein war, das ging der holen. Ja, die kämpfende Truppe, die mussten was essen. Die lagen da vorn im Dreck, und wir lagen 15 Kilometer hinter der Kampflinie. Das war für uns sicherer als für die vorn.

Ja, Sie haben viel Glück gehabt. Aber ich finde, privat haben Sie viel Unglück erlebt.

Privat – da sage ich: Glück und Unglück.

Wie alt war ihre Tochter, als sie starb?

Ja, sehen Sie: So etwas vergesse ich. Sagen wir so: Deren Kinder hatten da schon die Schule hinter sich.

Besuchen Sie manchmal Ihre Enkel?

Nein, jetzt nicht mehr. Wie soll ich dahin kommen?

Die könnten auch mal hierher kommen.

Die kommen aber nicht. Zweimal waren sie bei mir. Das letzte Mal ist bestimmt drei Jahre her. Die sagen beide, sie hätten kaum Zeit. Sag ich: Aber Urlaub macht ihr, und da habt ihr keinen halben Tag übrig, um mich zu besuchen? Das ist traurig … Aber was soll ich machen? Da kann man nichts machen. Es schert sich keiner mehr um mich. Es ist ja keiner mehr da.

Kommt es Ihnen so vor. als würden Sie Überstunden im Leben machen?

(lacht) Das kann man wohl sagen.

Ja, Dann bedanke ich mich ganz herzlich. War ein sehr interessantes Gespräch.

Wenn es Ihnen gefallen hat. Wie gesagt, mit Daten komme ich nicht mehr zurecht. Aber sonst weiß ich noch vieles …

Ich weiß.

… auch wenn ich jetzt nicht alles gesagt habe. Ich weiß viel, und manchmal, wenn ich so richtig drin bin, dann wird es mir so komisch, dann könnt ich heulen. Die Kameraden. Neben mir sind sie gestorben – und ich bin noch da! Ich bin heil herausgekommen aus dem Schlamassel. Arbeiten konnte ich immer gut.

Sie sind körperlich heil rausgekommen. Glauben Sie, dass Ihre
Seele auch heil war, nach dem, was Sie alles erlebt haben?
Ja, ich hab das alles überwunden. Heute haben Sie mich jetzt nach
bestimmten Dingen gefragt, da denkt man daran. Aber sonst sind
meine Gedanken nicht mehr dort. Ich kann sehr gut schlafen. Ich
werde auch heute Nacht gut schlafen.

Das Interview fand im Herbst 2009 statt, 75 Jahre nach Beginn
des Zweiten Weltkriegs ein Rückblick ohne Glorifizierung und
Rechtfertigungen. Keine Rede von Jugend, Kraft und großem
Abenteuer. Aber auch keine Rede von schlecht vernarbten Wunden oder seelischen Belastungen. Friedrich S. gehörte zu jenen,
die später schwiegen, aber er war kein Verdränger. Von seiner
Atemnot, die er bei der Begrüßung angesprochen hatte, war während unserer Begegnung nichts mehr zu spüren. Dennoch machte ich mir zunehmend Sorgen um ihn, vor allem, weil er so oft
betonte, wie viel Glück er gehabt habe, was ich als einen Versuch
der Selbstberuhigung empfand. Nach einer guten Stunde be-
endete ich unser Gespräch. – Einem einsameren Menschen als
Friedrich S. bin ich nur selten in meinem Leben begegnet. Mein
Eindruck ist, seine Einsamkeit begann schon in jungen Jahren, in
Russland.

Fünftes Kapitel

ERMITTLER
IN
EIGENER SACHE

Ein Kämpfertyp

Wenn wir den Begriff »Zeitzeugen« hören, sehen wir alte Menschen vor uns. In den vergangenen zehn Jahren haben ihre Auftritte im Fernsehen enorm zugenommen. Zeitzeugen der NS-Vergangenheit, des Krieges, der Massenverbrechen, des Widerstands, der Vertreibung. Fast alle Menschen, die sich äußerten, sahen sich als Opfer. Ganz anders Michael Brenner, als er um ein Interview zu der Jugendrevolte von 1968 gebeten wurde. Damals war er 17 Jahre alt. Nun mit 55 Jahren sah er eine Chance, seine Erinnerungen aufzufrischen und die aufregendste Phase seines Lebens mit Abstand zu reflektieren. Und dann die erste Frage: »Was hat Ihr Vater im Krieg gemacht?« Damit hatte er in keiner Weise gerechnet. Das Interview weitete sich aus zu einem Gespräch über fünf Stunden und entwickelte eine ganz eigene Dynamik. Ein Buch entstand. Es enthält Brenners Erinnerungen und Einschätzungen seiner Kindheit und Jugend. Dreieinhalb Jahre schrieb er daran. »In den Jahrzehnten vorher«, sagt er, »habe ich jede Frage nach Eltern und Kindheit abgewehrt, nach dem Motto: Familie hab ich nicht, kenn ich nicht, will ich nicht.«

Offen gesagt, als wir am Telefon miteinander sprachen, stellte ich ihn mir vor als einen dieser 68er, die in die Jahre gekommen sind: milde geworden, schlecht angezogen, schnauzbärtig, ein bisschen resigniert. Tatsächlich begrüßt mich ein gut gelaunter Mann, glatt rasiert, der sportliche Typ – optisch von einem älteren Herrn noch weit entfernt.

Über den Hamburger Diplomsoziologen, der sein Geld als Berater und Coach verdient, muss man wissen: Er ist ein Kämpfertyp. Auf seiner Webseite steht, er sei spezialisiert auf Konflikte und Krisen sowie schwierig und aussichtslos erscheinende Situationen; man erfährt auch von seiner ehrenamtlichen Tätigkeit als

Richter. Brenner verweist auf den Geist des »Never give up«. Ein Erbe seines Vaters, verrät er mir, sein Vater sei ein Querkopf gewesen, er selbst sei es auch. »Ich musste sehr früh erwachsen werden, ich musste sehr kämpfen, um zu überleben, und das verdanke ich meinem Vater, im Positiven wie im Negativen.« Seine erste und einzige Ehe, erfahre ich, werde gerade geschieden. Schwierige Zeiten lägen hinter ihm, auch mit gesundheitlichen Problemen, doch dies sei nun alles ausgestanden. Brenner sieht sich als jemanden, der immer wieder auf der Gewinnerseite landen wird. Im Kontrast dazu der Titel seines Buchs, »Kinder der Verlierer«. Wie es dazu kam, liest sich wie ein Bekenntnis.

Im Land der Verlierer

Mein Vater gehörte zu den Besiegten und ich bin im Land der Verlierer geboren. Nachkriegsdeutschland war kein besonders schöner Ort für eine Kindheit und mein erstes Lebensjahrzehnt erinnere ich als wenig glücklich. Seit langem sind mir die Reste meiner Familie gleichgültig. Viele Jahre habe ich kaum an Kindheit und Jugend gedacht, schon gar nicht an meinen Vater. Das Leben ist wie es ist und ich war froh über Abstand und Vergessen. Aber meine Vergangenheit sollte mich einholen. Ich war ein wenig an der Jugendrevolte der späten sechziger Jahre beteiligt und wurde eher zufällig im Winter 2005 als Zeitzeuge befragt. Es war ein langes und spannendes Gespräch. Keine Kindheit ohne Eltern, keine Jugend ohne Kindheit, kein Leben ohne Vaterland. Einige Monate später fange ich an, zu schreiben. Es wird eine lange Reise zurück. Gefühlt sind Lichtjahre vergangen, objektiv nur wenige Jahrzehnte.[19]

Warum schreiben Menschen Bücher? Als der Literaturnobelpreisträger Gabriel Garcia Marquez einmal nach seinem Antrieb gefragt wurde, bekannte er: »Damit man mich mehr liebt.« Michael Brenners Motiv ergab sich vor allem aus Fragen zu seiner Identität: »Was hat mich geprägt? Was hat meine ganze Generation geprägt? Wer war mein Vater?« Er gab nicht auf, bis er 2010 einen Verlag fand, der sein Manuskript als book-on-demand in sein Programm nahm. Denn Brenner sieht sich als Aufklärer. Er will in seiner Generation einen Diskurs anstoßen. Er sagt, das Buchprojekt sei das Kreativste gewesen, was er in den letzten 10 Jahren gemacht habe. Im Laufe des Prozesses habe sich auch sein schwieriges Verhältnis zu seiner nationalen Herkunft entspannt. Das macht mich neugierig. Was muss ich mir darunter vorstellen? Auf die Gefahr hin, dass ich in seinen Augen mit allzu oberflächlichen Kriterien hantiere, spreche ich ihn auf die Fußballweltmeisterschaft 2006 an. Ob auch er mit einem Deutschlandfähnchen am Autofenster durch die Gegend gefahren sei? »Nein. Ich konnte da nicht mitjubeln«, sagt er. »Jüngere können das tun, das ist in Ordnung. Aber ich selbst würde mir eher die Zunge abschneiden, als die deutsche Nationalhymne singen. Ich kann's nicht, selbst wenn ich wollte.« Dennoch sei in seinem Verhältnis zu Deutschland Entspannung eingetreten. Zum Beispiel empfinde er keinerlei stellvertretende Schuld mehr. Mit dem Schreiben des Buchs habe er sich von den letzten Resten befreit.

Während seiner intensiven Beschäftigung mit den fünfziger und sechziger Jahren ist er, wie er mir erläutert, immer mehr weggegangen von der Frage: Was war das Rebellische in unserer Jugend?, hin zu der Frage: Was war los in den Familien und im Krieg? Daraus entwickelte sich seine Auseinandersetzung mit Vater und Vaterland. Lebhaft berichtet er von den Anfängen seiner Erkenntnisreise: »Das hätte ich mir vor fünf Jahren nicht vorstellen können, dass es mir wie Schuppen von den Augen fällt, wie sehr die Erwachsenen beschädigt waren, wie sehr diese Dunstglocke von Schuld und Verschweigen über meinen ersten Kindheitsjahren lag. Und dann mein großes Aha-Erlebnis: Plötzlich wurde mir klar, wie sehr ich mich als Deutscher im Ausland befangen und unsicher gefühlt habe. Und irgendwann guckt mich eine Freundin an – es war bei einem Wein beim Griechen – und sagt: Wieso ist das neu für dich? Das ging uns doch allen so … Das war mein blinder Fleck. Ich kann nur sagen, ich hab's nicht gesehen!«

Die Freiheit, über die eigene Geschichte zu verfügen

In einer Testphase bot er Hunderten von Freunden und Bekannten sein Manuskript als Pdf-Datei an und sammelte Feedback ein. Häufig hörte er: »Da ist bei dir noch etwas unerledigt.« Doch Brenner meint, das erlebe er genau umgekehrt. Er habe das Gefühl, es sei alles erledigt. Seine Gegenüber dächten wohl, er müsse darin rumwühlen, weil es ihn bedränge. »Es bedrängt mich aber nicht«, grenzt er sich ab. »Ich empfinde es als Bereicherung, als spannend. Ich kann jetzt über meine Geschichte verfügen, weil ich sie kenne. Erst heute, mit 58 Jahren, habe ich die Freiheit darüber zu verfügen.« Nein, er empfinde keinerlei Belastungen, er sei mit sich im Reinen wie nie zuvor. »Meine Kindheit war wie sie war. Das ist Vergangenheit, auch die damaligen Defizite. Ich rege mich ja auch nicht darüber auf, dass ich nicht zwei Meter groß und blond bin.«

Man könnte die Geschichte von Michael Brenner auch ganz anders beginnen. Man könnte von einem aufgeweckten Jungen erzählen, der zusammen mit einer jüngeren Schwester in armen Verhältnissen im Hamburger Stadtteil Horn aufwuchs. Die Wohnung der fünfziger Jahre ohne fließend Warmwasser, ohne Zentralheizung, ohne Waschmaschine, stattdessen eine Waschküche im Keller. Die Leinen zum Trocknen befanden sich im Garten zwischen den Mietskasernen. Kein Tag verging ohne heftigen Streit zwischen den Eltern, meistens ging es um Geld. Karl Brenner, ein kleiner Angestellter, empfand es als Demütigung, eine

Frau zu haben, die arbeiten ging, denn so war für jedermann sichtbar: Er konnte seine Familie nicht allein ernähren.

Der Vater war nie zufrieden. Nichts war gut oder richtig in seiner Umgebung, alle verhielten sich falsch. Seinem Sohn schärfte er ein, er sei etwas Besseres – er solle mit diesen oder jenen Kindern nicht spielen. Das bezog sich vor allem auf Kinder aus Flüchtlingsfamilien. In der Nachbarschaft wohnten viele Heimatvertriebene, über die der Vater pausenlos abfällige Bemerkungen machte.

Nie ging er zur Wahl. Mit Demokratie konnte er nichts anfangen. Allerdings war er auch kein Rechtsradikaler, jedenfalls klangen seine Sprüche gegen den Rest der Welt nicht braun eingefärbt, sondern einfach nur negativ und herabsetzend. Manchmal geriet er völlig außer sich, eine ungehemmte Wut richtete sich dann gegen alles und jeden, auch gegen seine Frau und die Kinder. Dass es sich bei den Beschimpfungen um einen aggressiven Landserjargon handelte, begriff Michael erst, als er kein Kind mehr war. Einmal warf der Vater einen Teller mit Essen an die Wand. Davon blieb jahrelang ein großer Fleck zurück. Offenbar meinten die Erwachsenen, es lohne die Mühe nicht, den Fleck zu übermalen. Wie alle Kinder gab auch Michael sich selbst die Schuld an Streit und Unglück seiner Eltern, und irgendwann, als es ihm zu viel wurde, kroch er tief in sich hinein. Flach atmen und wenig an sich heranlassen. Stand-by-Modus als Überlebenssystem.

Soweit nichts Besonderes. Kinder in belasteten Nachkriegsfamilien gab es viele – kleine Menschen mit großen Fähigkeiten der Selbstberuhigung, der Selbstbetäubung. Indianer weinen nicht. Man ist schließlich nicht aus Zucker. – Reden wir lieber über die hellen Seiten in Michaels Kindheit. Natürlich wurde in dieser Familie auch gelacht. Der Junge genoss seine Lieblingsspeisen, seine Lieblingsbücher, er freute sich über neues Wissen und über die Tatsache, dass er ständig wuchs und stärker wurde. Die Eltern lobten gute Schulnoten und Erfolge im Sport. Sie liebten ihren Sohn, genauso die Großeltern. Michael war der Hoffnungsträger der Familie. Täglich hörte er von den Erwachsenen den Satz: »Du sollst es einmal besser haben«.

Kein Mangel an Geschenken

Obwohl das Geld eigentlich nie reichte, mangelte es nicht an Spielzeug und anderen Dingen, an denen ein Kind Freude hat: Rollschuhe, Roller, Hula-Hoop-Reifen, Legosteine, Wiking- und Schuco-Autos, eine Eisenbahn von Märklin, Fußbälle, ein Fahrrad und die Kosmos-Experimentierkästen für Chemie und Physik. Er fuhr in eine Kinderkur, machte Ferien in Sommerlagern, bekam Sprachtherapie, wurde Mitglied im Turnverein und später im Fußballverein. »Fast jedes Wochenende unternahm mein Vater einen Ausflug ins Alte Land an die Elbe. Er nahm mich auch zum Fußball mit«, erinnert sich Brenner. »Ich dürfte mich über meine Kindheit nicht beklagen«. Gehe er von der Fürsorge und den vielen guten Absichten seiner Eltern aus, sagt er, müsste er eine glückliche Kindheit gehabt haben. Aber er erinnere sich an völlig entgegengesetzte Gefühle. Irgendetwas sei da noch gewesen, mehr als nur die Armut, die vielen Konflikte der Eltern und ihr persönliches Unglück. Die Nachkriegswohnung von 1951, die seine Eltern nie mehr verließen, war für ihn kein Zuhause. Geborgenheit empfand er dort nicht. Schon früh begann er, sich nur auf sich selbst zu verlassen. »Schon immer habe ich gedacht: Ich will da weg!«, erzählt er. In der Pubertät wuchs sein Freiheitsdrang in dem Maß, wie er sich emotional von seiner Familie entfernte. Mit 14 Jahren ließ er sich kaum noch etwas sagen. Mochte der Vater noch so oft drohen, »Du kommst in ein Heim« – Michael wusste, es war heiße Luft. Er ließ die Beschimpfungen einfach an sich abtropfen, denn mit der Zeit hatte er »autarke und ein wenig autistische Tendenzen« entwickelt, wie eine für ihn typische Selbstanalyse lautet.

Eigenes Geld war ihm wichtig. Während seiner Schulzeit jobbte er. Im Hamburger Hafen wurde nächtliches Kistenschleppen gut bezahlt. Davon kaufte er sich eine teure Stereoanlage und Bücher. Der Satz »Du sollst es einmal besser haben«, der ihn als Kind verunsichert hatte, weil er darin einen Anspruch spürte, dem er nie würde genügen können, war nun Ansporn und Rechtfertigung zugleich. Ein schlechtes Gewissen ließ er sich nicht mehr einreden, auch in der Schule nicht – das war entscheidend, andernfalls hätte man ihm womöglich dort das Rückgrat gebrochen. Sein Hamburger Gymnasium beschreibt er heute mit drastischen Worten: »Die ganze Schule stank nach Selbstgefälligkeit, autoritärem Verhalten und Sadismus. Und es roch wirklich in diesem Schulgebäude, ein eigenartiger Geruch, wenn nicht gar Gestank, eine Mischung aus Bohnerwachs und Angstschweiß durchströmte alle Räume.«[20] Michael, gerade der väterlichen Aufsicht und Bevormundung entronnen, fand sich als Oberschüler in einem totalitären System wieder. Aber er war nicht mehr allein.

Die Jugendrebellion, die später unter dem Begriff »1968« legendär wurde, streckte schon ab Mitte der sechziger Jahre ihre bunten Fühler nach Jugendlichen aus, die ihre autoritären Lehrer wie ihre autoritären Eltern satt hatten. Die Zeit war reif für Sex, Drugs and Rock'n Roll. Wie ein Flächenbrand breitete die neue Musik sich aus: Beatles, Rolling Stones, The Who, Kinks, Dave Dee, Doors, Herman's Hermits, Hollies, Mamas and Papas, und wie sie alle hießen. Das Neue war, dass sich nun Gruppen und nicht nur Einzelne einen Namen machten. Ihre Botschaft: Gemeinsam sind wir stark. Die Rock- und Pop-Gruppen verbreiteten Unbekümmertheit. Sie versorgten die westliche Jugend mit einem Wir-Gefühl, es schwappte hinüber auf die andere Seite des Eisernen Vorhangs, wirkte ansteckend, veränderte die Musik in der DDR. Auch dort verhalf sie den Jugendlichen zu einer eigenen Kultur, die subversivste Kraft überhaupt, vor der irgendwann selbst die SED kapitulierte.

Die neuen Songs der sechziger Jahre hatten die Macht, Millionen junge Menschen miteinander zu verbinden, die vor allem eines wollten: nicht so werden wie ihre Eltern. »Die Musik war innovativ, lebendig und aufrührerisch«, erzählt Michael Brenner. »Sie führte uns in einen unglaublichen Reichtum an Gedanken und Gefühlen. Ich erinnere diese Zeit wie einen Quantensprung.« Wie weggefegt war die bleierne Zeit, als man mit der Familie auf der Couch saß, Salzstangen knabberte und sich im Fernsehen Sendungen wie »Mainz wie es singt und lacht« ansah.

Bob Dylan und Joan Baez

Als Schüler faszinierte Brenner die Poesie eines Bob Dylan, einer Joan Baez. Er hörte sich ihre Liedertexte genau an – sie sangen von der Sehnsucht nach einer anderen, einer neuen Gesellschaft. Mit 17 Jahren wurde er Mitglied einer sozialistischen Basisgruppe, wo man versuchte, die Revolution auf Flugblättern herbeizurufen. Zu diesem Zeitpunkt hatte sich Brenner schon weit von seiner Familie entfernt. Weihnachten verbrachte er nicht mehr zu Hause, Goodbye Tannenbaum, er war lieber mit seinen Freunden unterwegs. Der Kontakt zu Vater, Mutter und Schwester beschränkte sich auf das Notwendigste.

Dann der Tod des Berliner Studenten Benno Ohnesorg. Der Schüler Michael trat in eine neue Phase ein, er wurde Demonstrant. Nach den Schüssen auf Rudi Dutschke schloss er sich spontan denen an, die meinten, die Auslieferung der Bild-Zeitung in Hamburg müsse blockiert werden. Er wurde verhaftet, sein Vater musste ihn aus der Polizeikaserne abholen. »Meine Mutter hat das nie erfahren. Mein Vater und ich haben deshalb auch nicht gestritten«, erzählt Brenner. »Das Einzige, was er dazu sagte, bezog sich auf die Polizisten: ›Wenn sie dir etwas getan hätten, hätte ich geschossen!‹ Später machte ich mir einen Reim darauf. Nach seinem Tod habe ich seine Pistole gefunden. Die habe ich dann in einem Kanal versenkt …«

Jetzt erst wird mir klar, was er am Anfang unseres Gesprächs mit dem Erbe seines Vaters gemeint hat. Auch Karl Brenner war ein Kämpfer gewesen, und dies keineswegs im übertragenen Sinn.

Im Krieg gehörte er den Fallschirmjägern der Wehrmacht an, er war zum Nahkämpfer ausgebildet worden. Als Michael noch Kind war, hatte ihm der Vater gelegentlich von seiner Zeit als Soldat erzählt. Der Sohn hatte sich ein bisschen geadelt gefühlt, denn dies war stets »ein Gespräch unter Männern« gewesen, das die Mutter und erst recht die kleine Schwester ausgeschlossen hatte. Er habe alles gut behalten, sagt Brenner, er habe damals gespürt, wie wichtig es dem Vater gewesen sei, sich ihm mitzuteilen.

Karl Brenner starb 1981 an einem Herzinfarkt, dem vierten. Im Nachlass befanden sich drei Tapferkeitsauszeichnungen, von denen er seinem Sohn nie erzählt hatte. Auch ein zugeklebter Umschlag lag dabei, er enthielt einen Brief in französischer Sprache, handschriftliche Notizen und einige Schwarzweiß-Fotos von einer Frau. Offenbar hatte der Vater im Krieg eine Freundin gehabt. Warum auch nicht, dachte sein Sohn, damals 30 Jahre alt, und ging dem nicht weiter nach. Er vergaß den Umschlag wieder. Genauso wenig interessierten ihn das Eiserne Kreuz und die anderen Orden. Er hatte den Wehrdienst verweigert, die Welt des Militärischen war für ihn ohne Bedeutung. Das änderte sich erst nach dem Zeitzeugen-Interview. Seitdem hat er den Wehrmachtshintergrund seines Vaters erforscht. Noch ist es ein Puzzle mit Leerstellen, kein vollständiges Bild, und doch reicht es, denn es hat Michael Brenner klar gemacht: Ich habe meinen Vater vorher überhaupt nicht gekannt.

Himmelfahrtskommando

Karl Brenner, Jahrgang 1916, hatte sich offenbar schon vor dem Krieg freiwillig zur Luftwaffe gemeldet und kam später als Mitglied der Elitetruppe an die Westfront. Wie sein Sohn herausfand, wurde er bei Sonderkommandos in Belgien und Frankreich eingesetzt. Es wurden jeweils 30 Fallschirmspringer in Lastenseglern auf die andere Seite der Front geflogen, mit dem Auftrag, hinter den Kampflinien abzuspringen, um dort gemeinsam strategische

Ziele wie Brücken oder Kraftwerke anzugreifen. Michael Brenner erzählt, es habe sich um Himmelfahrtskommandos gehandelt – daher die Orden – und Gefangene seien nicht gemacht worden. Sein Vater sei zum Killer ausgebildet worden, allerdings auch zum Sanitäter, um die eigenen Leute zu versorgen. Der Krieg im Westen, fügt er hinzu, habe sechs Wochen gedauert und am Ende sei sein Vater zum Unteroffizier befördert worden. Wenn Karl Brenner später in Hamburg seinem Kind vom Krieg erzählte, sagte er oft, die Jahre in Nordfrankreich und Belgien seien die glücklichsten seines Lebens gewesen.

Als Sohn Michael in der Wehrmachtsauskunftsstelle nachforschte, stellte sich heraus: Die Beförderung 1940 zum Unteroffizier in Stabsfunktion ist noch vermerkt, aber dann verschwinden alle Spuren. Karl Brenner taucht in den Akten erst wieder mit der Entlassung aus der englischen Gefangenschaft auf. »Er hat mir als Kind erzählt, er habe kurz vor Kriegsende noch die Zeit gehabt, alle Akten zu vernichten«, erinnert sich sein Sohn. »Auch sei er – für einige Stunden oder gar einen Tag – der letzte Stadtkommandant von Brüssel gewesen, als die höheren Tiere alle schon geflohen waren.« Und noch etwas anderes ist ihm im Gedächtnis geblieben: »Mein Vater hat die Lage so dargestellt, als habe er in seinem Büro auf dem Stuhl gesessen und ruhig gewartet, bis die Engländer ihn gefangen nahmen. Heute weiß ich, es hat in Brüssel einen dreitägigen Endkampf gegeben. Das alles weckte natürlich mein Misstrauen.«

Brenner versucht bis heute, sich einen Reim darauf zu machen, warum sein Vater, der ja nachgewiesen ein erfahrener Kämpfer war, nicht beim Russlandfeldzug eingesetzt wurde. Wie schaffte er es, die ganzen Jahre in Belgien und Nordfrankreich zu bleiben? Womit machte er sich unentbehrlich? »Was immer er konkret getan hat, wahrscheinlich hat er einen guten Job gemacht«, stellt Michael Brenner nüchtern fest, »sonst wäre er ja wohl an die Ostfront abkommandiert worden.« Er geht davon aus, dass Belgien in der Besatzungszeit von nur knapp 1000 Deutschen verwaltet wurde. Ihre wesentlichen Ziele waren die Rekrutierung von Zwangsarbeitern, die Deportation der Juden und die wirtschaftliche Ausbeutung zugunsten der deutschen Kriegswirtschaft und zur Versorgung der deutschen Bevölkerung.

Auch ich versuchte mir nach unserem Gespräch vorzustellen, wie die Aufgaben seines Vaters in Brüssel ausgesehen haben könnten. Ich dachte, man muss ja nicht immer das Allerschlimmste annehmen, und konzentrierte ich mich auf den Raubkrieg, auf das Auspressen des ganzen besetzten Landes und seiner Bewohner. In dem Buch »Der Volksstaat« von Götz Aly entdeckte ich Grafiken aus dem Geheimbericht des deutschen Militärverwaltungschefs in Belgien, Überschrift: »Belgiens Leistungen für die deutsche Kriegswirtschaft«, Stand: 1. März 1942.[21] Anschaulich wie in einem Bilderbuch wird dargestellt, dass Belgien Gold im Wert von 335 Milliarden Reichsmark »geliefert« hat und dass noch weitere 223 Milliarden zu erwarten sind. Wir sehen auf der linken Seite des Blattes einen ansehnlichen Stapel Goldbarren – das belgische Gold – und rechts zum Vergleich einen kleinen Haufen, nämlich der »ausgewiesene Goldbestand der Reichsbank, 76 Milliarden Reichsmark.«

Wie Besatzer ein Land ausräubern

Unten auf dem Blatt, mit der Überschrift »Wert des Feind- und Judenvermögens«, wird die Summe von 700 Milliarden Reichsmark angegeben; sie wird verglichen mit dem Aktienkapital der »I.G. Farbenindustrie AG.« in Höhe von 800 Milliarden Reichsmark. Zwei Abbildungen von fast gleich hohen und sorgfältig geschnürten Geldscheinstapeln machen die erfreuliche Lage auf einen Blick deutlich. Man kann sich leicht vorstellen, wie viel Wohlwollen dieser geheime Wehrmachtsbericht bei den Räuberhäuptlingen in Berlin auslöste.

Und dann, auf der nächsten Seite, die Dokumentation eines weiteren Meisterstücks deutscher Besatzungsverwaltung. Es geht um die Lebensmittelrationierung, Überschrift: »Verhältnis des Verzehrs von Nahrungsmitteln in Belgien«. Verglichen wird der Verbrauch des Jahres 1938 mit dem von 1941. Überaus anschaulich sind die Bilder. Großer Kartoffelsack neben kleinem Kartoffelsack, normales Brot neben kleinem Brot, große Wurst neben Miniwurst. Unübersehbar ist die Tüchtigkeit der deutschen Wehrmacht in Belgien. Der Verbrauch von Tabak ging auf etwa ein Drittel zurück, von Kartoffeln auf ein Viertel, von Brot auf ein Fünftel, von Bier ebenfalls, Fleisch auf ein Sechstel – Kaffee und Fette sind kaum noch vorhanden.

Götz Aly brachte das aufschlussreiche Dokument in einem Kapitel unter, dem er die Überschrift »Schlemmerlokale in Belgien« gab. Dort steht zu lesen, Hermann Göring habe im Frühjahr 1943 verlangt, dass »in Belgien das optische Bild der Einzelhandelsgeschäfte und Vergnügungslokale auf einer nahezu friedensmäßigen Stufe belassen werde«. Demnach seien »Schlemmerlokale, Bars und sonstige Vergnügungsstätten« im besetzten Europa dann nicht zu schließen, »wenn sie« – immer noch O-Ton Hermann Göring – »von deutschen Soldaten zur Ablenkung oder Auffrischung besucht werden oder werden können.«[22]

Immer wieder habe ich als Jugendliche von ehemaligen Wehrmachtsangehörigen gehört, sie hätten im westlichen Besatzungsgebiet gelebt »wie Gott in Frankreich«. Kein Wunder also, dass auch Karl Brenner seinem Sohn gegenüber häufig die Zeit in Belgien als »die glücklichsten Jahre seines Lebens« bezeichnete. Michael Brenner ist davon überzeugt: Viele, viele Stunden wird der Vater – allein in seinem freudlosen kleinen Zimmer in Hamburg – mit seinen schönsten Erinnerungen verbracht haben. »Als Kind habe ich ihn dabei mehrfach überrascht«, erinnert sich der Sohn, »und immer wirkte er ganz weit weg. Heute weiß ich: Er war in Brüssel, er war bei Yvonne und dem Kind.«

Die Geschichte von Yvonne und Karl

Yvonne ist der Name von Vaters Freundin. Der Sohn kennt ihn erst seit wenigen Jahren, seit er auf die Idee kam, sich den Inhalt des Briefumschlags aus dem Nachlass genauer anzusehen. Abgegriffene Schwarzweiß-Fotos erzählen von Karl Brenners glücklichsten Lebensumständen und wie sehr er sich danach zurücksehnte. Eines der Fotos zeigt ihn als deutschen Offizier mit einer schönen Frau an seiner Seite. Sie trägt elegante Kleidung, einen taillierten Mantel mit Pelzbesatz, einen riesigen Hut. Arm in Arm gehen sie über einen Brüsseler Boulevard. Sie sind ein Paar, ein vertrautes Paar, gut situiert, auf der Höhe der Zeit.

Karl Brenner war einmal ein ganz anderer gewesen, ein stolzer, selbstbewusster Mann. »Mich berührt dieses Foto sehr«, sagt sein Sohn. So kannte er seinen Vater nicht, mit diesem Körperausdruck von Zufriedenheit und Glück. Es besteht für ihn kein Zweifel: »Mein Vater hat mehrere Jahre in Brüssel mit Frau und Kind gelebt, er hatte schon eine Familie, bevor es meine Mutter, meine Schwester und mich in seinem Leben gab. Wir, die Nachkriegsfamilie, waren nie ein adäquater Ersatz.«

Mag sein, dass der kleine Junge auf den anderen Fotos sein Halbbruder ist, vielleicht war er allein Yvonnes Kind. Michael Brenner wird es nicht mehr klären. Aber anderes fügt sich nun zusammen. Aus Briefen und handschriftlichen Notizen geht hervor, dass der Vater 1961 in Brüssel war. Michael Brenner erinnert sich sogar an diese Reise. Anlass war ein Spiel des Hamburger Sportvereins, ein damals legendäres Fußballereignis im Europacup. Der Zehnjährige verstand nicht, warum der Vater ihn nicht mitnahm, denn üblicherweise durfte er den Vater zu allen wichtigen Fußballspielen begleiten.

Im Nachlass befand sich ein Brief von Louis, Yvonnes Sohn, eine Reaktion auf Karl Brenners Besuch in Brüssel 1961. Louis schrieb an Stelle seiner Mutter, die kein Französisch konnte, denn offenbar war sie Flämin. Mehr erfahren wir nicht über die Beziehung zwischen Karl und Yvonne. Alles andere sind Interpretationen und Spekulationen.

Auf einem vergilbten Zettel entdeckte Michael Brenner eine Brüsseler Anschrift, daher glaubt er zu wissen, wo Karl und Yvonne im Krieg wohnten. Vor drei Jahren ist er dem nachgegangen. Er findet das Haus als Teil einer Häuserzeile aus den zwanziger Jahren. Die Nr. 114 ist ein Eckgebäude. Nebenan ein heruntergekommenes 2-Sterne-Hotel. Michael Brenner quartiert sich für eine Nacht ein. »Erst als ich nachts im Bett liege, wird mir richtig bewusst, dass einige Meter weiter hinter den Wänden mein Vater gelebt hat«, schreibt er in seinen Erinnerungen. »Es ist eine seltsame Nacht, denn ein wenig beherrscht mich dieses Gefühl, als tue ich etwas fürchterlich Verbotenes, aber nie habe ich mich meinem Vater so nahe gefühlt wie in diesen Stunden.«[23]

Wie viel muss man über seinen eigenen Vater wissen, bis man weiß, wer er war? »Bis vor kurzem habe ich nicht einmal gewusst, dass mein Vater Französisch sprach«, sagt Michael Brenner. »Wenn ich mir die Fotos anschaue, dann denke ich: Mein Vater hat es nicht verwunden, diese Frau und das Kind zu verlieren. Das gute Leben war vorbei. Mit 30 wurde seine Lebensuhr auf Null zurückgestellt: Jetzt fährst du nach Hause. Jetzt bist du der Verlierer.« Mit seinem heutigen Kenntnisstand, erklärt der Sohn, könne er Karls lebenslange Wut auf ihr armseliges Leben in Hamburg-Horn besser verstehen. Die Mutter, ein ehemaliges Kriegskind und selbst von den Spätfolgen beeinträchtigt, war zu schwach, um ihrem fast zwanzig Jahre älteren Ehemann Grenzen zu setzen.

Das Sterben vor dem biologischen Tod

Anfang der fünfziger Jahre erlitt er seinen ersten Herzinfarkt, dem drei weitere folgten. Alle Risikofaktoren trafen auf den Patienten zu: Rauchen, Alkohol, Übergewicht und Stress. Seine Wutanfälle trieben den Blutdruck in die Höhe. Sein Sohn vermutet, irgendwann habe Karl Brenner resigniert und aufgegeben. »Schon lange vor seinem biologischen Tod ist er psychisch und sozial gestorben«, stellt Michael Brenner fest. »Ich habe es immer gespürt, aber nie so aussprechen können wie heute.« Erst jetzt kann er sehen, dass sein Vater um viele Jahre seiner Jugend betrogen wurde und welchen Preis er für sein anfängliches Lebensglück zahlte. Darum sieht er ihn nicht nur als Täter, sondern auch als ein Opfer des Krieges. Die Jahre in der Wehrmacht haben, wie der Sohn es sieht, Karl Brenners Persönlichkeit, seinen Charakter und sein Sozialverhalten beschädigt. Mental ist er nie in der Bundesrepublik angekommen.

Aber, betont Brenner, die komplette Sicht auf seinen Vater sei ihm wichtig. Der sei eben nicht nur Opfer gewesen. Er gehörte zu den Tätern. »Er kämpfte nicht für die Nazis, er kämpfte als Nazi.« Brenner ist davon überzeugt: Diese Aussage trifft auf neunzig Prozent aller Väter in den entsprechenden Altersgruppen zu.

Wir kommen noch einmal auf seine dünnen Kontakte zu seiner Herkunftsfamilie zu sprechen. Michael Brenner sagt, er habe diese Entscheidung schon früh getroffen. Spätestens nach seinem zwanzigsten Geburtstag habe er sich für sein Leben selbst verantwortlich gefühlt. Er zweifelt nicht an den guten Absichten seiner Eltern. »Sie werden getan haben, was ihnen möglich war und so gut wie sie es eben konnten.« Ihnen die Schuld für eigene Misserfolge und Defizite zu geben, lehnt er ab. Er macht keine Vorwürfe – er sieht Prägungen und früh gelernte Muster. Freimütig bekennt er sich zu seinen »autistischen Phasen« – Reste eines Überlebensprogramms aus Kindheit und Jugend. Es kann geschehen, dass er sich ein halbes oder dreiviertel Jahr zurückzieht, wenig soziale Kontakte hat. Depressiv sei er dann nicht, versichert er, sondern er kreise dann um sich selbst.

Tendenziell sieht er sich als Einzelgänger. Seine Ehe ist gescheitert, er war mit einer sehr viel jüngeren Ausländerin verheiratet. »Natürlich denkt man da an den eigenen Vater«, fügt er hinzu. »Diese Analogien sind mir schon bewusst. Und was meine Kinderlosigkeit betrifft: Kinder hätte ich mir vorstellen können, aber ich brauchte keine. Für Familie fehlten mir die positiven Vorbilder.« Als sein Vater 1981 starb, sei es für ihn eine Befreiung, aber auch ein Verlust gewesen. »Doch, ich war auch traurig, ich habe schon an ihm gehangen«, bekennt er. »Mein Vater hat viel für mich getan, er hat den Schulerfolg ermöglicht, er hat mich lange im Studium unterstützt, obwohl wir sehr kontroverse Ansichten hatten.«

Große Probleme mit Autoritäten

An der Universität begann Michael Brenners Entwicklung zum intellektuellen Kämpfer. Das ist ihm geblieben bis heute, darauf kann er sich verlassen, vor allem, wenn es darum geht, sich von Autoritäten abzugrenzen. »Mein Leben lang habe ich Probleme mit Vaterfiguren und mit Autoritäten.« Bei ihm klingt es so, als wäre er sogar ein bisschen stolz darauf. »Sie können mich nachts um 3 Uhr aus dem Tiefschlaf wecken und ich kann jeden moralisch und intellektuell zerlegen. Damit stehe ich keineswegs allein da. Viele in meiner Altersgruppe haben auf Grund ihrer frühen Konditionierung, das ist mir bewusst, diesen Drang, sich an Autoritäten abzuarbeiten.« Insgesamt ist sein Blick auf die »Kinder der Verlierer« ein wohlwollender.

> Sehe ich mich im Freundeskreis um, so hat meine Generation ihr Ziel erreicht. Wir sind nicht so geworden wie unsere Eltern. Aber die Gegenwart hat auch nichts mehr mit der Nachkriegszeit zu tun. Meine Generation muss keine Untaten verdrängen.[24]

Michael Brenner ist ein Freund deutlicher Worte. Vielleicht hat er ja auch das von seinem Vater geerbt, der nie ein Blatt vor den Mund nahm. Keine Frage, er tat es verletzend, häufig in einer üblen Soldatensprache, aber er war nicht das Fähnchen, das sich nach dem Wind dreht. Und wenn wir schon beim Positiven sind: Karl Brenner schenkte Michael in der Kindheit die schönsten und dramatischsten Fußballereignisse. Spätestens seit dem Film »Das Wunder von Bern« wissen wir: So etwas ist ein Schatz fürs Leben. So etwas vergisst ein Sohn seinem Vater nie.

Manche Soldatenväter waren lieblos, hart, ausschließlich auf sich selbst bezogen und niemals nur eine Sekunde entspannt. Auch wenn es im Gegensatz zu einer weit verbreiteten Therapeutenmeinung steht: Über manche Väter lässt sich einfach nichts Gutes sagen. Einen solchen Vater muss man nicht lieben. Ein solcher Vater wird oft gehasst. Darüber hinaus gibt es die Töchter und Söhne, die gar nicht anders können, als ihren Vater zu lieben. Sie sagen: Er hatte bestimmt auch gute Seiten, ich kann sie nur nicht erkennen, auch er wird sein Päckchen zu tragen gehabt haben. Wer weiß, was ihn zu der Person machte, die er uns gezeigt hat. Daher: Was immer er mir angetan hat – Schwamm drüber, das Leben wird vorwärts gelebt … So funktioniert Verdrängung, und ohne die Fähigkeit zu verdrängen, würden Menschen ihr Leben nicht meistern können. Aber Verdrängung funktioniert nicht zu jeder Zeit; mit zunehmendem Alter wird es schwieriger, sie aufrechtzuerhalten, ohne dass die seelische Gesundheit Schaden nimmt. So kann es geschehen, dass sich die Selbstberuhigung als fauler Frieden erweist, der im Unterbewusstsein so lange gärt, bis die Seele erkrankt, an einer Depression zum Beispiel.

Ein Suizid vor 2000 Menschen

Bei der Journalistin Ute Scheub stand am Anfang der Reise mit der Überschrift »Wer war mein Vater?« keine Lebenskrise, sondern ein Fund auf dem Dachboden des Elternhauses. Ihr Buch »Das falsche Leben« handelt zu großen Teilen von den Ermittlungen über einen Nazi-Vater und damit von Ermittlungen in eigener Sache. Schon immer hatte sie sich intellektuell mit der Nazizeit beschäftigt, aber nicht im Kontext mit ihrer persönlichen Geschichte. Nun war die Zeit reif.

Sie hat sich mit dem Charakter des Vaters auseinandergesetzt, sie hat akribisch dessen NS-Hintergrund recherchiert und alle Schritte nachvollziehbar beschrieben. Mich faszinierte, wie sie jedem Hinweis nachging, wie sie ein Mosaiksteinchen nach dem anderen ausgrub, Fakten und Indizien, die am Ende zwar noch kein komplettes Bild ergaben, aber doch sehr weitgehend Person und Leben des Vaters begreifbar machten. Er gehörte nicht zu den NS-Berühmtheiten, er war einer unter vielen Nazis gewesen, doch gelang ihm eine Inszenierung, die ihn für kurze Zeit ins Rampenlicht der Öffentlichkeit stellte. 1969 nahm er sich auf dem Evangelischen Kirchentag in Stuttgart während einer Veranstaltung mit Günter Grass vor 2000 Menschen das Leben. In seinen letzten Worten grüßte er seine »Kameraden von der SS«, dann schluckte er Zyankali. Günter Grass schrieb darüber in seinem »Tagebuch einer Schnecke«; er gab dem Apotheker aus Tübingen den Namen Manfred Augst*, den später auch seine Tochter Ute übernahm.

Ich erinnere mich an den Selbstmord. Ich hörte davon, als ich mit Anfang 20 als Redakteurin beim »Kölner Stadt-Anzeiger« arbeitete. Und ich habe noch im Ohr, wie sich ein väterlicher Kollege dazu äußerte: »So muss man es machen, wenn man die eigenen Kinder dazu bringen will, sich ein Leben lang ungut mit ihrem Vater zu beschäftigen.«

Der Alptraum vom Keller des Vaters

Der Name Ute Scheub stand ganz oben auf der Liste der Menschen, die ich für mein Projekt »Nachkriegskinder« zu interviewen wünschte. Es interessierte mich, etwas über die Auswirkungen ihrer 2006 veröffentlichten Vatersuche zu erfahren. Dahinter stand, platt ausgedrückt, die Frage: Hat sich für sie der ganze Aufwand überhaupt gelohnt – vor allem der emotionale Aufwand? Wobei mir klar ist, dass Söhne und Töchter, die Familiengeheimnisse aufzudecken versuchen, in der Regel nicht die Wahl haben, es zu tun oder zu lassen. Sie tun es, weil sie nach einer längeren Phase der Unentschiedenheit merken: Sie können gar nicht anders. Häufig drücken sich die inneren Konflikte in Träumen aus, wovon auch Ute Scheub nicht verschont blieb.

Mir träumte, ich würde eine glitschige Kellertreppe hinuntersteigen, immer tiefer ins Dunkel, bis ich an eine geschlossene Tür gelangte. Eine Art Stahltür, doppelt dick und dreifach gesichert. Eine Tresortür oder Bunkertür. Ich wollte nachschauen, was sich dahinter verbarg. Ich wusste: etwas unaussprechlich Entsetzliches. Alles um mich herum stank, moderte und faulte. Ich hatte grauenhafte Angst, die Tür zu öffnen. Aber ich wollte es. Schließlich überwand ich mich und versuchte, die Türklinke hinunterzudrücken. Die Tür war verschlossen. Plötzlich spürte ich die Anwesenheit meines Vaters in meinem Rücken. »Das ist verboten!« schrie er. »Hau ab hier! Das geht dich gar nichts an!« Und ich floh, so schnell ich konnte.[25]

Am Telefon sagte mir Ute Scheub, mehr als eine Stunde könne sie nicht einplanen, da sie am nächsten Morgen mit der Familie in die Ferien aufbreche, sie sei einfach nur urlaubsreif. Doch während unseres Gesprächs im Sommer 2010 in Berlin wirkt sie auf mich überhaupt nicht abgekämpft und auch nicht verschattet durch die Geschichte ihres Vaters. Da sitzt eine Frau von Mitte fünfzig, sie trägt ein Sommerkleid, sie freut sich auf das Naheliegende, auf den Urlaub, und hat doch nichts dagegen, dass wir gemeinsam für eine begrenzte Zeit in Abgründe abtauchen.

Lücken in den Nachforschungen

Ich möchte gern wissen, wie es ihr während ihrer Buchrecherchen ging. Gab es eine Phase, in der sie körperlich oder seelisch so aus dem Gleichgewicht geriet, dass sie das ganze Vorhaben abbrechen wollte? Nein, sagt sie, Aufhören sei nicht in Frage gekommen, aber Pause machen. »Das Ganze ist mir zwischendurch schwer an die Nieren gegangen«, berichtet sie. »Es hat sich vor allem in Alpträumen geäußert. Ich bin regelmäßig durch Scheiße gewatet, durch braune Scheiße!« Sie sagt es mit einem leisen Lachen. »Das war offensichtlich die Metapher für mein Unterbewusstsein, diese Nazisache zu verarbeiten oder nicht zu verarbeiten.« Dann wird ihre Stimme ernst: »Ich meine, was damals geschah, es bleibt doch unfassbar. Was an Verbrechen möglich war und wie leicht es die Täter hatten. Wie dünn diese Kruste der Zivilisation ist. Es macht auch grundsätzlich Angst, dieser Vulkan, der unter so vielen Gesellschaften lauert ...«

Ihres Vaters Name ist im Zusammenhang mit Massenmord nicht aufgetaucht. Ob Manfred Augst dennoch ein Kriegsverbrecher war? Ute Scheub weiß es nicht; zu groß sind noch die Lücken in ihren Nachforschungen. «Ich bin etwas frustriert, weil ich über seine Endzeit als Soldat nichts herausbekommen habe«, erklärt sie freimütig. »Da bin ich nach wie vor überzeugt, dass er schlimme Sachen gemacht hat. Es handelt sich um ein Gefühl, mehr nicht, und um einige, wenige Indizien. Über seine Zeit in Italien ist kaum etwas archiviert. Keine Unterlagen, keine Spur – außer, dass er eine gefälschte Bescheinigung besaß, wonach er zu den Partisanen übergelaufen war.«

Manfred Augst wurde 1913 geboren. Einen Mitläufer kann man ihn nur schwerlich nennen. Er trat in die SS ein, er studierte Rassekunde. Sein Wunsch, das Arische im deutschen Volk zu veredeln, muss groß gewesen sein. Am liebsten wäre er »Zuchtwart« geworden – ein Begriff, auf den Ute Scheub in ihres Vaters Unterlagen stößt. »Zuchtwart« gehörte nicht zur Terminologie des Nationalsozialismus, offenbar handelt es sich um eine Wortschöpfung des Rassenfanatikers.

Spezialist im Umgang mit Sprengstoff

Als der Krieg ausbrach, meldete er sich zur Waffen-SS und wurde dort wegen einer Sehschwäche abgelehnt, was ihn, wie die Tochter vermutet, tief gekränkt haben muss. Sie hat seine Spuren und Stationen in der Wehrmacht verfolgt. Zuletzt war er in Norditalien eingesetzt, ein Spezialist im Umgang mit Sprengstoff. Karriere machte er weder als SS-Mann noch als Soldat. Seine Tochter hat eine Erklärung dafür: »Er war ja Gott sei Dank so querulatorisch, dass er nicht hochgekommen ist.« Nach dem Krieg ermöglichte ihm eine Teilamnestie den Schritt zurück ins bürgerliche Leben. »Rassekundler« wurden nicht mehr gebraucht. Er studierte Pharmazie. Wie seine Tochter ihn beschreibt, war er ein Mann voller Widersprüche: Nazi, Christ und Pazifist.

Er brachte sich um, als Ute 13 Jahre alt war. 35 Jahre später findet sie auf dem Speicher Dokumente, Tagebuchnotizen, Manuskripte und eine große Zahl von Abschiedsbriefen, die vor allem eines offenbaren: einen Mann, dessen Gedanken ständig um sich selbst kreisen – mit Inhalten, die für die Außenwelt kaum nachvollziehbar sind. In einem seiner Abschiedsschreiben heißt es:

> Ich will beweisen, wie es einem heute geht, wenn man seinem Inneren folgt, und zeigen, wie es sein müsste, wenn Christentum und Menschlichkeit echt wären. Einander richtig antworten, doch Wort und Tat in die Antwort sich selber hineingeben, mit Haut und Haar, mit Sex und Seele. Das ist mein Rezept.

Seine Tochter, die dies zum ersten Mal liest, ist erschüttert und belustigt zugleich: »Ein Selbstmord ›mit Sex und Seele‹ – Mein Vater hat schon immer das Talent gehabt, die Dinge so unpassend wie möglich auszudrücken. Genau genommen konnte er sich überhaupt nicht ausdrücken. ›Einander richtig antworten, doch Wort und Tat in die Antwort sich selber hineingeben ...‹, einer seiner typischen Sätze. Eine Nullaussage.«[26]

Ganz anders die Tochter, ihre Sprache ist unmissverständlich: »Ich habe den mir peinlichen und mich peinigenden Vater loswerden wollen, indem ich ihn hasste. Aber Eltern wird man niemals los. Meine Bindung an diesen Vater anzuerkennen hat meinen Hass gemindert. Es war ein langer Weg.«[27]

Was ist von einem Vater zu halten, dessen zehnjährige Tochter während einer Wanderung auf einem Gletscher plötzlich in Richtung Abgrund abrutscht, im letzten Moment von einem anderen Wanderer gerettet wird, nachträglich vor Todesangst zittert und vom Vater zu hören bekommt: »War doch nichts, stell dich nicht so an!« Erst die erwachsene Tochter begreift, wie gleichgültig sie ihrem Vater gewesen war. Manfred August fand, das weibliche Geschlecht sei dem männlichen geistig unterlegen. Seine Tochter beschreibt, wie er seine Ehefrau ständig mit Vorwürfen überhäufte: Du kannst nichts. Du bist dumm. Du bist geschwätzig. Ihre Mutter nennt Ute Scheub dankbar »eine große Beschützerin«. Hinter dem Rücken des Vaters verbündete sie sich mit ihren vier Kindern – dem offenen Konflikt fühlte sie sich nicht gewachsen. Als Ute vom Tod ihres Vaters erfährt, kann sie ihr Glück nicht fassen: Sie ist ihn endlich los – wie oft hat sie sich das gewünscht! Vorbei ist die Zeit mit einem Vater, der seine Kinder nur mit Geringschätzung behandelte. »Ihr seid zu laut, ihr gehorcht nicht, ihr vergesst eure Pflichten, ihr helft nicht im Garten, ihr seid dumm, ihr habt eine Zwei geschrieben statt einer Eins«, zitiert ihn seine Tochter und fügt hinzu: »Endlich war diese Vorwurfsmaschine still.«[28] Bei seiner Beerdigung bekommt Ute einen hysterischen Lachanfall, der ihr entsetzlich peinlich ist.

Ein Kind verliert den Boden unter den Füßen

Lange hält die Erleichterung nicht an. Jedes Kind fühlt sich schuldig, wenn es sich über den Tod seines Vaters freut. Ute verliert den Boden unter den Füßen. Ihre Kindheit ist schlagartig zu Ende. Sie kann sich in der Schule nicht mehr konzentrieren, schlechte Noten sind die Folge. Mit 14 Jahren ist sie auch optisch nicht wiederzuerkennen. Sie trägt nur noch schwarze Kleidung. Schon früh greift sie nach Büchern von Sartre, Camus und Simone de Beauvoir und findet im Existenzialismus eine Ersatzheimat. »Man sagte mir nach, dass ich ein fröhliches Kind gewesen sei, nun war ich eine traurige Jugendliche. Pessimismus wurde zu meinem Lebenselixier. Ich konnte um meinem Vater nicht trauern, also trauerte ich um die ganze Welt.«[29] Rückblickend wird sie erkennen, dass es ihr Lebensziel war, in allem und jedem das Gegenteil von ihrem Vater zu werden.

Als Schülerin schloss sie sich den rebellierenden Studenten an, zog mit ihnen demonstrierend durch die Straßen, übernahm deren Verachtung für deutsche Spießer, erfreute sich an Ungehorsam, schwänzte gelegentlich die Schule und rühmte die vermeintliche Freiheit der Clochards. Zum Studium ging sie nach Berlin. Dort war sie 1979 Mitbegründerin der »taz«, der ersten selbstverwalteten Tageszeitung. Die meisten Mitglieder des Redaktionskollektivs studierten noch und lebten vom Bafög. Gehälter gab es nicht. Es herrschte Aufbruchsstimmung, trotz der ökonomischen Krisen und der Tatsache, dass man selber die Toiletten putzen musste.

Ute Scheub erzählt mir, die übernommene Schuld sei bei ihr und den Geschwistern sehr ausgeprägt gewesen: »Dieses Gefühl: Wir müssen jetzt gutmachen, was der Vater als Nazi Schlimmes verursacht hat.« Im ihrem Fall handelte es sich um eine doppelte

Schuld. Lange Zeit fühlte sie sich diffus schuldig, wenn sie an seinen Suizid dachte.

> Irgendwann habe ich meinem toten Vater einen »Schuld-
> brief« geschrieben und ihn im Beisein meines ältesten Bru-
> ders in seinem Grab in Tübingen verbuddelt. Ich schrieb
> ihm, dass wir dringend innerfamiliäre Entschuldigungsver-
> handlungen gebraucht hätten. Dass ich nicht mehr bereit
> sei, seine Schuld zu tragen. Verantwortung für dieses Land,
> jawohl, aber keine Schuld. Dass die Leichen in seinem Kel-
> ler nicht meine Leichen seien, sondern einzig und allein
> seine. »Lies das gefälligst!«, rief ich, als der Brief endlich
> vergraben war, und mein Bruder lachte. Es war befreiend.[30]

Rückblickend geht sie davon aus, dass ihr Vater weder paranoid noch schizophren war. Sie vermutet eine schwere narzisstische Stö-rung und ist davon überzeugt, dass er zudem stark depressiv war. Inzwischen hat sie sich mit ihm versöhnt. Sie sagt, ihre späte Erfah-rung, Mutter zu sein, mag dazu beigetragen haben, ihren Hass langsam abzubauen und sogar gewisse mütterliche Gefühle für ihn zu entwickeln. »Nicht für den unverbesserlichen Nazi«, betont sie, »aber für das einsame Kind in dem einsamen Mann.«[31] Sie hat ihm verziehen, was er ihr angetan hat. »Doch eines kann ich meinem Vater nicht verzeihen: das, was er als aktiver Propagandist des Ras-senwahns den Opfern angetan hat, direkt und indirekt. Hier ver-läuft die absolute Grenze jeder familiären Aufarbeitung.«[32]

Wie mit neuem Sauerstoff versorgt

Als das Buchprojekt zu einem Abschluss gekommen war, hör-ten Ute Scheubs Alpträume auf. Am Tag, nachdem sie das Ma-nuskript zu Ende geschrieben hatte, hielt sie sich zufällig in Stutt-gart auf, dort, wo ihr Vater sich das Leben genommen hatte. »Ich schlief schlecht und viel zu kurz in dieser Nacht«, erzählt sie.

»Aber jedes Mal, wenn ich aufwachte, fiel mir etwas Spezielles ein, das ich mit der Arbeit am Buch zu einem Ende gebracht hatte. Und ich dachte: ABGEHAKT. Ein Rätsel, das gelöst wurde: ABGEHAKT. Und noch ein Punkt: ABGEHAKT. So ging es bis zum Morgen. Und trotz des Schlafmangels bin ich mit einer ungeheuren Energie aufgewacht. Wie mit neuem Sauerstoff versorgt. Ein starkes körperliches Gefühl. Das Buch hat mich ein Stück weit geheilt. Mein Eindruck ist: Das Gehirn hat sich umstrukturiert während meiner Recherchen.«

Fazit: Das große Schweigen kann noch viele Jahrzehnte später beiseite geschoben werden. Die Bücher von Ute Scheub und Michael Brenner machen dazu Mut.

INTERVIEW
»Die Wehrmacht war Teil des verbrecherischen Systems«
Der Historiker Sönke Neitzel über die Protokolle des Unsagbaren

Der Historiker Sönke Neitzel, geboren 1968, ist Professor an der Universität Mainz. Mehrere Bücher hat er zum Ersten und Zweiten Weltkrieg veröffentlicht. Im Frühjahr 2011 erschien das Sachbuch »Soldaten – die Protokolle vom Kämpfen, Töten und Sterben«, von Sönke Neitzel und Harald Welzer – und galt umgehend als Sensation. Der Hintergrund: Amerikaner und Briten hatten deutsche Soldaten aller Dienstgrade in der Gefangenschaft abgehört. Die wissenschaftliche Auswertung der Abhörprotokolle offenbart, was die Männer damals dachten, was sie wahrnahmen und was sie ausblendeten, und was sie ihren Frauen und ihren Kindern später *nicht* erzählten. »Dokumente des Grauens« wurden die Protokolle in einer Rezension genannt. Sie ergeben eine Mentalitätsgeschichte der Wehrmachtsangehörigen, die nach 1945 in Schweigen verfielen.

Was erfahren wir, wenn wir heute mit betagten deutschen Kriegs-teilnehmern reden?

Wir erfahren vor allem, wie ein junger Mensch von vielleicht 18 Jahren den Krieg wahrnimmt, was er auch ausblendet, und neben dieser Ausblendung bleibt ein Restbestand an Erinnerungsstü-cken übrig, und an die erinnert er sich 65 Jahre danach. Wir glau-ben vielleicht: Der lügt. Aber das tut er nicht. Wir können also bei den Berichten Rückschlüsse auf das ziehen, was die Leute zeitge-nössisch ausgeblendet haben. Menschen haben eine ganz sekto-rale Wahrnehmung und die bleibt in der Erinnerung hängen. Auf uns Historiker wirkt die meist verstörend, weil wir ganz andere Kontexte herstellen – ganz andere Fragen stellen. Aber diese Fra-gen hat man sich vor 65 Jahren nicht gestellt.

Offenbar ist es für Menschen hilfreich, sich auf diese Weise zu er-innern. Warum ist das so?

Es geht dabei um positive Sinnstiftung, wie bei jedem Menschen – um eine Sinnstiftungskonstruktion, wie wir sie alle haben. Na-türlich sieht die Forschung viele Dinge anders. Das ist aber auch nicht erstaunlich, denn wenn wir beide über unsere Ju-gendzeit sprechen und ein Historiker in dreißig Jahren darüber redet, wird der auch sagen: So, wie ihr das seht, so ist das nicht gewesen.

Warum, zum Beispiel, spricht ein ehemaliger Wehrmachtange-höriger viel über seine Erfahrungen in der Gefangenschaft, aber nur wenig über die an der Front?

Wohl deshalb, weil er sich in der Gefangenschaft als Opfer sieht. Die übliche Konstruktion ist, dass sich Soldaten nicht als Täter sehen, logischerweise nicht, auch wenn sie Täter waren. Es wird eben zuerst das eigene Leid gesehen, und das war häufig in der Gefangenschaft am größten. Das bleibt in der Erinnerung hängen. Häufig träumen diese Männer von der Gefangenschaft, aber nicht von der Zeit, als sie daran beteiligt waren, hunderte oder tausende

Soldaten und Zivilisten umzubringen. Das wird ausgeblendet. Der Tod der anderen kommt oft gar nicht vor.

Wir Nachgeborenen können uns kaum vorstellen, dass man als Wehrmachtsoldat nichts von Massenerschießungen hinter der Front gewusst hat. Aber genau das wurde uns immer wieder versichert. Wie ist der Stand der Forschung heute?
Die Forschung sagt, man hätte es wissen können. Ein wesentlicher Teil der Ermordung der Juden fand in Russland durch Massenerschießungen statt. Ein anderer Teil der Ermordung geschah in Vernichtungslagern. Natürlich ist es theoretisch denkbar, dass jemand, der als Soldat an der Ostfront eingesetzt war, nicht von den Massenerschießungen gehört hat. Es ist theoretisch denkbar, aber extrem unwahrscheinlich. Wir können gerade in den Abhörprotokollen nachweisen, wie schnell diese Gerüchte rumgingen. In den Abhörprotokollen zeigt sich: Wenn jemand von der Judenvernichtung redet, ist niemand erstaunt. Man redet über das wo oder wie, aber keiner sagt: Das glaube ich nicht.

Und wie sah es in der Zivilbevölkerung aus?
Da sagt die Forschung: Jedem war klar, die Juden kommen weg! Jeder in Deutschland konnte wissen: Sie kommen in den Osten. Jeder wusste, sie erwartet dort ein schlimmes Schicksal. Aber kommen wir noch mal auf den Wehrmachtsangehörigen zurück:
Entscheidend ist, dass er hochwahrscheinlich damals von der Massenvernichtung gewusst hat. So ähnlich, wie wir heute wissen, dass es einen Klimawandel gibt.

Das müssen Sie mir bitte erklären.
Gern. Wenn Sie im stolzen Alter von 85 Jahren ein lebensgeschichtliches Interview geben sollten, da wird Ihnen vermutlich gesagt werden: Aber Frau Bode, im Jahr 2010, da wussten Sie doch vom Klimawandel. Warum haben Sie dann nach Berlin das Flugzeug benutzt? Da werden Sie wahrscheinlich sagen – ähnlich

wie alle deutschen Veteranen: Das habe ich gewusst, aber so klar, wie wir das heute sehen, war das damals nicht, es gab ja auch Gegenstimmen, das heißt also: In Ihrer sozialen Realität spielte das überhaupt keine Rolle. Übertragen wir das mal auf einen Soldaten im Zweiten Weltkrieg an der Ostfront: Für ihn ist es wichtig, ein guter Soldat zu sein und zu überleben. Und da ist es – platt gesprochen – völlig unwichtig, ob die Juden erschossen werden oder nicht, es geht in sein Bewusstsein nicht wirklich ein.

In diesem Zusammenhang würde ich gern mehr über das Entstehen Ihres Buches »Soldaten – die Protokolle vom Kämpfen, Töten und Sterben« erfahren.
Deutsche Soldaten sind in großer Zahl in britischer und amerikanischer Gefangenschaft abgehört worden. Die höheren Ränge, die Offiziere, sind in England abgehört worden, und die »ordinary men« eher in den USA. Wir beschäftigen uns in diesem Buch mit den »ordinary men« – den ganz normalen Soldaten der unteren Ränge. Die Abhörprotokolle umfassen viele 10 000 Seiten. Einen solchen Quellenstand kann man als Einzelner gar nicht auswerten, weil man Jahre brauchen würde, um es zu lesen. Eine Forschergruppe von Sozialpsychologen und Historikern haben dieses Material unter der Leitung von Harald Welker und mir ausgewertet. Es geht in diesem Buch darum zu rekonstruieren, wie Soldaten den Krieg wahrgenommen und wie sie ihn gedeutet haben. Wir haben dafür das theoretische Modell eines Referenzrahmens entwickelt. Damit kann man meines Erachtens viel besser verstehen, wie sich im Jahr 2010 Soldaten erinnern: dass sie nicht lügen oder bewusst die Unwahrheit sagen, sondern wenn man die Erinnerung heute und den Referenzrahmen damals abgleicht, dann erkennt man starke Parallelen.

Was haben Sie herausgefunden?

Soldaten sind vor allem von ihrer sozialen Nahwelt bestimmt. Sie wollen den Krieg ausführen, so wie sie davor auch ihre Arbeit gut ausgeführt haben. Sie akzeptieren ihn, sie akzeptieren auch das Wertesystem, und danach funktionieren sie. Und danach üben sie Gewalt aus. Der Krieg schafft einen neuen Rahmen der Gewaltausübung – aber das ist völlig normal für sie, das ist nichts Außergewöhnliches. Deshalb werden die Geschehnisse auch nicht als außergewöhnlich empfunden. Als außergewöhnlich wird nur empfunden, wenn die soziale Nahwelt massiv beeinträchtigt wird, zum Beispiel die eigene Gefangenschaft. Da ist man auf einmal ein Opfer.

Welche Rolle spielte das persönliche Leid in den Gesprächen?

Aus den Abhörprotokollen geht hervor, wie oft Soldaten davon reden, was sie erlitten, durchlitten haben, zum Beispiel im Winter 1941/42 vor Leningrad. Es geht um Hunger, Gewalt, Entbehrungen. Sie sprechen aber nicht davon, was die Belagerung für die Bevölkerung von Leningrad bedeutete. Sie sind in aller Regel unpolitisch. Weltanschauliche Unterschiede spielen keine Rolle. Ein Nationalsozialist und ein Kommunist haben das Kämpfen, Töten und Sterben sehr ähnlich wahrgenommen, obwohl sie politisch völlig unterschiedlicher Meinung waren, obwohl sie den Sinn des Krieges in unterschiedliche Kontexte stellten, der eine sah die Neuordnung Europas vor sich und der andere stellte sich vielleicht vor, die Nazis nach dem Krieg fortzujagen. Wie sie den Krieg wahrnehmen, was sie wahrnehmen und wie sie sich im Krieg verhalten, das ist dagegen völlig identisch. Die Ideologie spielt eine viel geringere Rolle als bislang angenommen.

Und die sozialen Unterschiede?

Auch die Milieus verschwinden. Der Arbeiter und der Bürgersohn sind sich im Graben sehr ähnlich, wenn sie über den Krieg reden – nicht aber, überspitzt formuliert, wenn sie über Goethe reden.

Der Krieg, die akzeptierten Regeln, der Gehorsam, all dies schafft neue Rahmen. Und diese Rahmen machen eine Gewaltausübung möglich, die man sich als Zivilist nicht vorstellen kann. Aber das ist eben normal für die Soldaten. Das ist nichts Besonderes, so ist Krieg eben. Darum redet man nicht darüber, weil das so normal ist – weil man beim Frühstück auch nicht über das Essen des Frühstückseis redet. Es ist die Banalität des Krieges, die uns in den Abhörprotokollen begegnet. Die Menschen verhalten sich im Krieg sehr viel konformer als im Frieden. Das Interessante an unseren Quellen ist, dass sie zu ihren Kameraden sprechen. Sie reden untereinander völlig anders als sie mit ihren Frauen reden würden. Sie reden zum Beispiel über Sex, auch über Vergewaltigungen, das finden Sie in den Feldpostbriefen natürlich nie.

Bei meinen Gesprächen mit den Kindern von Wehrmachtangehörigen traf ich immer wieder auf die Befürchtung, der Vater könne als Soldat auch ein Vergewaltiger gewesen sein. Wie wahrscheinlich war das?

Man darf sich das nicht so vorstellen, dass die Wehrmacht vergewaltigend durch Europa gezogen ist. Auch hier kommt es wieder auf den Referenzrahmen an. Es war akzeptiert, Partisanen zu erschießen. Die Vergewaltigung einzelner Frauen, das war möglich, aber nicht in großen Zahlen. Die Manneszucht war im Referenzrahmen des Soldaten ein ganz wichtiger Punkt. Vergewaltigungen und Plünderungen haben, soweit ich das überblicke, ein gewisses Maß nicht überschritten. Und das war etwa bei der Roten Armee anders. Wir haben drei Phänomene von Massenvergewaltigungen im Zweiten Weltkrieg: Die Japaner in China, die Marokkaner und Algerier in Süditalien, die auf Seiten der Westalliierten gekämpft haben und eben die Rote Armee in Deutschland. Und hier ich muss allgemeiner werden und sagen: die Völker der Sowjetunion. Denn interessanterweise haben jene, die in deutschen Uniformen gekämpft haben, auch vergewaltigt, zum Beispiel die Kosaken in Jugoslawien, dort ist es auch zu Massenvergewaltigungen gekommen. Die russischen Soldaten haben sogar ihre eigenen Soldatinnen und Polinnen vergewaltigt. Meines Erachtens haben wir es hier mit einem kulturell genormten Phänomen und weniger mit Vergeltung für deutsche Verbrechen zu tun.

Was wurde von den deutschen Soldaten als Verbrechen wahrgenommen, und was gehörte sozusagen zum normalen Kriegsgeschehen?
Wenn wir heute nach Verbrechen fragen, dann in unserem rechtlichen Rahmen, also der Genfer Konvention und der Haager Landkriegsordnung. Dies ergab aber im Alltag der Soldaten nur einen sehr vagen Rahmen. Konkret wurde Verbrechen danach definiert, was emotional als Verbrechen empfunden wurde. Wir sehen, dass es in Russland zu Gewalteruptionen kommt, wenn die Kämpfe sehr hart werden, wenn die Verluste steigen. Dann verändert sich auch das Empfinden, was an Gewalt erlaubt ist und was nicht. Ähnlich, wie wenn man auf der Autobahn geschnitten wird, da steigert sich die Gewaltbereitschaft manches friedlichen Bürgers, weil er sich angegriffen und bedroht fühlt, obwohl die Straßenverkehrsordnung sagt, es ist in dieser Notlage sogar rechtens gewesen, jemanden zu schneiden, um einen schlimmen Unfall zu verhindern. Das heißt: Das individuelle Empfinden, was ist ein Verbrechen und was nicht, hat mit den rechtlichen Regeln nur wenig zu tun. Jeder Soldat hat das Kriegsrecht gebrochen, allein schon dadurch, dass er sich am Angriff auf die Sowjetunion beteiligt hat. Dann der Arbeitseinsatz der russischen Bevölkerung, auch die Plünderungen. Natürlich sagten die deutschen Soldaten: Wir haben Hunger, wir holen uns jetzt das Schwein vom russischen Bauern, auch wenn die Bevölkerung in Folge davon verhungerte. Das wurde nicht als Verbrechen wahrgenommen.

Was sagt die Forschung zu der These: Deutschland musste die Sowjetunion angreifen, andernfalls hätte Stalin uns angegriffen?
Die seriöse Geschichtsforschung ist hier eindeutig: An der Präventivkriegsthese ist aus unserer Sicht nichts dran. Im Sommer 1941 haben die Deutschen mit Sicherheit keinen Präventivkrieg geführt. Aber interessant ist in diesem Zusammenhang etwas anderes. Betrachten wir uns Deutschland aus der Sicht des Jahres 1940/41, vor dem Holocaust. Es herrschte ein totalitäres Regime, das seine Gegner wegschloss, das einige Tausend umgebracht hatte, wie das viele andere autoritäre Regime auch machten – doch die Massentötungen, die fanden vermeintlich nur im Russland der zwanziger und dreißiger Jahre statt, die großen Säuberungen, der große Hunger und so weiter. Die bolschewistische Sowjetunion war in vielen Staaten Europas das Feindbild schlechthin, nicht nur in Deutschland, auch bei den Westmächten. Die Sowjetunion war verankert als das Reich des Bösen und eben auch die Vorstellung: Wir müssen jetzt gegen das Reich des Bösen kämpfen.

Also, ehe sie das Böse in unser eigenes Land hineintragen …
Ja, das ist ein Topos, der in elitären Zirkeln in Rom, Paris, London, Berlin und Washington salonfähig gewesen ist. Das sagen mir auch ganz viele Zeitzeugen: »Ja, aber wir haben doch Europa vor dem Bolschewismus verteidigt.«

Und viele Zeitzeugen sagen noch heute »Der Holocaust war nicht einmalig.« Was sagen Sie?
Die Historiker sehen den Zweiten Weltkrieg als außergewöhnlich in vielen Punkten und besonders natürlich den Holocaust. Viele genozidale Verbrechen entstanden aus der Situation heraus. Beim Holocaust aber kann man eindeutig die Intention nachweisen. Dem Holocaust ging ein langer Plan voraus. Die Art und Weise der Umsetzung ist eine Einmaligkeit. Wenn jemand das leugnet, glaubt er, der Zweite Weltkrieg war eigentlich ein normaler Krieg. Er war natürlich nicht normal, auch auf Grund der Massentö-

tung der russischen Kriegsgefangenen. Es sind ja in Russland mehr sowjetische Kriegsgefangene umgekommen als Juden.

Wie viele?

Weit über 50 Prozent. Dagegen lag die Todesquote der Gefangenen bei den Westalliierten zwischen 0,5 und maximal 3 Prozent. Und man muss ganz klar sagen: Diese Gefangenenlager unterstanden der Verantwortung der Wehrmacht. Die deutschen Soldaten haben die Behandlung der russischen Kriegsgefangenen sehr viel unmittelbarer mitbekommen als die Massenerschießungen von Juden hinter der Front. Das schlägt sich auch stärker in den Abhörprotokollen nieder als der Holocaust, unterstützt dadurch, dass man nun selbst in Gefangenschaft war und sich freute, in amerikanischer Gefangenschaft zu sein und nicht in russischer.

Allein an der verbrecherischen Behandlung russischer Kriegsgefangener mussten doch die deutschen Soldaten erkennen: Dies ist kein normaler Krieg. Gab es einen Zeitpunkt, zu dem diese Erkenntnis immer häufiger auftauchte?

Nein. Wenn wir die Abhörprotokolle lesen, fragen wir uns immer: Die Soldaten müssen doch merken, dass sie Teil eines weltanschaulichen Vernichtungskrieges sind. Nein, tun sie nicht. Darüber reden sie nicht. Sie töten Soldaten, sie sehen auch, wie Juden umgebracht werden, sie fragen sich aber nicht: Wenn jetzt hier in Babi Jar 30.000 Juden erschossen werden, ist das nicht ein ganz anderer Krieg, den wir führen, ein anderer Krieg als in Frankreich? Das sehen sie nicht. Sie sehen, dass der Krieg verlustreich ist, dass die Bedingungen hart sind, die Winter vor allem. Aber dass dieser Krieg völlig andere Ziele verfolgt als der Erste Weltkrieg, dass es um eine rassistische Neuordnung Europas geht, das sehen sie gar nicht – bis auf einen ganz kleinen Anteil. Ich würde also sagen, dass die Allermeisten, die einfachen Soldaten ganz besonders, überhaupt nicht begreifen, um was es geht. Wir, die Nachgeborenen müssen erkennen, dass die Soldaten es natürlich hätten wissen können, aber sie haben das, was sie sahen, nicht interpretiert. Und das kann man verallgemeinern: Die Dinge in einen großen Kontext zu stellen und daraus auch Handlung abzuleiten, das machen wohl nur die allerwenigsten Menschen – damals wie heute.

Das ist nachvollziehbar. Aber sie hätten doch im Nachhinein davon abrücken können. Warum hielten die meisten ehemaligen Soldaten an ihrer alten Sichtweise fest?
Die meisten Veteranen hätten ihre Sicht im Rückblick ändern können, sie hätten sich entsprechend informieren können, sie taten es aber nicht, weil damit ihre Sinnkonstruktion zusammenbrechen würde. Darum wurde auch die Wehrmachtausstellung so heftig attackiert. Die Forschung hat in unendlich vielen Studien nachgewiesen, dass die Wehrmacht ein integraler Bestandteil des verbrecherischen Krieges gewesen ist. Die Wehrmachtführung hat sich als ausführendes Organ Hitlers gesehen. Die konservativen Generäle mussten nicht zum Vernichtungskrieg im Osten getrieben werden, Hitler musste keine NS-Generäle einsetzen, sondern er hat die altkonservativen preußischen Generäle eingesetzt, und die haben diesen Krieg so geführt, wie Hitler sich das vorgestellt hat – der eine mehr, der andere weniger, aber sie haben eben ihre Handlungsspielräume nicht dazu genutzt abzumildern, abzufedern.

Aber es gab doch Ausnahmen?
Unter den Generälen gab es nur ganz wenige Ausnahmen. Je höher man kam, umso mehr hat man im Sinne des Systems gearbeitet – völlig unabhängig davon, ob die Leute Nazis waren oder deutschnational. Man musste auch kein Antisemit sein, um Juden umzubringen – ich rede hier von den Tätern. Natürlich gab es viele Leute, die das abgeschreckt hat, aber sie haben eben mitgemacht. Das ist ein entscheidender Punkt. In den Handlungen war

die Wehrmacht ziemlich konform, in den Wahrnehmungen und Deutungen war sie durchaus unterschiedlich. Aber entscheidend sind nun mal die Handlungen. Die Wehrmacht war Teil des verbrecherischen Systems.

Konnte man sich dem als einfacher Soldat entziehen? Nehmen wir als Beispiel die Niederschlagung des Aufstandes im Warschauer Ghetto. Wie kam es überhaupt, dass Wehrmachteinheiten beteiligt wurden?

Der Ghettoaufstand im April 1943 kam ja für die Deutschen völlig überraschend, auch mit einer für sie unerwarteten Gewalteruption, und da musste man genügend Leute haben. Da hat man sich geholt, wer gerade greifbar war. Es waren SS-Truppen dabei, aber eben auch Wehrmachteinheiten.

Hätte man als zwanzigjähriger Soldat den Einsatz verweigern können?

Theoretisch ja, praktisch nein. Theoretisch ja, denn es gab immer Auswege. Hätte sich jemand geweigert, wäre er strafversetzt worden, er wäre aber am Leben geblieben. Praktisch nein. Einen Befehl zu verweigern ist in dem damaligen Rahmen nicht vorstellbar gewesen. Im April 1943, als noch alles intakt war und das Leben selber nicht bedroht war, in dieser Situation einen Befehl zu verweigern, ist für 99,9 Prozent der ganz normalen Männer nicht vorstellbar gewesen. Warum ist das so gewesen? Weil der militärische Rahmen Pflichterfüllung und Befehlsgehorsam so stark war und weil ja Menschen gerade im Krieg auf den sozialen Kontext angewiesen sind. Schauen wir uns heute die Politik an: Wo ist denn der Abgeordnete, der offen gegen seine eigene Fraktion auftritt?

Der Vergleich irritiert mich etwas ...

Als Nachgeborene sehen Sie das natürlich anders: Da geht es um die Ermordung Tausender von Menschen, was ist das gegen die Isolation aus der eigenen Gruppe, das muss man doch wohl hinnehmen können ... Und da muss man sagen: Die Verhaltensweisen von Menschen, ob im Frieden oder im Krieg sind hier ähnlich. Auch wenn es um den Tod von Millionen Menschen geht, ist das Entscheidende nicht der Tod von Millionen Menschen, sondern wie ich mich selber sozial fühle, wie ich in meinen sozialen Rahmen integriert bin. Es ist das Erschreckende, das zu der Haltung führt: Ich sag lieber nichts, ich beteilige mich lieber am Massenmord, aber dafür bleibe ich in meiner Gruppe akzeptiert.

Gelegentlich tauchen bei meinen Lesungen Menschen auf, die sagen: Mein Vater war bei der Waffen-SS, und der hat nichts Schlimmes getan. Was soll ich davon halten?

Die Waffen-SS war immer ein integraler Bestandteil der »SS-Familie«. Und die Angehörigen der Waffen-SS waren eben nicht nur Kämpfer an der Front. In vielen Fällen zeigte sich: Es gab einen turnusmäßigen Wechsel von den KZs hin zur Waffen-SS. 17-jährige Soldaten konnten nach Buchenwald versetzt werden, dort 14 Tage Wachdienst machen, und dann mussten sie wieder an die Front zurück. Das führte dazu, dass das Rahmenpersonal der Waffen-SS in einem wesentlich höheren Maß ideologisiert war, auch brutalisiert war. Es geht bei der Waffen-SS nicht nur um Tapferkeit und Pflichterfüllung. Fanatismus und Opfertum spielen eine weit größere Rolle als in der Wehrmacht, was zum Beispiel dazu führt, dass sie sehr viel häufiger bis zum letzten Mann kämpfen. Und es zeigt sich eben auch: Die schlimmsten Verbrechen sind von der Waffen-SS begangen worden. Zumindest wissen wir das aus Frankreich, aus Italien – über Russland wissen wir leider noch viel zu wenig.

Wie schlägt sich die SS-Zugehörigkeit in den Abhörprotokollen nieder?

Wenn SS-Leute miteinander über Verbrechen sprechen, reden sie brutaler, reden unmittelbarer über die Gewalt als die Wehrmachtleute. Das heißt nicht, dass jeder einzelne SS-Mann genau so gewesen ist. In der SS waren Männer wie Günther Grass bis hin zu Theodor Eike, der das KZ-System 1933 entwickelt hat. Also vom Massenmörder bis zum Nobelpreisträger finden Sie in der Waffen-SS alles. Noch mal: Wir finden auch Nazis in anderen Einheiten, wir finden auch Verbrecher in anderen Einheiten, wir finden auch Menschen, die bis zur letzten Patrone kämpfen in anderen Einheiten, aber in dieser Zusammensetzung sind sie in der Waffen-SS einmalig. Allerdings müssen wir unterscheiden: Sind das junge Leute gewesen, die im Oktober 1944 von der Luftwaffe im Schnellkurs dahin versetzt wurden oder haben sie sich 1933 freiwillig gemeldet. Da gibt es natürlich sehr unterschiedliche Biografien, und natürlich sagt jeder SS-Mann, wir waren Soldaten wie andere auch, wir haben nichts getan.

Und alle Soldaten sehen sich als Opfer?

Wenn Sie mit Überlebenden des Zweiten Weltkriegs reden, sagen das alle. Man hat nur mit Opfern zu tun. Alle waren nicht schuldig. Harald Welzer hat das so schön herausgearbeitet in seinem Buch »Täter«: Auch der Vergewaltiger sagt ja, er ist nicht schuldig, der Mörder auch nicht, sondern es wird immer so konstruiert, dass man irgendeinen Grund hatte, das zu tun, was man tat. Kann man auch nicht anders erwarten. Jeder Mensch will eine positive Sinnstiftung haben, und daher sagt niemand: Ich bin schuldig. Ein Topos der Familienerzählung ist ja immer: Der Vater, der Opa war in Russland, es war kalt und es war schlimm. – Der Krieg ist etwas Unsagbares. Nur unter Kameraden war das anders, die verstanden das. Darum sind die Abhörprotokolle so interessant.

Als ich Menschen aus den Jahrgängen der Nachkriegskinder zu ihren Vätern interviewte, war das Buch »Soldaten« noch nicht erschienen. Ich konnte noch nicht wissen, wie gut meine biografischen Geschichten durch die Protokolle ergänzt werden würden: dass es sich um die O-Töne der Vätergeneration handelt, die damit posthum ihr Schweigen bricht. Die Protokolle offenbaren aber auch, warum die Männer schwiegen. Wie soll man das, was zum Kriegsalltag gehörte, seinen Kindern erklären? Wie soll man ihnen beibringen, dass sich die Hemmung zu töten innerhalb weniger Fronttage verflüchtigt und dass es Spaß machen kann, Bomben auf Zivilisten zu werfen? Kann man den eigenen Kindern vermitteln, dass eine gelegentliche Vergewaltigung ein Kavaliersdelikt war, und dass die Judenvernichtung unter Soldaten keine Erschütterung hervorrief, sondern man sich schlichtweg nicht sonderlich dafür interessierte?

Als ich den Roman »Die Wohlgesinnten« von Jonathan Littell las, kam ich oft an die Grenze dessen, was ich glaubte ertragen zu können. In den fiktiven Memoiren eines ranghohen SS-Mannes werden nicht nur die NS-Verbrechen im Osten detailliert beschrieben, sondern auch der Berufsalltag der Massenmörder: was sie taten, was sie sahen, und wie sie darüber als Intellektuelle schwadronierten. Eine Steigerung des Unerträglichen hätte ich mir nicht vorstellen können. Doch sie erfuhr ich beim Lesen der Soldatenprotokolle. Ich las nicht nur, ich hörte: Ich hörte die Männer vom Krieg reden, so wie ich es aus meiner Kindheit und Jugend kannte – ohne jedes Gefühl für sich selbst und die Opfer.

Da hatte ich wieder den angeberischen Tonfall im Ohr, wenn von Russland die Rede war. Die Andeutungen in ihren Geschichten verstand ich damals nicht, folglich auch nicht die Pointe, aber das grobe, schadenfrohe Gelächter machte mir Angst.

Diese Angst kam zurück, als ich das Buch »Soldaten« las. Zuweilen stand ich regelrecht unter Schock und musste mich zum Weiterlesen zwingen. Meine Abwehr wuchs von Tag zu Tag, immer wieder schlief ich über dem Buch ein. Und immer häufiger kam mir der Gedanke: So etwas will man über die eigenen Eltern nicht wissen. Die Wahrheit hätten wir als junge Menschen nicht verkraftet. Muss man diesen Vätern für ihr Schweigen danken?

Sechstes Kapitel

DIE
DDR-VARIANTE

Bei Gefahr rückt die Familie zusammen

Brunhild Bomberg erzählt gern von ihrer Kindheit in den fünfziger Jahren, und es ist schön ihr zuzuhören. Irgendwann werden ihre Enkel sagen: »Oma erzähl doch noch mal, wie deine Mama dich verhauen wollte …«. Und Großmutter wird die Szene beschreiben, wie sie als Kind der Mutter entwischte und zu ihrer eigenen Großmutter lief, wie diese ihr kleines Hinterteil mit einem Kissen polsterte und meinte: »Nun lauf schon zurück. Jetzt kann dir nicht mehr viel passieren.« Und vermutlich werden die Enkel auch diese Geschichte mögen: wie kurios sich die Großen bei Gewitter benahmen: wie sie im Treppenhaus auf den Stufen hockten – Vater, Mutter, Großeltern, Tanten, Urgroßmutter – und wie jeder eine Mappe mit seinen wichtigsten Papieren an sich drückte. Die kleine Brunhild, ein selbstbewusstes, wildes Mädchen, hatte keine Angst vor Blitz und Donner, sie wunderte sich nur über die beklommene Stimmung. Als sie älter wurde, kam ihr der Gedanke, die Erwachsenen hätten eine Angewohnheit aus dem Krieg beibehalten, aus den Zeiten im Keller, während die Bomben fielen. Überschrift: Bei Gefahr rückt die Familie eng zusammen.

In Brunhilds Kindheit gab es ein viel schöneres Zusammenrücken. Wenn sie und ihr Vater zur selben Zeit krank wurden, packte die Mutter sie gemeinsam ins Ehebett, und damit begann für beide eine wunderbare Zeit: Radio hören, Geschichten vorlesen, gut versorgt werden, sich gesund schlafen.

Brunhild Bombergs Schilderungen aus der Provinz machen auch typische DDR-Begebenheiten wieder lebendig. Man erfährt, die Männer ihrer Familie hätten noch bis Anfang der sechziger Jahre nachts im Garten Wache gehalten, um die Ernte vor Russen zu schützen. Einmal wurde der Hund mit Leuchtkugeln beschossen; danach war er als Wachhund nicht mehr zu gebrauchen. Doch Brunhild erlebte bei ihren Eltern keinerlei Ressentiments gegenüber den einfachen russischen Soldaten. Mutter und Vater wussten, wie miserabel die Mannschaften versorgt wurden und dass die Alternative zu Stehlen Hungern bedeutete.

Stalingrad: auf 35 Kilo abgemagert

Brunhilds Vater kannte sich mit Hunger aus. Er war Soldat in Stalingrad gewesen. Eine der letzten Maschinen hatte den Verwundeten ausgeflogen – völlig entkräftet, auf 35 Kilo abgemagert, Durchschuss am Bein. Die Tochter glaubt, dass es ihm recht gut gelang, seine Kriegstraumata auf Abstand zu halten. Bis zu ihrem neunten Lebensjahr schlief sie im Elternzimmer, daher weiß sie: »Vater hatte einen ruhigen Schlaf. Von Alpträumen hat er nie erzählt. Aber am Ende seines Lebens hat ihn der Krieg wieder eingeholt.«

Helmut Rudow* war Schreiner. Bemerkenswert ist, dass es ihm gelang, den Familienbetrieb vor dem Zugriff der Produktionsgenossenschaft des Handwerks zu schützen. Alle Versuche, sich die private Werkstatt einzuverleiben, scheiterten letztlich an Rudows Beharrlichkeit. Oft kamen keine Aufträge mehr von VEB-Betrieben, damit wollte man ihn zwingen aufzugeben. Der Schreiner blieb stur und damit sein eigener Herr, doch eine gewisse Bedrohung hielt über Jahrzehnte an. Helmut Rudow, geboren 1918, war ein Mann mit festen Grundsätzen. Als sein Sohn in der neunten Klasse der paramilitärischen GTS, der Gesellschaft für Sport und Technik, beitreten sollte, wo unter anderem Schießübungen gemacht wurden, erteilte der Vater dem zuständigen Lehrer eine deutliche Absage: »Mein Sohn fasst in diesem Alter keine Waffe an.«

Brunhild Bomberg, 1950 geboren, verheiratet, zwei Kinder, lebt in Ostberlin. Während unseres Gesprächs lerne ich eine lupenreine Helferin kennen, ideenreich und ausdauernd, mit einem großen Herzen für gesellschaftliche Außenseiter. Gern spricht sie über ihre Arbeit mit geistig Behinderten. Sie selbst hatte in einer kirchlichen Einrichtung ein kreatives Förderungsprogramm entwickelt. Natürlich wusste sie von den westdeutschen Behindertenwerkstätten, von den dort üblichen genormten Arbeitsabläufen, und war froh darüber, dass sie diesem wirtschaftlichen Druck in ihrer Arbeit nicht ausgesetzt war. Ihre Vision sah anders aus. Sie wollte geistig behinderten Frauen nicht irgendetwas zu tun geben, nur damit sie beschäftigt waren. Sie, Tochter eines Handwerkers, setzte auf Handwerk. Sie wollte den Behinderten das Weben beibringen.

Außergewöhnliche Projekte entstehen nur dann, wenn die richtigen Leute am richtigen Ort beisammen sind. So muss es auch bei Brunhild Bomberg gewesen sein, denn ihr Arbeitgeber stand voll hinter ihrem Konzept. Man begriff, dass es sich um ein Projekt des langen Atems handelte, und so ließ man den behinderten Frauen unbegrenzt Zeit – solange, bis sie ihre Scheu vor den Webstühlen überwanden. Und der Erfolg? Die Frauen blühten auf. Am Ende besaßen sie nicht nur Fertigkeiten in einem Handwerk, sondern auch neues Selbstvertrauen. Nur so ist zu erklären, dass sie schließlich ihre Wandteppiche selbst gestalteten. Diese reisten später in diversen Ausstellungen durch das inzwischen vereinte Land. Die Besucher waren verblüfft und angerührt, die Fachwelt erkannte hoffnungsvolle neue Wege in der Behindertenarbeit.

Leider blieb es bei den Worten. Kein Funke sprang über, keine freundliche Übernahme eines humanen Konzepts, das sich bewährt hatte. In den Jahren nach dem Mauerfall setzten sich auch in Ostdeutschland die westlichen Behindertenwerkstätten durch, und irgendwann sah Brunhild Bombergs neue Aufgabe so aus, dass sie die ihr anvertrauten Frauen bei eintöniger Arbeit mit Gummidichtungen beaufsichtigte. Lange hielt sie das deprimierende Ambiente nicht aus. Doch ihr Abschied aus der Behindertenarbeit brachte zunächst nur eine äußerliche Trennung.

Tatsächlich brauchte sie Jahre, um das traurige Ende einer erfolgreichen und erfüllten Lebensaufgabe zu verdauen.

Vier Generationen unter einem Dach

Heute arbeitet sie als Kunsttherapeutin mit Traumapatienten. Sie wohnt mit ihrem Mann in einem Einfamilienhaus, in dem auch ihre beiden Kinder groß wurden. Seit sie erwachsen sind und ihr eigenes Leben führen, genießt die Mutter die Stille, wenn sie von der Arbeit heimkommt. Was für ein Kontrast zum Mehrfamilienhaus ihrer Nachkriegskindheit! Dort war immer etwas los, auch Streit, auch Drama, auch das Lachen der Erleichterung, wenn ein Drama sich als harmlos entpuppte. Vier Generationen unter einem Dach bildeten über viele Jahre eine Überlebensgemeinschaft. Man unternahm Hamsterfahrten und war dankbar, dass man einen eigenen Garten hatte. Im Waschkessel wurde Pflaumenmus gekocht. Man hielt Schweine und auch Ziegen, um die kleinen Kinder mit Milch zu versorgen. Erst in den sechziger Jahren, erinnert sich Brunhild, habe sich die Lage entspannt, da erst habe die Großfamilie gewusst: Die schlimmste Not lag hinter ihnen.

»Die Räume, in denen ich aufwuchs, waren ärmlich und kalt«, berichtet sie. »Ich spielte lieber draußen als drinnen, auch im Winter.« Die Zuteilung auf Grund der Kohlemarken reichte nicht aus, und so wurden die gefräßigen Öfen mit den Wurzeln gefällter Bäume gefüttert, die der Vater unter größten Anstrengungen ausgrub. Aber richtig warm wurde es in dem alten Haus nie – für die Familie ein weiterer Grund zusammenzurücken.

Wenn der Schnee geschmolzen war, wenn es wieder wärmer wurde, besserte sich Helmut Rudows Laune. Fahrradausflüge mit Frau und Kindern machten ihm Freude. Aber ganz oben auf der Liste dessen, was seinem Leben Glanz gab, stand die Musik. Sie hatte ihm geholfen, schwere Zeiten durchzustehen und sich selbst treu zu bleiben. Von dieser Kraftquelle, wünschte er sich, sollten auch seine Kinder profitieren. Er brachte ihnen das Flötenspiel bei, und seine Tochter wurde von ihm drei Jahre lang im Geigenspiel unterrichtet. Seine Freunde, so erinnert sich Brunhild, hätten ihn auf Grund seiner musischen Seite als Schwächling eingestuft. Doch anders zu sein als andere war für Helmut Rudow keine Schande. Er wusste besser als die Menschen seiner Umgebung, was er brauchte, damit es ihm geistig und seelisch gut ging.

Ein Traumatisierter mit vielen Ressourcen

»Mein Vater hatte eine ganze Reihe von Ressourcen, aus denen er Kraft schöpfte«, erläutert Brunhild Bomberg mit dem geschärften Blick einer Therapeutin: »Er hatte eine sehr liebevolle Mutter, er hatte seinen Glauben, sein Handwerk und seine große Liebe zur Musik.« Beruflich hätte er lieber etwas anderes gemacht, als den Familienbetrieb weiterzuführen, räumt sie ein, aber nur so habe er seine Familie ernähren können, und das sei womöglich sein Glück gewesen. »Diese Arbeit hat ihm Halt gegeben. Als Handwerker war er voll auf das Hier und Jetzt konzentriert, was, wie wir aus der Traumaforschung wissen, am besten geeignet ist, um seelisch im Gleichgewicht zu bleiben.« Fazit: »Aus heutiger Sicht hat mein Vater das Richtige gemacht, auch weil er *nicht* über Stalingrad gesprochen hat.« Typisch für Helmut Rudow war, dass er mit keinem Wort erwähnte, warum er Schnee hasste. Im Winter schimpfte er laut über das Schneeschippen, während die Tochter dachte: Was soll das Gemecker … und fröhlich mit ihrem Schlitten loszog. Als Brunhild klein war, hatte sie einen Vater, der gern mit der Tochter balgte, doch mit der Einschulung hörte die Vertrautheit zwischen ihnen auf. Es gab keinen Körperkontakt mehr. Heute weiß sie, wie üblich ein solches Verhalten bei Männern seiner Generation war.

Die religiöse Erziehung der Kinder lag ihm am Herzen, gleichwohl bewahrte er sich seinen kritischen Blick auf das Christentum. Brunhild ging zur Konfirmation, nicht zur Jugendweihe, und sah sich dennoch von ihren Lehrern respektiert. Ihre Diskussionsbeiträge wurden von den Mitschülern geschätzt, auch dann, wenn sie eine unangenehme Frage stellte: Warum ist an der Grenze der Stacheldraht auf unserer Seite, wenn der uns doch vor dem Feind schützen soll …

Mit 16 Jahren musste sie die Schule verlassen. In dieser Frage hatten höhere Parteisoldaten das Sagen, die nach dem Einfachmuster entschieden: Wer sich konfirmieren lässt, kriegt kein Abitur. »In unserer Familie war man von der Karriere her gesehen immer auf der falschen Seite«, erzählt Brunhild Bomberg. »In der Nazizeit war Opa bei den Kommunisten. Nach dem Krieg wurde er aus der Partei ausgeschlossen. Sein Sohn, wie die ganze Familie, war dem Christentum verbunden.« Ihre Ausbildung in der Behindertenarbeit verdankt sie der Kirche. Aber auch dort regte sich ihr Widerspruchsgeist: »Beim Staat durfte man die Ideologie nicht in Frage stellen, in der Kirche nicht den Inhalt biblischer Geschichten.« Ganz Kind ihres Vaters blieb sie stur und dachte nicht daran, ihre Haltung dem Erwünschten anzupassen, auch wenn ihr dadurch Vorteile entgingen.

Das Unglück kam mit der Pubertät

Dass ihr in der DDR die Bildungschancen beschnitten wurden, hatte auch eine positive Seite. Sie konnte ihr Elternhaus schon früh verlassen. Während ihrer Ausbildung wohnte sie in einem Internat. Von Anfang erkannte sie darin einen großen Gewinn, denn mit Beginn der Pubertät wurde sie ein partiell sehr unglückliches Mädchen. Auffällig war ihre Gewichtszunahme – einen Körperpanzer nennt Brunhild Bomberg es heute. »Ich hatte Angst, beschämt zu werden«, erklärt sie, »denn in meiner Familie hat man sich ständig über andere lustig gemacht. Einmal wurde ich mit meinem Freund beim Schmusen erwischt; es wurde in der ganzen Familie rum erzählt und es wurde darüber gelacht.«

Das Beschämt werden traf auch ihren Bruder. Offenbar befürchtete der Vater, sein Sohn könne ihm eines Tages Konkurrenz machen oder ihn überragen. Als Brunhilds Bruder Ingenieur wurde, machte sich der Vater über dessen Fachwissen lustig und fragte rhetorisch, was man wohl von einem Klugscheißer lernen könne. Einen Macho-Vater habe sie nicht gehabt, versichert die Tochter, er sei ja, wie schon gesagt, in den Augen seiner Freunde überhaupt kein männlicher Mann gewesen, und selbstverständlich habe er die Berufsausbildung der Tochter unterstützt. Aber grundsätzlich sei er der Meinung gewesen, eine Ehefrau und Mutter gehöre an den Kochtopf. Als sich seine Frau Mitte der sechziger Jahre eine Arbeitsstelle suchte, kriselte es in der Ehe. Helmut Rudow wollte nicht den Eindruck erwecken, er könne seine Familie nicht ernähren. Er, der sonst nie etwas auf Klatsch gab und stets seinen eigenen Weg ging, der seine Freunde reden ließ, wenn die meinten, er sei kein richtiger Mann – eben dieser Helmut Rudow hielt an einer Einstellung zu Frauen fest, die zutiefst konventionell war. Damit vertrat er eine Sichtweise, die er mit den meisten Ehemännern im Westen teilte. Dass im DDR-Staat die Berufstätigkeit der Frauen ausdrücklich erwünscht war, half seiner Frau sich durchzusetzen. In der Bundesrepublik hätte sie es zu jener Zeit weit schwerer gehabt, weil hier das gesellschaftliche Modell »Kinder-Küche-Kirche« mit einem Anspruch auftrat, der sogar von der Mehrheit der westdeutschen Mütter hochgehalten wurde.

Auch in Brunhilds Familie war der Vater ein abwesender Vater, der sich meistens in seiner Werkstatt aufhielt, ein Mann, der seine Ruhe haben wollte und es seiner Frau überließ, wie man die Kinder zu Gehorsam erzog. »Mutters große Angst war, die Kinder könnten nicht geraten«, stellt die Tochter fest, »daher ihre Einstellung: Zur Liebe gehören Hiebe.« Da sei sie der neuen Zeit deutlich hinterhergehinkt, fügt sie hinzu, denn in der Schule sei das Schlagen von Kindern Tabu gewesen. Nie habe sie das erlebt. Dort habe man einen Lehrer sehr lange provozieren müssen, bis der losbrüllte.

Urgroßmutter war der Schutzengel

»Mutter war eigentlich ständig überlastet«, sagt sie. »Das war wohl auch der Grund für ihre Ausraster uns gegenüber.« Zum Glück gab es noch andere Erwachsene im Haus, älter und lebenserfahren, die für die Kinder Partei ergriffen: die bereits erwähnte pragmatische Großmutter mit dem Kissen und vor allem die Urgroßmutter. »Sie war immer da, auf sie konnte ich mich verlassen«, berichtet Brunhild. »Wenn es Dresche geben sollte, bin ich zur Urgroßmutter geflüchtet. Die hatte ich bis zum neunten Lebensjahr, und eigentlich war sie mein Schutzengel.«

Die Mutter war eine leidenschaftliche Leserin. Im Winter, wenn sie Zeit hatte, sah man sie mit dem Rücken zum Ofen, in ein Buch versunken. Später erfuhr ihre Tochter, die Mutter habe sogar während des Stillens dicke Bücher verschlungen. »Ich hab's dann selbst ausprobiert, als mein erstes Kind geboren war«, verrät sie, »Es hat nicht funktioniert! Wo war meine Mutter, als sie mich gestillt hat? Bestimmt nicht bei mir. Davon habe ich später viel in der Lehrtherapie aufgearbeitet.« Sie erkannte, dass beide Eltern für sie emotional nicht erreichbar waren und dass auch die Mutter ein Kriegstrauma in sich trug. Inzwischen ist sich Brunhild Bomberg ihrer schwierigen Rolle als Tochter einer sehr unterstützungsbedürftigen Mutter bewusst. Sie kann sehen, wie sie schon als Kind die Mutter »bemutterte«, wie sie sich für deren Lebenszufriedenheit zuständig fühlte, wie sie diese Rolle als Erwachsene fortsetzte, und wie sie sich schließlich aus ihrer Abhängigkeit befreite.

Brunhild Bomberg kennt alle niedermachenden Erziehungssprüche von »Stell dich nicht so an« über »Du kriegst keine Extrawurst« bis »Das geht dich nichts an.« In dieser Hinsicht gab es offenbar keine Ost-West-Unterschiede. Der Umgang mit Kindern in Brunhilds Elternhaus während der fünfziger, sechziger Jahre war nicht grundsätzlich anders als der in der Bundesrepublik.

In den siebziger Jahren trampte Brunhild mit einer Freundin

durch die Sowjetunion und machte durchweg gute Erfahrungen. Voller Hochachtung gegenüber dem russischen Volk habe sie die Reise angetreten, erklärt sie. Nein, sie sei nicht naiv gewesen. Die Fakten über Vernichtungskrieg, Holocaust und Gulag habe sie gekannt. Niemand habe sie oder ihre Freundin beschimpft, fügt sie hinzu, niemand habe ihnen die Tür vor der Nase zugeschlagen, weil sie Deutsche waren. »Man begegnete Menschen und nicht Ideologien.«

Als der Vater sein Schweigen brach

Nie hätte sie ihren Vater bewegen können, nach Russland zu fahren. Mit Recht befürchtete er, eine solche Reise werde ihn mit Erinnerungen überschwemmen, denen er sich nicht gewachsen fühlte. Aber diese oder andere Vorsichtsmaßnahmen konnten ihn auf Dauer nicht schützen. Mit zunehmendem Alter ließen sich die Kriegserlebnisse nicht mehr auf Abstand halten. Er musste darüber sprechen. Mit Ende Siebzig, es war Weihnachten, brach er sein Schweigen. Zum ersten Mal erzählte er zusammenhängend von Stalingrad: wie die Männer froren, wie sie hungerten, wie sie Gras aßen, wie sie sich vor Angst in die Hose machten.

»Später, als Pflegefall, hatte Vater Probleme, in die Windeln zu urinieren«, berichtet seine Tochter. »Als seine Kräfte schwächer wurden, ging der Deckel auf. Da kamen auch die Alpträume. Jede Nacht hat er schreckliche Filme geschoben. Wir in der Familie haben es mitbekommen, denn wir haben im Wechsel bei ihm gewacht.« Der inzwischen 85-Jährige war unruhig und erregt. Etwas bedrängte ihn, er sprach mit einem Gegenüber, oft fiel das Wort »Vergebung«. Erst im Sterbeprozess begriff seine Tochter, dass Helmut Rudow jemanden erschossen hatte und sein Gewissen damit nicht fertig wurde. Wie seine Familie erfuhr, muss es sich um einen Russen gehandelt haben, der eine deutsche Dreiergruppe in ihrem Erdloch überraschte. Helmut Rudow war schneller. Seine Tochter glaubt zu wissen: »Meinen Vater hat die

Erinnerung an die Schuld mehr belastet als die an sein eigenes Leid. Am Ende seines Lebens sah er den Soldaten, den er getötet hatte, vor sich.«

Seine Tochter war davon nicht überrascht. »Ich dachte schon lange: Das ist ja alles in seinem Körper drin. Irgendwann kommt es hoch.« Gelegentlich hatte sie ihren alternden Vater angeschaut und sich gefragt: Was passiert, wenn seine Kräfte nachlassen? Wie wird er sterben? Helmut Rudow starb nicht leicht. Offenbar konnte er erst gehen, als der seelische Konflikt sich aufgelöst hatte, als er empfand, dass Gott ihm vergeben hatte. Aber er war nicht allein während seines letzten Kampfes, sondern nah bei den Menschen, die ihm am meisten bedeuteten. – Wenn es drauf ankommt, rückt die Familie zusammen.

INTERVIEW

»Wer waren eigentlich die Juden?« – »Das weiß ich nicht«

Pfarrer Wolfram Hülsemann über seinen Kriegsvater und den Umgang der DDR mit der NS-Zeit

Weil er seine Aufgabe darin sah, aufbegehrende Jugendliche vor dem SED-Machtapparat zu unterstützen, manchmal auch zu schützen, gehörte Wolfram Hülsemann zu den bekannten Pfarrern in der DDR. Nach dem Mauerfall moderierte er den Berliner »Runden Tisch«. Doch im Unterschied zu seinen Kollegen Joachim Gauck oder Rainer Eppelmann, deren Namen in der gesamtdeutschen Öffentlichkeit auftauchten, weil sie in die große Politik gingen, blieb Hülsemann der protestantischen Kirche treu. 1998 bekam er allerdings von der brandenburgischen Landesregierung den Auftrag, ein Konzept gegen Rechtsextremismus und für ein tieferes Demokratieverständnis in der Bürgergesellschaft des Landes zu entwickeln. Viele Jahre leitete er ein Mobiles Beratungsteam, das Kommunen zur Seite stand und vor Ort mit beachtlichen Erfolgen die Kräfte einer Zivilgesellschaft stärkte. Der Grund für seine Berufung war sein Engagement für die Aufarbeitung des Nationalsozialismus schon zu DDR-Zeiten, das sich vom »staatlich verordneten Antifaschismus« unterschied. 1978 sorgte er zum Beispiel in einer Thüringer Kleinstadt mit einer Gedenkveranstaltung zu den Novemberpogromen für Unruhe, denn die zerstörten Synagogen stellten zu dieser Zeit ein gesellschaftliches Tabu dar. In einem Zeitungsartikel war ich auf Wolfram Hülsemann aufmerksam geworden, der mit dem Satz zitiert wurde: »Mein Vater war ein kleiner Nazi.« Er schien für mich der richtige Gesprächspartner zu sein, um die Hintergründe der Variante-Ost des Themas »Nachkriegskinder und ihre Soldatenväter« besser zu verstehen. Gleichzeitig erfuhr ich die traurige Wahrheit einer Sohn-Vater-Beziehung, in der keine gemeinsame Sprache und keine gemeinsame Tiefe gefunden wurden.

Sie sind 1943 geboren, also noch im Krieg. Wo kommen Sie her?
Ich bin in Thüringen aufgewachsen, ein Landkind. An den Krieg habe ich so gut wie keine Erinnerungen. Die Umgebung meiner frühen Kindheit muss man sich wie ein kleines Paradies vorstellen. Eine Villa am Rand einer Kleinstadt, ein Garten mit Blumen und Gemüse, ein großer Birnbaum und ringsum nur freundliche Menschen. Als die Pionierorganisation gegründet war, kam der Lehrer mit einem großen Kartoffelsack in die Klasse. Darin befanden sich die blauen Halstücher der Pioniere. Der Lehrer fragte: »Wer will dazu gehören?« Natürlich wollten das alle, ich auch. Da guckt er mich an und sagt: »Also du fragst erst mal deinen Vater.« – Mein Vater war dagegen. Er war Pfarrer und lehnte das DDR-Regime ab. Seine ganze Berufsgruppe galt als politisch unzuverlässig und wurde bei der Vergabe von Lebensmittelkarten mit der niedrigsten Einstufung abgestraft.

Hieß das, die ganze Familie wurde unter Druck gesetzt?
In den frühen Kindertagen habe ich diesen Druck nicht so gespürt. Später in der Schule dafür ganz besonders. Sonntags war
die Kirche immer voll. Beim Kindergottesdienst sangen wir aus
vollem Hals: »Solls uns hart ergehen, lass uns feste stehen. Noch
in den schwersten Tagen niemals über Lasten klagen«. Ich selbst
fand es nicht so hart. Manchmal war man ein bisschen hungrig.
In der Kleinstadt gab es ein paar Ruinen durch Bombenangriffe.
Krieg war Thema. Viele Kinder hatten keine Väter mehr. Mein
Vater wurde von diesen Kindern angehimmelt, weil sie in ihm einen Vaterersatz sahen.

Also sind Sie im Grunde ausreichend mit Essen versorgt worden?
Ganz so war es nicht, sonst hätte ich die Schulspeise nicht in
so guter Erinnerung. Man hatte Stahlhelme in Metalltöpfe umge-
formt. Da kam die Suppe rein. Und das Höchste war: Man konnte Nachschlag bekommen! Da hat man mehr gegessen, als man
eigentlich brauchte, das wollte man ausnutzen. Und was auch
in diese Zeit gehört: Irgendwie blieb es ein Rätsel, warum die
von den Eltern relativ verächtlich beschriebenen Russen, die ja
die Amerikaner in Thüringen ablösten, wie also diese Russen mit
ihren Panjewagen, gezogen von zotteligen Pferden, die deutsche
Armee hatten besiegen können. Dafür gab es als Erklärung nur
diesen Halbsatz, »Wenn da nicht der strenge Winter gewesen
wäre …« Was war davon zu halten? Ich habe also mehr von den
Deutungen des Krieges gehört als von den Schrecken selbst.

Kommen auch Sie aus einer Familie, in der geschwiegen wurde?
Ja, mit Ausnahme der Situation, als mein Vater erzählte, er sei bei-
nahe von einer Granate zerfetzt worden, die seinen Hauptmann
getroffen habe. Ich wusste also: Vater ist in großer Gefahr gewesen. Es ist etwas Besonderes, dass du einen Vater hast. Die meisten
meines Alters hatten keinen. Der Krieg hatte ihn über den ganzen
Balkan nach Griechenland, Kreta und Italien geführt. Er war im-

mer dankbar, weil ihm Russland erspart geblieben war. Auch ist er ohne körperliche Verletzungen durchgekommen. Später hat mich interessiert, wieso er nicht in amerikanische Gefangenschaft geriet. Meine Recherchen ergaben: Anfang 1945 hatte er einen Nervenzusammenbruch, sehr wahrscheinlich irgendwie inszeniert. Das deutete er später einmal an. Jedenfalls ist er in Meran in ein Sanatorium gekommen, wo eine endogene Schizophrenie diagnostiziert wurde. So stand es in den Unterlagen, die mein Vater mir hinterließ. Dann kamen die Amerikaner ins Sanatorium und haben ihn auf Grund dieser Diagnose sofort nach Hause entlassen. Ich selbst habe davon bei ihm nie etwas bemerkt. Er muss ein guter Darsteller gewesen sein. Nach seiner Entlassung hat er sofort wieder als Pfarrer gearbeitet.

Und das Entnazifizierungsverfahren?
Das verlief für ihn günstig, weil nicht nur die Westalliierten sondern auch die Russen bei den Kirchenleuten eine gewisse Distanz zum NS-Regime vermuteten und die Entnazifizierung durchweg den Kirchen selbst überließen. Mein Vater hatte vor 1939 in SA-Stiefeln gepredigt, und nach 1945 predigte er in seiner Kirche weiter, als sei nichts geschehen. 1942 hatte er seinen Konfirmanden aus dem Krieg einen Brief geschickt, in dem er die Hitlerzeit als ein Gottesgeschenk beschrieb, ein Gruß aus dem Felde, weil er nicht bei ihrer Konfirmation dabei sein konnte. Er hat ihnen in wohlgeformten Sätzen klargemacht, Hitler sei eine Art Messias, und er hat hinzugefügt, auch wenn sie jetzt noch nicht alles verstünden, so sei klar, dass auch sie eines Tages in diesem Kampf bestehen müssten. Aus Unterlagen konnte ich erkennen, dass er schon 1936 zu den sogenannten »alten Kämpfern« gezählt wurde, weil er vor 1933 der NSDAP und der SA beigetreten war und sich früh aktiv am Kampf des »Führers« beteiligte. Er war dann auch Mitglied bei den »Deutschen Christen«; er hat seinen Teil zur Verquickung von Nationalsozialismus und Kirche beigetragen.

Sie haben einmal in einer Zeitung die Vergangenheit Ihres Vaters angesprochen. Welche Reaktionen bekamen Sie?

Es meldeten sich zwei Menschen, die ihn persönlich gekannt hatten, und teilten mir mit, wie wichtig mein Vater für sie in der Zeit nach 1945 gewesen sei, und es sei ungerecht von mir, ihn öffentlich einen »kleinen Nazi« zu nennen. Dazu sage ich: Natürlich hat er gelernt. Ich habe nie gehört, dass er die Nazizeit verherrlicht hätte. Antisemitische Einstellungen hat er wohl nie verloren. Dafür gab es deutliche Anzeichen. Ich könnte nicht sagen, dass er wirklich verstanden hat: Wir sind einer Ideologie aufgesessen, die vom Ansatz her menschenverachtend und verbrecherisch ist. Diese Tiefe hat er wohl nicht erreicht. Denn er tat sich schwer, demokratische Wertvorstellungen für sich gelten zu lassen. Die Konsequenzen, die er aus seinen Erfahrungen und Niederlagen zog, hat er mir in Merksätzen mit auf den Weg gegeben – »Zeige nie deinen Kopf«, und »Geh nie zu deinem Fürst, wenn du nicht gerufen wirst«.

Bereute er, sich selbst nicht daran gehalten zu haben?

Offenbar. Er hat also nicht die politischen Werte diskutiert, sondern glaubte, wäre er unauffällig geblieben, wäre ihm das alles nicht passiert.

Aber Ihr Vater hat sich doch später mit den Verbrechen des Nationalsozialismus befasst ...

Er hat »Anne Frank« in einer Jugendgruppe mit uns gelesen, jede Woche jeweils ein paar Tagebucheintragungen. Dafür bin ich ihm heute noch dankbar, weil es zu meiner eigenen Sensibilisierung wesentlich beigetragen hat. Die erste Auflage von Eugen Kogons SS-Staat fand ich in seinem Bücherregal, als Kind habe ich das Buch heimlich gelesen. Aber ansonsten wurde in meinem Elternhaus von den Schrecken des Krieges, die Deutschland den Nachbarländern zugefügt hatte, nicht geredet. Die Barbarei ist nicht thematisiert worden, nicht der sogenannte Zusammenbruch, der »Befreiung« nicht genannt werden durfte. Es war ja nicht nur der Krieg, der verloren ging, es zerbrach ein ideologisches System, dem mein Vater sich von früher Jugend an verpflichtet sah. Dann der Neubeginn in der SBZ/DDR: Das vertraute NS- Wertegerüst war abgewrackt. In der Öffentlichkeit agierten jetzt Kommunisten mit ihrem Wertesystem, das sich von dem alten Wertesystem nicht restlos unterschied. Zum Beispiel die sogenannten Neulehrerinnen und Neulehrer – meist in der Hitler-Jugend sozialisiert. Viele haben ihre erworbenen Muster mitgebracht. Die äußeren Zeichen waren der vorherrschende Kommandoton oder das Strammstehen beim Fahnenappell in den Schulen.

Demnach hat sich das alte System teilweise in der kollektiven Erziehung erhalten. Sehen Sie auch bei Ihrem Vater Analogien?
Als System sicher nicht. Meine Theorie ist: Sein ganzer Wertehaushalt zerbrach, blieb aber als Torso in manchen Einstellungen und Verhaltensweisen weiter lebendig und wirksam. Ich möchte das am Beispiel seines Erziehungsstils erläutern. Er konnte brutal zuschlagen. Heute würde das strafbar sein. Mal war er ein depressives, in sich zurückgezogenes Familienmitglied, dann wieder ein gewalttätiger Patriarch. Er sagte:»Ich erziehe meine Jungs unter dem Kreuz«, und erst später vermutete ich: Er meinte nicht das christliche Kreuz, denn er hatte ja gelernt, dass man in der Kreuzestheologie kein Leiden schafft, sondern da wird Leid solidarisch getragen, da wird getröstet. Nein, er meinte »unter dem Hakenkreuz«. Hart wie Kruppstahl, schnell wie die Windhunde sollten wir werden. Ich war ein langsames Kind.

Wie, glauben Sie, stand Ihr Vater zu seiner Wehrmachtzeit?
Dazu muss ich Ihnen etwas erzählen: In dem Raum, wo ich meine Schularbeiten machte, hing an der gegenüberliegenden Wand eine große Bleistiftzeichnung, das Porträt meines Vaters in Uniform. Für mich ist das Bild bedeutsam. Wer würde sich täglich als

Wehrmachtsoldat sehen wollen, wenn diese Zeit für ihn eine schreckliche war? Ich gehe davon aus, er hat sie nicht als Dilemma erlebt, eher wie dieser Krieg ausgegangen ist. Natürlich war er zu klug oder zu ängstlich, sich offen zu dem Positiven zu bekennen. Die Wehrmachtzeit war für ihn, wie für viele Männer, irgendwo auch eine große Zeit. In meinem Elternhaus stand eine graugrün gestrichene Soldatenkiste, darauf der Name »Leutnant Heinz Hülsemann«, aber es wurde immer wieder betont, es hätte eigentlich »Oberleutnant« heißen müssen. Mein Vater tat im Krieg, was allen Männern Freude macht, er hat alle Autos gefahren, auch Motorräder, er ist geritten – womöglich schien es ihm die beste Zeit seines Lebens.

Glauben Sie, dass dies später für die Familie Folgen hatte?
Hier sehe ich auch einen Zusammenhang zu seiner Gewalttätigkeit als Vater. Im Grunde genommen hat er sich gerettet in ein hierarchisches Familienverständnis, er tat immer noch so, als ob er der Oberleutnant sei. Vermutlich kompensierte er mit dieser Familienrolle sonstige Abwertungserfahrungen. Er war als Loser aus Nazizeit und Krieg hervorgegangen und erfuhr in seiner Heimat keine offizielle Anerkennung und Wertschätzung mehr. Einem protestantischen Pfarrer im Osten fehlte zunehmend die früher seiner tradierten Rolle entsprechende gesellschaftliche bzw. soziale Anerkennung. Und natürlich hat solch eine Haltung auch immer etwas zu tun mit eigenen, belastenden Kindheitserfahrungen. Das gilt auch für meinen Vater.

Am Anfang waren Sie ja sicher politisch einer Meinung ...
Stimmt. Unsere Vater-Sohn-Konflikte hatten zunächst keine politischen Inhalte, sondern solche, die sein Verhalten in der Familie betrafen. Zu den heftigsten Auseinandersetzungen kam es, nachdem sich meine Mutter das Leben genommen hatte. Da war ich 19 Jahre alt. Ich habe ihn sehr hart angegriffen. Daraufhin schrieb er mir einen Brief – und da hat es bei mir geklingelt! Er schrieb,

ich sei ja wohl bei meinen theologischen Studien bislang nicht weiter gekommen als bis zum »jüdischen Rachegott«. Ich hatte inzwischen gelernt: »Jüdischer Rachegott« war ein Begriff, den die Nazi-Theologie benutzte, um das Judentum verächtlich zu machen. Erst danach ging es in unseren Konflikten auch um seine NS-Vergangenheit. Einmal schrieb er mir, ich würde jetzt »aus der Sippe ausgeschlossen werden«. Tatsächlich kam es irgendwann zum Bruch, der über Jahre anhielt, oder wir praktizierten einen distanzierten, konventionellen Kontakt.

Hat Ihr Vater unter dem schlechten Verhältnis zu Ihnen gelitten?
Das glaube ich schon deshalb, weil die Leute im Ort mitbekamen, dass die Kinder ihn nicht mehr besuchten. Am Ende seines Lebens sind wir beide uns wieder näher gekommen. Auf seinem Sterbebett hat zu mir gesagt: »Ich wollte alles ganz anders machen«. Ich habe keinen Zorn mehr auf meinen Vater. Ich träume heute anders von ihm – erwachsener als noch vor Jahren. Und schließlich hat er mich an diese großen Themen geführt. Aber er bleibt ein Rätsel für mich, an dem ich bis heute buchstabiere. Warum konnte er seine Gaben nicht besser nutzen? Wieso konnte er häufig Menschen außerhalb seiner Familie Orientierung und Halt geben? – Ich habe immer gesagt: Es geht mir nicht um Schuldzuweisungen. Was weiß ich, wie ich mich in dieser Zeit verhalten hätte … Ich sitze nicht auf dem hohen Ross, ich wollte schließlich nur besser verstehen.

Mich würde interessieren, welche Fragen Sie ihm zu seiner Vergangenheit gestellt haben.
Nicht viele. Ich habe ihn gefragt: Warum hast du uns nie von dem erzählt, was vor der DDR in Deutschland geschehen ist. Seine Antwort: Ich hatte damit zu tun, euch satt zu kriegen. Später erfuhr ich: Er war ganz früh, schon vor 1933, in seiner Heimatstadt und wenig später als Student in Jena – damals die braunste theologische Fakultät – bei den Naziaufmärschen dabei. Er ist als Sol-

dat in Saloniki gewesen, dem griechischen Umschlaghafen für die deportierten Balkanjuden. Was hast du davon mitgekriegt, habe ich gefragt.

Was hat er geantwortet?
Nichts!

Und Sie haben ihm geglaubt?
Nein. Aber ich habe nicht gefragt: Warum lügst du mich an? Wissen Sie, bei solch abweisenden Antworten wird man einfach müde und sagt sich: Es hat keinen Sinn. Ich erfahre ja doch nichts. Auf der anderen Seite muss es für ihn eine Provokation gewesen sein, als ich 1978 ein Gedenken des Judenpogroms von 1938 vorbereitete, für DDR-Verhältnisse sehr früh, obwohl für uns tatsächlich ja beschämend spät. Es gab einige Aufregung, denn staatlicherseits wurde nirgendwo an die zerstörten Synagogen erinnert. Das änderte sich erst mit Honeckers Wunsch, nach Amerika zu fahren! Vorher war es so: Wenn die Kirchen nichts machten, dann geschah überhaupt nichts, abgesehen von den staatlich angeordneten Ritualen. Es war also an der Zeit, der offiziellen Erinnerungskultur etwas entgegenzusetzen.

Warum war Ihnen gerade die Gedenkarbeit zum November 1938 wichtig?
Jedes Kind zu DDR-Zeiten konnte zwar nachts um 2 geweckt werden mit der Frage: Wie viele Juden sind umgebracht worden, jedes Kind konnte antworten: 6 Millionen. Aber hätte man gefragt: Wer waren eigentlich die Juden?, wäre als Antwort gekommen: Das weiß ich doch nicht. Also, ich kann das wirklich sagen, weil ich mich Zeit meines Berufslebens mit Kinder- und Jugendarbeit beschäftigt habe. Der Impuls des Pogromerinnerns kam dann wie von selbst. Ich erkundete die Kleinstadt, in der ich seit 1975 arbeitete. Und irgendwann erfuhr ich von einer Jüdengasse, die immer noch umbenannt war, von einer zerstörten Synagoge und

von Juden, die dort gelebt hatten. Alles andere hat sich dann daraus ergeben. Vor diesem geplanten Pogrom-Gedenken habe ich meinen Vater – da war ich schon Mitte 30 – gefragt, ob in unserem Heimatort eine Synagoge gestanden habe. Und ob er dort von Pogromen etwas mitbekommen habe. Antwort: Nein.

Und?
Eine Synagoge hat dort nicht gestanden. Aber es gab jüdische Familien und Geschäftsleute.

Und denen muss arg mitgespielt worden sein. Und mein Vater predigte 1938, nach glaubhaften Aussagen von Zeitzeugen, in SA-Uniform unterm Talar.

Wir haben jetzt über einen Teil Ihrer politischen Arbeit als Pfarrer gesprochen. Wie haben Sie damals Ihre Rolle gesehen?
Ich war kein Widerstandskämpfer in der DDR, ich bin ein politischer Mensch gewesen und habe den Kommunismus als den missglückten Versuch gesehen, dem Elend dieser Welt zu begegnen. Und die ideologische und höchst autoritäre Überbeanspruchung des Staates hat immer wieder zu kritischen Auseinandersetzungen in unterschiedlichsten Bereichen geführt. Im Blick auf die Nazizeit und die rassistisch motivierte Ermordung von Millionen ging es mir und anderen um eine wahrhaftigere Gedenkkultur. Wir haben auf unserem Weg die Auseinandersetzung erst lernen müssen, insbesondere mit der Instrumentalisierung des Antifaschismus als Legitimationsnachweis der DDR-Mächtigen. Das westliche Trainingsfeld der 68er hatte ich nicht. Ich sag immer scherzhaft: Ich hatte den Pollenflug der 68er Gedanken in der Nase. Dazu fällt mir ein Streit in der Jugendarbeit im Jahr 1985 ein, 40 Jahre nach Kriegsende. Es ging um den 8. Mai, den Tag der Befreiung, und ich dachte: Wir müssen uns um den »verordneten Antifaschismus« hier bei uns in der DDR kümmern. Es war der Begriff, den Ralph Giordano in seinem Buch »Die zweite Schuld« geprägt hatte. Im Deutschlandfunk war Giordanos Buch rezen-

siert worden. Ein Freund von mir hat es rübergeschmuggelt. Wir haben diese Kapitel unendlich oft vervielfältigt, auf Maschine abgetippt, hektographiert, unter die Leute gebracht. Leider hatte ich nie Gelegenheit, Giordano dafür zu danken.

Mich hat damals die Lektüre in meiner Einschätzung, wie in der Bundesrepublik mit der NS-Vergangenheit umgegangen wurde, bestätigt, und das allein hat mich schon erleichtert. Aber dass »Die zweite Schuld« auch in der DDR Wirkung zeigte, überrascht mich. Damit begann unser Angriff auf die staatliche Erinnerungskultur. Es wurde ja den Menschen eingetrichtert, sie seien die Erben des antifaschistischen Widerstandes. Die meisten Schulkinder wuchsen mit der Vorstellung auf, es habe in Ostdeutschland kaum Nazis gegeben, und wenn doch, dann seien sie nun alle bei den Nazis in Westdeutschland.

So etwas wurde gern geglaubt, oder?
Ja, das war die DDR-Variante des Wegschauens. In der DDR hieß es: Wir haben den Faschismus mit Stumpf und Stiel ausgerottet. Wir haben damals gesagt, wir müssen uns die anderen ehemaligen KZs und heutigen Gedenkstätten in Polen anschauen. Wir haben dann solange mit den staatlichen Stellen verhandelt, bis wir nach Polen fahren durften, nach Majdanek, nach Warschau, nach Auschwitz. Wegen »Solidarnosc« gab es dorthin eine grundsätzliche Reisesperre. Wir haben diese Reise eine Pilgerfahrt genannt. Wir suchten dabei für uns nach einer uns angemessen erscheinenden Erinnerungskultur und Gedenkstättenpädagogik.

Wir machen jetzt einen großen Zeitsprung. Wie kamen Sie zu dem Projekt gegen Rechtsextremismus in Brandenburg?
Viele wussten, ich bin am Thema »deutsche Vergangenheit« als Problem politischer Bildung dran. Man hat sich dann 1998 in Brandenburg an mich erinnert, als darüber nachgedacht wurde, in welcher Weise Kommunen im Umgang mit diesem Problem

beraten werden könnten. Als rechtsextreme Entwicklungen auch unter dem Einfluss rechtsextremer Parteien nicht mehr zu übersehen waren, hatte man das weitgehend als ein Jugendproblem gesehen und verharmlost. Man hatte zunächst Jugendprogramme gegen Gewalt und Ähnliches aufgelegt, aber es blieb wie es war. Vorhandene rechtsextreme Einstellungen in der Breite der Gesellschaft wurden nicht wahrgenommen oder angesprochen. Zu Hause sagten die Eltern wohl, wenn Jugendliche Dönerbuden abgefackelt hatten: Was ihr da macht, ist nicht richtig, aber verstehen können wir's ja.

Das klingt nach einer echten Herausforderung.
Ja, ich fühlte mich sinnvoll angefragt, denn dahinter stand doch die Frage: Warum passiert so etwas nach 40 Jahren DDR-Antifaschismus, nach 40 Jahren Indoktrination in der Schule?

Reichten die vielen Initiativen gegen Rechts nicht aus?
Es gab den plakativen Kampf gegen Rechtsextremismus. Bürgerinitiativen müssen plakativ und öffentlich wahrnehmbar agieren. Daraus ergibt sich allerdings keine hinreichende Strategie für eine Kommune. Bei unserem Auftrag ging es um eine Befähigung der Menschen vor Ort, nicht mit Denunziation und Beschämung vorzugehen, sondern herauszufinden: Was ist den Menschen wichtig in der Gestaltung des Ortes, in dem sie leben? Was fehlt? Welche Werte, welche Regeln sollen bei uns gelten? Demokratische Bürgerbeteiligung ist der sinnvollste Weg, ein demokratisches Gemeinwesen zu stärken. Und dazu gehört manchmal auch ein mutiges Erinnern an Unglück bringende Jahre in einem Dorf oder einer Kleinstadt.

Was lässt sich da tun? Also, es war eine gute, eine interessante Zeit. Ich kann sagen: Etwas Schöneres konnte mir als letzte große Aufgabe vor dem Ruhestand nicht passieren.

Siebtes Kapitel

NACHKRIEG
UND
KINDERDRESSUR

Babys unbedingt schreien lassen

Bei interessierten Nachkriegskindern hat sich der Name Johanna Haarer herumgesprochen. Noch vor wenigen Jahren war ihnen der Titel ihres Bestsellers »Die deutsche Mutter und ihr erstes Kind« unbekannt. In der NS-Zeit erreichte er eine Auflage von 700 000. Seinen Erfolg verdankt der Ratgeber institutioneller Förderung, vor allem durch die »Reichsmütterschule«. Die Kurse wurden im Lauf der Jahre von Millionen junger Frauen besucht. Auch in den Einrichtungen des »Bundes Deutscher Mädchen« galt Dr. Haarer im Fach Säuglingspflege als die maßgebende Autorität. Mit ihrem Ratgeber unterstützte sie das Erziehungsziel der Nazis, wonach der Deutsche hart zu sich selbst und zu anderen sein sollte, aber auch opferbereit. Mit der Reformpädagogik hatte die schwarze Pädagogik Konkurrenz bekommen. Das durfte nicht sein, also wurde im ganzen Land die Erziehung zu Härte propagiert, indem man eigens einer Ärztin die Rolle der Missionarin zuwies, Johanna Haarer eben. Ihre Methoden der Kinderdressur wurden nach dem Krieg nahtlos fortgesetzt.

Der Arzt Rudolf Degwitz, eine Kapazität der Kinderheilkunde, veröffentlichte 1946 den Ratgeber »Über die Erziehung gesunder Kinder«, denen er das Goethe-Zitat vorausschickte: »Erziehung ist Liebe und Vorbild«. Anders als Haarer dehnte er seine Empfehlungen auf alle Altersstufen aus, aber auch er ließ die Eltern wissen, wie wichtig es sei, ihren Babys das Schreien abzugewöhnen. »Die erzieherische Hauptaufgabe während des Säuglingsalters«, schreibt er, »besteht nun neben der Sicherstellung seines körperlichen Gedeihens darin, den Säugling zu lehren, dass Unlustgefühle zum Lebensalltag gehören und von ihm ohne Gefühlsausbrüche und ohne die Belästigung seiner Umgebung ertragen werden müssen«. Und er schickt die Warnung hinterher,

»dass ein brüllender Säugling in Gefahr ist, ein rücksichtsloser und unsozialer Mensch zu werden«.[33]

Grundsätzlich rät er, »sich möglichst wenig mit dem Kinde zu beschäftigen, es möglichst sich selbst zu überlassen und die Entfaltung der zarten Menschenknospe nicht durch an sich gut gemeinte Eingriffe zu stören.«[34] Fazit: Kinder allein zu lassen ist förderlich, Mütter, die »zum Zeitvertreib« mit ihnen spielen, sind schädlich. Für den Umgang mit Zweijährigen empfiehlt der Arzt: »Die Zeiten, während der das Kind sich im Laufgitter oder Zimmer selbst überlassen bleibt, sollen immer noch länger sein als sein Zusammensein mit Erwachsenen.«[35]

Wie Kinder »freudigen Gehorsam« entwickeln

In seinem Buch werden die Probleme, die mit Säuglingen auftauchen können, sachkundig beschrieben. Doch wie sie zu lösen seien, klingt aus heutiger Sicht oftmals brutal, und man fragt sich, ob ihm die »Menschenknospe« tatsächlich am Herzen lag. Zum Beispiel das Thema »Nahrungsverweigerung«. Da sehen seine Empfehlungen so aus: Man versucht es zunächst im Guten, doch wehrt sich der Säugling dann immer noch, »gießt man ihm den Mund voll und hält einige Male die Nase zu, so dass geschluckt werden muss.«[36]

Kinder sollen vor allem »freudigen Gehorsam« entwickeln. Um das zu erreichen, gibt der Arzt den Eltern eine Fülle von Ratschlägen an die Hand. Seiner Ansicht nach müssen Strafen gut dosiert und mit kühlem Kopf verhängt werden. Bei Schlägen rät er zu Zurückhaltung. Prügelstrafe nur dann, wenn nichts anderes mehr greift. Degwitz vertritt die Überzeugung: Ist ein Kind schon zehn Jahre alt und seine Eltern glauben immer noch, auf den Stock nicht verzichten zu können, dann haben sie etwas falsch gemacht. Stattdessen verweist er auf eine andere Maßnahmen, die er für weit wirksamer hält. »Je nach Schwere des Vergehens kann ein Kind für Stunden, ja für Tage völlig übersehen und in einen leeren Raum gestellt werden.« Die Strafen, sagt er an anderer Stelle, sollen keine Angst erwecken …

Sein geringes Einfühlungsvermögen in Kinder ist aus heutiger Sicht erschreckend, zu seiner Zeit war es normal, viele Generationen wurden so erzogen. Rudolf Degwitz hielt sich zweifellos für einen Humanisten. Auch er wollte Kinder stark machen. In seinem Ratgeber betont er mit guten Argumenten, wie wichtig es ist, dass Eltern ihnen Vertrauen schenken, er sagt viel Richtiges über die Basis stabiler Beziehungen. Aber er konnte nicht erkennen, dass eine frühe Kinderdressur tiefe, vertrauensvolle Beziehungen und damit ausreichend Vertrauen ins Leben gar nicht erst wachsen lassen. Würde er noch leben, er würde mir vehement widersprechen. Ich stelle mir vor: Er würde von gelungenen Familienfesten erzählen, und vor allem würde er darauf verweisen, dass aus allen seinen Kindern »etwas geworden ist.«

Was ist davon zu halten? Bei den meisten meiner Gesprächspartner ist das der Fall – trotz der Verunsicherungen und Ängste, deren Spuren sie noch heute in sich tragen und von denen sie freimütig und ohne Larmoyanz berichteten. Doch wie viel Anstrengung es ihnen abverlangte, um zu erreichen, was sie erreicht haben, wird in den drei folgenden Geschichten sichtbar.

Eine behütete, enge Welt

Fast alle meine Gesprächspartner habe ich zu Hause besucht. Doch Simon Carstens* meinte am Telefon, er habe demnächst in Köln zu tun, er könne gern zu mir kommen. Er bringt alte Fotoalben und ein Liederbuch mit. Sein Vater, ein Handwerker, Jahrgang 1921, spielte die Zither, ein altmodisches Instrument. Simon Carstens, 1954 geboren, wuchs in einer ländlichen Umgebung in der Nähe von Siegen auf. Heute lebt der Allgemeinmediziner in Schwaben, in der Nähe von Stuttgart, er ist verheiratet und hat drei Kinder. Als ich Monate später unser Gespräch verschriftete, gefiel mir seine Art des Erzählens so gut, dass ich beschloss, sie in Ich-form zu erhalten.

✍ Meine frühen Erinnerungen an meinen Vater haben immer zu tun mit starken innigen Gefühlen. Der Vater beim Zitherspiel oder beim gemeinsamen Spaziergang am Sonntagmorgen, ich strecke die Hand nach oben – ich muss noch sehr klein gewesen sein – und er führt mich durch die Wiesen und zeigt mir Blumen, Tiere, Steine. Wir brachten jeden Sonntag nach dem Gottesdienst einen Blumenstrauß für die Mama mit. Meine Eltern gehörten zum engen Kreis der Pietisten, entschieden für Jesus, ihre Frömmigkeit war von der Mystik Tersteegens geprägt. Ich bin in einer sehr behüteten Welt aufgewachsen, die aber auch sehr eng war. Ein Satz hat sich mir eingeprägt: Es gibt unsere Sorte Menschen und die anderen. Gemeint waren die Gläubigen und die Ungläubigen. Diese Haltung hatte etwas Dünkelhaftes. Man war also etwas Besseres, man musste etwas Besseres sein. Aber als Kind empfand ich das so, als hätten wir eine besonders schwere Last zu tragen: Die anderen gehen auf dem breiten Weg, und wir gehen auf dem schmalen Weg. Das muss man wissen, um die Geschichte meines Vaters und mein Verhältnis zu ihm zu verstehen.

Um die Stimmung in meinem Elternhaus zu illustrieren, habe ich das alte Liederbuch meines Vaters mitgebracht. Schauen Sie: »Die Waldvögelein« und »Alte Kameraden«. Und hier ist ein anderes Lied – sie werden es auch nicht kennen. Darin heißt es: »Wenn nach der Erde Leid, Arbeit und Pein, ich in die goldenen Gassen zieh ein ...«, eine merkwürdige Sehnsucht nach dem Jenseits, die mich schon als Kind befremdet, manchmal auch geängstigt hat.

Es war schön, mit Vater zu arbeiten, aber immer wieder passierte etwas, was eigentlich gar nicht zu meinem Bild von ihm passte. Plötzlich, weil irgendetwas nicht klappte, kriegte er einen ungeheuren Wutanfall, dabei konnte er alles kaputtschlagen, was er gerade aufgebaut hatte. Einmal hatte er ein neues Badezimmer selbst gebaut – und dann wieder zerstört. Einmal hat er sogar einen Hammer nach mir geworfen. Was ist nur mit dem los, das passt doch gar nicht zu ihm, dachte ich, ganz normal kann er nicht sein.

Was ich noch aus der Kindheit erinnere: Nachts hörte ich Vater oft, offensichtlich im Traum, laut schreien. Das Schlafzimmer der Eltern war ein Durchgangszimmer, die Tür war nicht schalldicht. Mutter sagte dazu: »Dein Vater träumt schlecht, das ist der Krieg«. Später habe ich ihn danach gefragt, stieß aber auf das übliche Verschweigen, das fast alle in meiner Generation erlebten.

Ich bin Einzelkind. Als ich fünf Jahre alt war, wurde mir gesagt, ich solle Zucker auf die Fensterbank streuen, vielleicht käme der Klapperstorch mit einem Brüderchen oder Schwesterchen, und Monate später hieß es, ich bräuchte nun keinen Zucker mehr auf die Fensterbank zu streuen … Meine Mutter hatte ihr Kind im siebten Monat verloren. Als ich auf dem Gymnasium war, erfuhr ich im Biologieunterricht von der Blutunverträglichkeit, die durch Unterschiede des Rhesusfaktors hervorgerufen wird. Ich erzählte Mutter, dass ich ja positiv sei und sie negativ, das habe ich dem Blutspenderpass entnommen, und Papa sei ja auch positiv. Ich sagte ihr, um ein weiteres Kind zu bekommen, hätte sie unmittelbar nach meiner Geburt entsprechend medizinisch behandelt werden müssen. Diese Information war für sie völlig neu, und ich weiß noch, dass ich nicht verstand, warum sie so fassungslos reagierte. Erst als Erwachsener begriff ich die Hintergründe: Der Verlust ihres Kindes hatte bei ihr über viele Jahre schwere Depressionen ausgelöst. Sie unternahm fünf Suizidversuche.

»Das kann kein Gott vergeben«

Ihre Gemütszustände gingen einher mit schweren Selbstvorwürfen: »Die Sünde, die ich getan habe, ist so schlimm, die kann kein Gott vergeben.« Diese Erfahrungen waren für mich der Grund, zunächst ein Theologiestudium zu beginnen, um die religiöse Enge meines Elternhauses zu verarbeiten. Aus diesem Irrsinn musste ich raus. Später habe ich dann gewechselt und Medizin studiert. Ich wusste damals bereits, dass ich innere Aufträge abarbeite, die ich unbewusst von meinen Eltern übernommen habe.

Nach einem ihrer Selbstmordversuche war die Mutter 14 Tage bewusstlos. Sie hatte sich auf einer Reise in Österreich das Leben nehmen wollen. Wir mussten sie im Krankenhaus zurücklassen. Vater saß stundenlang stumm im Auto. Er war unfähig, auch nur ein Wort mit mir zu sprechen. Dann schließlich sagte er an einer Tankstelle »Wir fahren hier raus und rufen im Krankenhaus an«. Das war sein einziger Satz. Aber wie es uns geht, dem Vater und mir, darüber fiel kein Wort. Darüber konnte er nicht sprechen.

Und so habe ich ihn auch immer belastet erlebt, wenn es um Kriegsthemen ging. Meine Jahrgänge waren ja von den Nachwehen der 68er Bewegung beeinflusst, als die deutsche Schuld in die Debatten kam. Immer wieder habe ich meinen Vater gefragt: Hast du Menschen erschossen? Wie viele? Damit muss ich ihn sehr gequält haben, ich habe nie locker gelassen. Er hat nur zwei Dinge gesagt. Erstens: Krieg ist das Schrecklichste, was es gibt, das darfst du nie vergessen. Und zweitens: Wenn dir jemand sagt, man habe nicht wissen können, was mit den Juden passiert ist, dann glaub dem nicht. Er sagte mir: »Für mich war der Krieg verloren, als er noch nicht begonnen hatte, in der Reichskristallnacht 1938. Ich habe das Fleisch vom Metzger Salamon auf der Straße liegen gesehen. Da habe ich gewusst: Wer den Augapfel Gottes antastet« – gemeint waren die Juden –, »der hat den Zorn Gottes auf sich geladen.« Diese Sätze entsprachen seiner Frömmigkeit.

Aber meine Mutter sagte bis zuletzt: Wir konnten nichts wissen. Dass das Krematorium in Hadamar immer rauchte, haben wir gehört, aber dabei haben wir uns doch nichts gedacht. Nach Vaters Worten gehörte sie also auch zu denen, denen ich nicht glauben sollte. Aber nie haben wir zu dritt über diese Spannung sprechen können.

Jeden Sonntag wurde der Krieg lebendig

Über die Auschwitzprozesse wurde in meinem Elternhaus nie geredet, auch nicht über den Prozess gegen Adolf Eichmann in Israel. Es ist nicht einmal über die Entnazifizierung gesprochen worden. Aber jeden Sonntag wurde der Krieg lebendig, wenn die Geschwister meiner Eltern zu Besuch kamen. Einer der Onkel erzählte nicht vom Heldentum, sondern von seiner Angst vor Partisanen, in Jugoslawien und Italien. Der war mir der Sympathischste. Der andere Bruder der Mutter, von Beruf JVA-Bediensteter, war der Held der Kaffeerunde, ein großer, blonder »typisch deutscher« Mann, den ich bewunderte. Sonntags, nachdem der Frankfurter Kranz gegessen war, gingen die Frauen in die Küche und die Männer blieben, und dann wurden die Abenteuer aus dem Krieg erzählt. Vater saß meist schweigend dabei. Der Onkel erzählte, wie sie ein russisches Dorf eingenommen hätten, wie er russische Soldaten »umgemäht« habe. Das hat der Onkel, der Held, detailliert erzählt, und ich war davon wie gefesselt. Irgendwann, für alle völlig überraschend, sagte der Vater barsch: »Ich will diese Geschichten nicht mehr hören!« Und er verwies seinen Schwager aus dem Haus, ohne weitere Erklärung, geschweige denn, den Konflikt offen zu besprechen. Vater hatte das jahrelang ertragen und nie etwas gesagt. Natürlich habe ich mich gefragt, warum er so lange die Kriegsgeschichten am Sonntag zugelassen hat. Es gab etwas Feiges an ihm oder besser gesagt, eine Unfähigkeit zum Konflikt. Etwas musste lange in ihm gären, bis es schließlich zur Eruption kam.

Anfang Siebzig ist er an einem Herzinfarkt gestorben. Was man auch noch wissen muss: In den letzten Kriegswochen ist Vater desertiert. Er sprang vom fahrenden Zug, in Deutschland, als er zum nächsten Fronteinsatz gebracht werden sollte. Von März 1945 bis Kriegsende hat er sich versteckt. Ich halte ihn für einen typischen Mitläufer. Er sagte immer: Wer etwas gesagt hätte, wäre erschossen worden. In seinem Nachlass fand ich mehrere Ehrenabzeichen, darunter zweimal das Eiserne Kreuz 1. Klasse. Er war Unteroffizier und hat alles mitgemacht und das auch noch als besonders tapferer Soldat. Er hat auch viele Todesanzeigen von Gefallenen aufbewahrt, die er gekannt haben muss, sonst hebt man so etwas ja nicht auf.

Mutters Bruder, der Held, hat übrigens meinem Vater die Schuld daran gegeben, dass meine Mutter depressiv war. Er sagte: »Die Marianne ist immer ein lustiges Mädchen gewesen. Seit ihr verheiratet seid, ist sie es nicht mehr.«

Mutter und Vater: Zwei Unerlöste

In gewisser Weise hatte er Recht: Vater war nicht in der Lage, meiner Mutter in ihrer Depression emotional beizustehen, aber er ist immer bei ihr geblieben. Wenn sie sagte: »Mein Sünde ist so groß, die kann kein Gott vergeben«, konnte er nur wenig dagegensetzen, weil er selbst etwas Unerlöstes in sich trug. Was hätte er auch antworten sollen? Vielleicht sprach sie etwas in ihm an, was auch er hätte sagen können.

Meine Mutter hat in einer religiösen Wahnvorstellung gelebt, ausgelöst durch die unverarbeitete Trauer über ein verlorenes Kind. Auch konnte sie sich nicht gegen die Schwiegermutter durchsetzen, die ihr verbot, mich als Baby nachts zu stillen. Mutter hat mir später gesagt: »Ich habe mich an dir schuldig gemacht. So lange hast du nachts gebrüllt wie am Spieß …«

Das Drama meiner Familie spüre ich manchmal noch heute als Einsamkeit, die ich in mir trage. Oft denke ich, es sei mein

Schicksal, diese Einsamkeit auf mich zu nehmen. Ich habe keine ungestörte emotionale Beziehung zu meinen Eltern, obwohl ich sie bis heute liebe – das klingt paradox. Ich war bestimmt schon ein Jahr oder länger nicht mehr an ihrem Grab. Wenn ich Familien sehe, die ihr Familienleben pflegen und auch einmal einfach miteinander fröhlich sind, merke ich, was ich vermisst habe. Bis heute – in meiner eigenen Familie – holt mich manchmal die Anspruchshaltung meiner Eltern ein, die ich dann auf meine Kinder übertrage.

Die Eltern haben mich sehr streng erzogen. Wenn ich Widerworte gab, wurde ich stundenlang in den Keller gesteckt. Der war dunkel, nicht ausgebaut, überall Spinnweben, das Wasser tropfte von den Wänden. Und dann die Essensregeln: Ich musste so lange am Tisch sitzen bleiben, bis der Teller leer war. Noch heute esse ich jeden Teller leer, bis er blitzblank ist. Vor 15 Jahren, als ich um die vierzig war, hatte ich eine gute Phase, da war ich schlank, auch deshalb, weil ich das Essen wegschmiss, das ich nicht mehr wollte. An der Formulierung sehen Sie: Es ist noch nicht überwunden. Für andere ist das ganz normal, Essen auf dem Teller liegen zu lassen. Für mich ist es »wegschmeißen«.

Ich war ein einsames Kind und ein geprügeltes Kind. Beide Eltern schlugen mich, aber die Bestrafungsmethoden meines Vaters hatten zudem etwas Perverses. Bevor er mich schlug, sagte er, ich müsste ihm in die Hand versprechen, dass ich ihm verzeihe, dass er mich jetzt schlägt – mir wird heute noch übel, wenn ich daran denke. Als ich im Kino den Film »Das weiße Band« sah, kam es mir so vor, als hätten sie bei uns zu Hause eine Kamera laufen lassen. Vieles habe ich so erlebt wie in diesem Film. Ich kann mich ebenso an diese hinterlistigen aggressiven Streiche von uns Kindern erinnern. Wenn wir auf ein bestimmtes Kind neidisch waren, wurde es verhauen. Ich guckte dabei nur zu, aber keine Frage, ich genoss, dass der andere verhauen wurde – ich selbst tat ja nichts Schlimmes.

Wie sich die Prügel im späteren Leben auswirkten

Welche Auswirkungen ich bei mir sehe? Vor allem diese: Es ist mir schwer gefallen, eine männliche Identität zu entwickeln. Was heißt es, sich im positiven Sinne männlich zu verhalten? Ich habe Probleme, dominant zu sein, mich durchzusetzen – außer meinen Patienten gegenüber, aber in der Arztpraxis sind die Rollen ja klar definiert. Da wird ja erwartet, dass ich Orientierung gebe. Doch habe ich, zum Beispiel, in Diskussionen Schwierigkeiten, Position zu beziehen, mich von anderen abzugrenzen. Da merke ich: Ich bin dir sehr nah, Vater … Ich trage in mir eine Panik, vernichtet zu werden. Ich weiß, es klingt übertrieben und es ist irrational, aber so empfinde ich. Und oft denke ich: Welche konkreten Anlässe, Erlebnisse in meinem Leben gab es, die diese Angst hervorgerufen haben sollten? Sind das meine Geschichten? Oder trage ich nicht vielmehr ein Erbe, das mir Vater aus seinem Erleben übertragen hat?

Er war ja so religiös. Er wusste: Das ist kein normaler Krieg. Was wir hier tun, ist die absolute Sünde. Aber nie konnte das ausgesprochen werden. Es wurde öffentlich gebetet im Pietismus, aber ich habe nicht ein einziges Mal eine Bitte um Vergebung gehört im Zusammenhang mit Krieg und Schuld. In der protestantischen Kirche gibt es zwar Schuldbekenntnisse, aber die haben meiner Meinung nach zu keiner emotionalen Entlastung der Kriegsteilnehmer geführt. Ein Schuldbekenntnis hätte an das Ende eines Trauerprozesses gehört. Tatsächlich hat man in diesen Jahren sowohl die Aufarbeitung und erst recht die Trauer einfach ausfallen lassen. Ich erkenne keinen Raum, in dem wirkliche Aufarbeitung geschah, weder von Schuld noch von Traumata. Es gibt jedenfalls keine Rituale, keine Gottesdienste, keine Liturgie, in der Menschen ihre Verluste betrauern können, und keine Liturgie, die Erlösung ermöglicht.

Ich komme noch einmal auf die Sonntagsgespräche aus meiner Jugendzeit zurück, als viel vom Krieg gesprochen wurde. Einmal fiel das Wort »Blutschande« und meine Vorstellung war, hier nüchtern formuliert: Bei allem Mythos der deutschen Wehrmacht werden diese kriegerischen Exzesse nicht ohne Vergewaltigungen geblieben sein. Ich meine, es war mir schon als Student bekannt, dass Kämpfe bei jedem vitalen Mann viel Adrenalin mobilisieren, und dass Angst etc. eine Hormonüberschwemmung verursacht, so dass es Vergewaltigungen gegeben haben *muss*. Wenn Sie mich heute fragen: Kann es sein, dass Ihr Vater deshalb im Schlaf schrie, weil er Zeuge von Grausamkeiten an Frauen und von Massenerschießungen wurde, dann sage ich, ich halte es für möglich. Vielleicht habe ich ja als Kind, das darüber nicht sprechen konnte, diesen Zusammenhang selbst hergestellt. Dem Thema bin ich jedenfalls in meinen eigenen Therapien begegnet.

Dennoch ein gelungenes Leben

Trotz alldem empfinde ich mein Leben als gelungen, und daran hat meine Frau einen großen Anteil. Ich übertreibe nicht, wenn ich sage, wir führen eine gute Ehe, wir verstehen uns – und wir verstehen uns mit unseren drei Kindern, die jetzt schon erwachsen sind. Darüber hinaus arbeite ich in einem Beruf, den ich liebe. Alles in allem eine gute Bilanz, die mich bisweilen selbst staunen lässt.

Ich denke, dass ich zum richtigen Zeitpunkt den richtigen Menschen begegnet bin. Ich habe mir als Kind Ersatz gesucht für das, was ich bei den Eltern nicht bekam. Ich war viel bei den Nachbarn, ältere Eheleute, kinderlos, die kraulten mir den Rücken. Ich habe bis zum Schulabschluss oft bei einem jüngeren Ehepaar gegessen – wenn man so will, erwachsene Freunde. Sie nahmen mich mit in Konzerte und ins Theater, sie haben mich mit Kultur versorgt, was es in meinem Elternhaus nicht gab. Nach dem Abitur habe ich in einer Kirchengemeinde ein ausgedehntes Praktikum gemacht. Der Pfarrer war gleichzeitig Therapeut, mit ihm konnte ich die Auswirkungen der sonderbaren Frömmigkeit meiner Eltern besprechen und verarbeiten. Ganz allmählich wuchs in mir das Gefühl, ich darf frei sein und leben.

Ich habe damals gesagt: »Was ich in diesem Praktikum erlebe, ist meine Auferstehung.« Ich entschied mich dann letztlich gegen den Pfarrersberuf und bin Allgemeinmediziner mit eigener Praxis geworden. 🖉

In der letzten halben Stunde unserer Begegnung schauen Simon Carstens und ich uns die Fotoalben seines Vaters an. Eines trägt den Titel »Meine Arbeitsdienstzeit« und ist mit einem Hakenkreuz dekoriert. Die weiteren Alben behandeln Polenfeldzug, Frankreichfeldzug, Russlandfeldzug. Die Fotos dokumentieren Kameradschaft, Blödsinn machen, keine Heldentaten. Der vorherrschende Eindruck: Hier machen junge Männer Urlaub. Ein kleines Fotoalbum heißt »Mein Paris«. Der erste Tag in Frankreich ist von Vater Carstens unterschrieben mit: »Hurra, Hurra, wir sind da!« Aber 1942 fotografiert er in Russland gelegentlich die Gräber von Kriegskameraden.

Er war Teil eines Fernmeldebataillons, und damit fand sein Einsatz hinter der Frontlinie statt. »In Russland wusste Vater, dass dies ein Vernichtungsfeldzug war«, sagt sein Sohn Simon. »Nach zwei Tagen waren die Dörfer judenfrei. Er sah die Spuren der Gewalt, wenn er durch diese Dörfer kam.«

Mich überrascht, wie viel Simon Carstens über den Krieg seines Vaters weiß. Der Sohn teilt mir mit, er habe die Alben nur ein einziges Mal angeschaut, sehr flüchtig. Nun entdecken wir Aufnahmen, die der Vater durch Stacheldraht fotografierte. Solche Bilder waren verboten. Soldat Carstens muss sie im Verborgenen gemacht haben, während seiner Zeit als Besatzungssoldat in Polen. Es sind Fotos von einer Sammelstelle für Juden oder einem Arbeitslager in Gleiwitz. Die jüdischen Männer stehen hinter Stacheldraht im Lager und umringen einen Wehrmachtssoldaten, der erhöht steht, vermutlich auf einem Tisch, und Anweisungen gibt.

Simon Carstens ist erschüttert, weil ihm der Inhalt der Bilder vorher nicht aufgefallen ist. Er verabschiedet sich von mir und sagt, er werde jetzt heimfahren und als Erstes in Stuttgart seine Lupe aus der Praxis holen. Simon Carstens ist einen Schritt weiter gekommen, er hat ein neues Mosaiksteinchen gefunden.

Das rauschende Fest zum 60. Geburtstag

Gabi Sonnbach* hat zur Geschichte ihres Vaters nichts Greifbares in der Hand. Aber darum ging es zu Beginn unserer Begegnung noch gar nicht, sondern um ihren 60. Geburtstag. Nur wenige Tage sind seitdem vergangen. Es muss es ein rauschendes Fest gewesen sein, bis in den frühen Morgen hinein, als die letzten Gäste auf dem Heimweg die Sonne begrüßten. Feiern ohne Grenzen, das war Gabis Wunsch gewesen: Musik aufdrehen bis zum Anschlag, tanzen bis zum Umfallen, ein langes Fest (open end!), ein lautes Fest (mit Disko!) – und bitte keine Polizei. Nach hartnäckiger Suche hatte sie den optimalen Partyraum gefunden, ohne Nachbarn im Haus oder im Nebengebäude. Sie wollte nicht wiederholen, was in ihrer Studentenzeit üblich war, als die Zutaten einer gelungenen Fete laute Musik, Rotwein und Nudelsalat waren und sich der Höhepunkt durch das Auftauchen zweier Ordnungshüter ergab, die johlend empfangen wurden.

Gabi Sonnbach war verblüfft, wie viel man sich im Freundeskreis an Programmpunkten hatte einfallen lassen. Die Rückenstärkung, die sie durch ihre Wahlfamilie erfuhr, übertraf alle ihre Erwartungen. Etwas Besseres kann einer Frau, die alleinstehend und kinderlos ist, nicht passieren. Es gibt keinen Grund anzunehmen, dass sie im Alter einsam sein wird. Dann erfahre ich den zweiten Anlass für die Feier: Sie ist frei! Mit 60 Jahren ist sie in Rente gegangen.

Gabi gehört zu den Frauen, die sich etwas Jungmädchenhaftes bewahrt haben. Als sie mich am Bahnhof abholt, fällt mir ihr leichter Gang auf, und ich frage sie, wie es ihr gelingt, so gut und so jung auszusehen. Sie habe einfach keine Lust, in ihrem Alter schon alt zu werden, antwortet sie, jetzt, wo das Leben allmählich entspannter werde … Eine halbe Stunde später sitzen wir an ihrem Esstisch, das Aufnahmegerät ist eingeschaltet. Gabi Sonnbach hat Sozialpädagogik studiert. Schnell kommen wir darauf zu sprechen, wie weit das Pendel der Erziehung in den siebziger Jahren ausgeschlagen ist. Dies sei auch bitter nötig gewesen, meint sie. Vor einiger Zeit ist sie im Internet auf eine Liste mit Erziehungssprüchen[37] gestoßen. An die hundert müssen es gewesen sein. 95 Prozent davon kennt sie. »Die kenne ich sogar sehr gut«, bekräftigt sie. »Solche Sätze vergisst man nie. Ich habe sie mir extra für unser Gespräch heute ausgedruckt. Wollen Sie mal hören?« Ach, denke ich, da sind sie ja wieder – ihnen ist wohl niemand entkommen.

Kannst du mir mal sagen, was das soll
Geh da weg
Das ist nichts für Kinder
Entschuldige dich
Dazu bist du noch zu klein
Hör auf dich wie ein Kind zu benehmen
Da führt nun mal kein Weg dran vorbei
Das ist doch kein Umgang für dich
Hör mit dem Geplärr auf

»Aufhören«, bitte ich, »die Sprüche kenne ich doch auch alle!« – »Dachte ich mir«, sagt sie. »Man glaubt, man kriegt davon eine Blutvergiftung, nicht wahr?«

Gabi Sonnbach machte mit 40 Jahren eine Umschulung zur Computergrafikerin und arbeitete seit 1990, überwiegend halbtags, in der Stadtverwaltung, Abteilung für Außenwerbung. Ihre Rente fällt entsprechend klein aus, aber damit kommt sie gut zurecht. Im Grunde hat sie, was sie braucht. Ihre kleine Wohnung ist hübsch geschnitten und günstig in der Miete. Ein Auto besitzt sie nicht. Reisen mit Hotelkomfort kann sie sich nur selten leisten, doch das gleicht sich aus, weil Freundinnen und Freunde häufig ihre Ferienhäuser anbieten oder sagen: »Komm uns doch mal besuchen!« Die Häuser, vor dreißig Jahren billig erworben, liegen in den schönsten Gegenden Europas. Gabi muss praktisch nur die Fahrtkosten zahlen.

Reisen mit leichtem Gepäck

Am liebsten fährt sie in den Süden, schon deshalb, weil sie mit leichtem Gepäck reisen kann. Grundsätzlich lebt sie mit der Formel »Keep it simple«. An dieser Stelle unseres Gesprächs macht Gabi einen Früher-Heute-Vergleich. »Meine Güte, wenn ich daran denke, wie ich meine ersten Reisen angetreten bin, alle Sachen sorgfältig gebügelt und gefaltet!« Sie lacht auf. »Schuhputzzeug hatte ich dabei, Waschmittel, am Anfang sogar ein Reisebügeleisen.«

Sie war, so lange sie zu Hause wohnte, keine Jungrebellin gewesen, sondern jemand, der vor allem eines wollte: ja nicht ungut auffallen. Umso verblüffender die Wandlung, die begann, als Gabi Sonnbach von zu Hause fortzog, 19 Jahre alt, unsicher, leicht zu irritieren, und getrieben von einem einzigen großen Verlangen »Bloß raus hier!« – als hinge ihr Überleben davon ab.

Wer ihr heute zum ersten Mal begegnet und ihren Hintergrund nicht kennt, muss glauben, sie käme aus einem liberalen Elternhaus. Tatsächlich aber schildert sie eine gnadenlose Dressur, vor allem von Seiten des Vaters. Bevor sie auf typische Situationen zu sprechen kommt, muss sie noch etwas loswerden. Sie sagt, sie stehe noch unter dem Eindruck einer Radiosendung vom Vortag. Hier sei der Altersforscher und Experte für Kriegskindheiten Hartmut Radebold zu Wort gekommen. »Er hat davon berichtet, wie er mit etwa 55 mit seiner eigenen Kriegsvergangenheit wieder in Berührung kam und wie sich danach die Beziehungen zu seinen Kindern gebessert hätten. Ich musste weinen. Das wäre mal ein Vatermodell gewesen, von dem man nur träumen kann.« Und sie fügt hinzu: »Wenn in einem Fernsehfilm jemand seine Tochter in den Arm nimmt, dann sitze ich da und heule, heute noch!«

Ihre Eltern Wilhelm und Hanna Sonnbach* stammten aus Berlin. Nach Kriegsende hatte es sie in eine rheinische Kleinstadt verschlagen, wo Gabi mit ihrer sieben Jahre älteren Schwester aufwuchs. Ihr Vater, Jahrgang 1902, war für den Ersten Weltkrieg zu jung gewesen und für den Zweiten Weltkrieg schon zu alt. Nur in den letzten zwölf Monaten bis Mai 1945 hatte man ihn noch in eine Wehrmachtsuniform gesteckt, glaubt Gabi zu wissen, und sie schickt gleich eine Warnung hinterher. »Nichts, was Sie jetzt hören werden, ist gesichert. Auf eine Frage, die mit ›Wissen Sie, ob …‹ beginnt, muss ich immer gleich Nebel streuen, weil alles, was ich diesbezüglich schon mal gehört habe, bei mir versandet.«

Nebel und Vergesslichkeit

Angeblich lautete der Auftrag für Rekrut Wilhelm Sonnbach im besetzten Holland »Pferde organisieren«. Seine Tochter und ich rätseln, was damit gemeint gewesen sein könnte. Schickt man einen nicht mehr jungen Großstädter aus Berlin zu niederländischen Bauern, um dort für die deutsche Armee die letzten noch übrig gebliebenen Kaltblüter zu beschlagnahmen? Aber vielleicht, wende ich ein, habe er den Einsatz in den Niederlanden nur erwähnt, um deutlich machen, dass er in keinerlei Gefechte verwickelt gewesen sei. Gabi überlegt. »Ich glaube, ich hab ihn auch mal gefragt, ob er geschossen hätte, das hat er, meine ich, verneint«, sagt sie. »Ich habe nie richtig nachgefragt. Ich wusste genau, was ich nicht zu fragen habe.«

Das Vermächtnis ihres Vaters ist Nebel. Der äußert sich bei ihr als Vergesslichkeit – als weigere sich ihr Gedächtnis, verlässliche Informationen zur Vergangenheit der Eltern zu speichern. Jedem Hinweis, der Vaters Krieg erhellen könnte, fehlt der Zusammenhang. Jede Spur versickert. Angeblich hat er einige Semester studiert – was? Angeblich hat er dann das Studium abgebrochen, weil sein Vater früh starb – aber was kam danach? Kann es sein, dass er ohne Ausbildung war? Womit verdiente er in Berlin sein Geld? Seine Frau, die er Anfang der vierziger Jahre heiratete, arbeitete im Reichssicherheitshauptamt mit Reichsführer-SS Heinrich Himmler an der Spitze. Ihre Tochter glaubt, einmal gehört zu haben, ihre Mutter habe manchmal nachts zum Dienst kommen müssen, um bei Verhören zu protokollieren, und dies sei eine große Belastung für sie gewesen.

Gabi besitzt einen Brief ihrer Mutter aus einer Zeit, als diese evakuiert war. Die 15 Jahre jüngere Ehefrau schrieb ihrem Mann in die täglich von Bombenangriffen heimgesuchte Hauptstadt, sie mache sich Sorgen um ihn, sie befürchte, er würde seine Pflichten vernachlässigen und zu viel Kartenspielen. Doch um welche Pflichten ging es? Wie sah sein Kriegsalltag aus? Im Gespräch mit Gabi Sonnbach wuchern die Fragen, auf die sich keine Antworten finden lassen.

Im Nachlass ihrer Mutter stieß sie auf eine Rechnung mit Heil-Hitler-Gruß. Es handelte sich um die Schlafzimmermöbel ihrer Eltern. Ehebett, Schrank und Kommoden waren 1941 gebraucht gekauft worden. Sie hatten den Krieg überstanden sowie den Umzug in den Westen, und sie hatten Gabis Eltern überlebt. Der Vater starb 1975, die Mutter 30 Jahre später. Als die Tochter nach dem Tod ihrer Mutter die Möbel loswerden wollte, entstand ein Problem. Mehrere Entrümpelungsfirmen winkten ab, sie wollten sie nicht einmal geschenkt haben. Schließlich fand ein Kroate daran Gefallen, er meinte, das Schlafzimmer sei genau nach dem Geschmack seiner Eltern, Flüchtlinge, die im Balkankrieg alles verloren hatten.

Gabi machte noch eine weitere Entdeckung, als sie sich den Nachlass genauer anschaute. In einer alten Mappe befanden sich Notenblätter und Aquarellbilder, die vom Vater stammten. Also hatte er gemalt und kleinere Stücke komponiert. Warum hatten seine Töchter nie davon erfahren? Was hatte ihn daran gehindert, seinen Kindern zu erzählen, er habe einmal ein viel freieres Leben geführt, mit einem ausgeprägten Interesse an Kunst? Gabi sagt, ihr selbst wäre eine solche Idee nie gekommen, denn der Vater ihrer Kindheit sei starr und streng gewesen. »Vati hatte zu Hause das Sagen. Er thronte am Tisch und bekam zuerst zu essen und das größte Stück Fleisch. Die Beziehung zu uns Kindern bestand nur aus Maßregelungen und Kritik, wo ich mich später gefragt habe, wofür eigentlich? Wir waren die bravsten Mädchen unter der Sonne. Wir sind nirgendwo aufgefallen, – nicht, dass Sie das glauben – wir waren nie frech in der Schule.«

»Für meine Eltern waren wir Möbelstücke«

In ihrem Elternhaus gab es keine Aufregung, keinen Streit, auch keine Freude, die gewärmt hätte. Es herrschte ein Klima der gedämpften Emotionen. »Meine Schwester und ich sagen heute: Wir waren unseren Eltern nur lästig. Wir waren eigentlich Möbelstücke.«

Ständig mussten die Kinder Rücksicht nehmen, weil fünf Menschen eng zusammen lebten. In der Dreizimmerwohnung hatte die Großmutter einen Raum für sich. Die Kinder schliefen im Elternschlafzimmer ein. Ein Mädchen blieb dort die ganze Nacht in einem Kinderbett, aber das zweite musste, bevor die Eltern schlafen gingen, aus dem Ehebett ins verqualmte Wohnzimmer auf die Couch wandern. Gabi glaubt, die Erwachsenen hätten darin kein Provisorium gesehen, sondern völlig normale Wohnverhältnisse, ein Umzug sei nie im Gespräch gewesen. Die Eltern hätten dort bis zu ihrem Tod gewohnt. Ich nehme den letzten Satz zum Anlass, um zu fragen, ob sie nach dem Tod des Vaters oder dem der Mutter Trauer empfunden habe. »Um welchen Verlust sollte ich trauern?«, fragt sie zurück, »Ich habe ja nicht Menschen verloren, die mich in meinem Leben unterstützt und gestärkt haben. Nein, ich habe keine Trauer empfunden.«

Als kleines Mädchen, erinnert sie sich, habe sie gelegentlich mit dem Vater gebalgt, folglich müsse es eine Zeit gegeben haben, in der beide Freude aneinander hatten. Mit acht oder zehn Jahren sei das vorbei gewesen. Sie habe sich von ihrem Vater zurückgezogen, körperlich und vor allem emotional. Allerdings, räumt sie ein, habe es einen Küss-Zwang gegeben: zur Begrüßung, zum Abschied, beim Gute-Nacht-Sagen. Dieses Ritual durfte nicht verweigert werden. Es ist überhaupt auffällig bei Gabi Sonnbachs Beschreibung, wie wenig Spielraum es für Kinderverhalten und Kindervorlieben gab. Eine der Vorschriften besagte, Mädchen dürften keine Hosen tragen. Vor und nach dem Essen wurde gebetet. Danach war es Gabi erlaubt, zu fragen: »Darf ich bitte aufstehen?« Sie musste einen Knicks hinter dem Stuhl machen, erst dann durfte sie gehen.

Wie ein Kind um seine Würde kämpfte

Es gab kein Entrinnen, und dennoch kämpfte Gabi – wie jedes ausgelieferte Kind – um ihre Würde, indem sie verdeckten Widerstand übte. »Ich habe eine Weile gestottert, halbabsichtlich, nur beim Beten«, erzählt sie. Bei den Mahlzeiten bekam man die Essensmengen zugeteilt. Am Ende durfte nichts auf dem Teller zurückbleiben. »Ich habe dann eine halbe Essstörung entwickelt. Sie begleitete mich in mein späteres Leben. In konfliktreichen Phasen konnte ich wochenlang nichts essen und habe mich nur von einem täglichen Apfel ernährt.«

Dann fällt ihr die Sache mit den Haaren ein: Sie musste Zöpfe tragen – auf keinen Fall Pony! Es durfte keine Strähne in die Stirn fallen. Dafür hatte eine Haarklammer zu sorgen. Gabi fand, sie sähe damit ausgesprochen dümmlich aus, sie verschob die Klammer, wobei es passieren konnte, dass ein paar Härchen ins Gesicht fielen. Was für ein Drama! Gabi musste es – sofort! – korrigieren. Bei Weigerung drohte eine Ohrfeige. Ihre Schwester sei noch mit dem Rohrstock geschlagen worden, sie selbst nicht, doch habe sie das Verprügeltwerden ihrer Schwester mitbekommen, und der Rohrstock habe gut sichtbar seinen Platz im Bad gehabt. Auch sei damit gedroht worden, die Töchter ins Heim zu stecken. Wilhelm und Hanna Sonnbach waren sich in Erziehungsfragen einig, was sie häufig und mit einem gewissen Stolz betonten. Gabi schildert sie als völlig frei von Empathie.

Hatte man etwas verkehrt gemacht, dann musste man antreten, an den Schreibtisch, hinter dem Vater saß, der dann seine übliche Standpauke hielt. »Er hat oft behauptet, wir hätten Flecken auf seinen Schreibtisch gemacht, weil wir dort unsere Schularbeiten machen mussten«, erinnert sich seine Tochter. »Aber wir hätten schon aus Angst nie irgendwelche Flecken gemacht. Immer hat er etwas behauptet, was nicht stimmt, bis ich es selbst geglaubt habe. Was dauernd geschah: Ich kann mich nicht wehren, ich fange an zu heulen … sehr demütigend, er sitzt hinter seinem Schreibtisch, ich heule und will weggehen. Der Vater: Wo gehst du hin? Ich: Ich möchte mir ein Taschentuch holen. Der Vater: Musst du vorher fragen. Ich: Darf ich mir bitte ein Taschentuch holen?« Gabi Sonnbach hält inne, atmet bewusst tief aus. Dann fragt sie: »Warum macht ein Mann so etwas, wenn er früher als junger Mensch vielleicht mal ganz gut drauf war? Wieso ist er imstande gewesen, uns mit diesem Druck zu erziehen?«

Er zwang seine Tochter zum Geigenspiel, zum täglichen Üben. Ein Zwang unter vielen Zwängen. Als Erwachsene fasste sie keine Geige mehr an. Und doch blieb etwas. Ihre Liebe zur Musik hatte des Vaters Härte nicht zerstören können. Bis heute ist Gabi Sonnbach eine begeisterte Chorsängerin. »Musik ist für mich alles!« sagt sie und beschreibt damit ihre größte Ressource. Sie hat lange dafür gespart, um ein Klavier kaufen zu können. In der kommenden Woche, sagt sie, werde es geliefert. Ihr Gesicht hellt sich auf.

Dann kreisen unsere Gedanken wieder um den Vater. Wer war er? Was hatte er im Krieg erlebt? Warum war er verstummt? Was hatte ihn geprägt? Wilhelm Sonnbach war bei Kriegsende 43 Jahre alt, nicht mehr jung genug, um sich in gänzlich veränderten

Lebensverhältnissen schnell zurechtzufinden. Vielleicht reichte seine Kraft gerade noch, um den Überlebenskampf zu bestehen und seine Familie zu versorgen. Seine Tochter kann nicht einschätzen, ob und wie tief ihn die deutsche Katastrophe erschütterte. Sie fragt sich, ob der Vater geistig dem Widerstand nahe stand, denn er hatte einmal sein Interesse für die Bekennende Kirche und den Besuch von Bibelkreisen erwähnt. »Er hat immer gemeint, die Kirche hat im Dritten Reich versagt.« Auf der anderen Seite kann sie nicht gänzlich ausschließen, dass er in Berlin vielleicht doch den Schulterschluss mit den Nationalsozialisten machte und Schuld auf sich lud.

Mehr lässt sich über seinen Hintergrund nicht aussagen. Über die Personen und Beziehungen in seiner Herkunftsfamilie ist so gut wie nichts bekannt. Man weiß nichts über seine Vorlieben als junger Mensch: ob er Hermann Hesse und Rainer Maria Rilke las oder Ernst Jünger, ob er einer Clique angehörte oder ein Einzelgänger war, ob er Glück oder Pech bei den Frauen hatte … Das einzig Konkrete, womit er sich seinen Töchtern ins Gedächtnis einbrannte, sind seine Erziehungsmethoden.

Wie hält man so viel Druck aus?

Manche Menschen schleichen nach einer solchen Kindheit nur noch gebeugt durchs Leben. Gabi Sonnbach aber, der die Eltern völlig im Einklang mit dem vorherrschenden Erziehungsideal »den Willen gebrochen« hatten, richtete sich nach und nach auf. Nachdem sie ihr Elternhaus verlassen hatte, trug sie ein imaginäres Spruchband vor sich her, auf dem zu lesen war: FREI SEIN. Aber wie, frage ich sie, hält man als Kind und Jugendliche soviel Druck aus? Gab es irgendjemanden, der ihr zur Seite stand? Gabi berichtet von einer Frau aus der Kirchengemeinde, zu der sich eine besondere Beziehung entwickelt habe – bis heute, diese Frau sei inzwischen 90 Jahre alt. Die Kirche sei damals kein besonderer Hort der Freiheit gewesen, räumt sie ein. Aber für sie habe weit mehr Freiheit zur Verfügung gestanden, als sie von zu Hause kannte. Sie sei ja auch kein Kind gewesen, das an Grenzen stieß, da sei sie ja immer schon vorher abgebogen. Gabi Sonnbach nennt sich im Rückblick eine »superloyale Tochter«. Deshalb konnte sie sich der Gemeindehelferin auch nicht anvertrauen.

Die christlichen Ferienfreizeiten bedeuteten Gabi viel, es waren glückliche Tage. Jedes Mal auf der Heimfahrt fiel sie durch Weinen auf. Die Betreuer glaubten, ihre Tränen seien Ausdruck ihres großen Heimwehs, das sich nun endlich auflöse ... Während Gabi mir davon erzählt, zeigt ihr Gesicht den Widerhall von Verzweiflung. Dann kommt sie auf ihre Kinderängste zu sprechen – die Angst, es könne den Eltern etwas Schlimmes zustoßen, wenn diese unterwegs waren. Das Mädchen beruhigte sich erst wieder, wenn es den Schlüssel in der Wohnungstür hörte. »Ich glaube, ich habe schon als Kind gespürt, wie hilflos sie im Grunde waren«, vermutet sie. »Später ist meine Mutter sehr depressiv geworden. Vater erstarrte immer mehr, er kriegte einen immer dickeren Bauch, er wälzte sich vom Stuhl auf die Couch, und ich brachte ihm die Pantoffeln.«

Mit 15 Jahren begannen die Depressionen

Auch Gabi Sonnbach kennt sich mit Depressionen aus. Sie begannen, als sie 15 Jahre alt war. In ihrer Jugend hatte sie keinen Freund gehabt. Sie wusste nicht, warum sich das Leben lohnen sollte und weinte viel. Warum muss das alles so sein? Warum gibt es keine Freude in unserer Familie? Warum muss ich soviel im Haushalt tun? An diesem Punkt ihrer Erinnerung richtet sich die 60-Jährige auf und sagt mit veränderter, empörter Stimme: »Ich musste, was ich heute ziemlich unmöglich finde, Vatis Schuhe putzen. Wie finden Sie das? War das normal?« Ich nicke.

Sie war 17 Jahre alt, als sie von ihrem Vater erfuhr, die Mutter sei bei Kriegsende vergewaltigt worden. Sie sehe ihn noch vor sich, sagt Gabi, mit der Cognacflasche, ziemlich angetrunken. Sie habe sich damals gefragt, warum er ihr das erzähle. Ganz gewiss habe sein Bekenntnis nicht dazu beigetragen, zwischen ihm und ihr mehr Offenheit herzustellen – bei ihr habe es nur Verwirrung ausgelöst. Sehr viel später habe ihr die Mutter die Vergewaltigung bestätigt. Über nähere Umstände wisse sie nichts.

Gabi Sonnbach hat sich vorgenommen, dem Thema Kriegsfolgen und Vergewaltigungen weiter nachzugehen. Es ist noch nicht lange her, als ihr erstmals die Idee kam, die Auswirkungen des Krieges könnten auch in ihrem Leben eine Rolle spielen. »Heute spüre ich, wie es mich entlastet, wenn ich mich diesen Themen stelle«, erklärt sie. »Nach entsprechenden Seminaren und Tagungen fühle ich mich leichter und stimmiger. Ich habe eine Idee bekommen, wohin meine Gefühle gehören, die ich mir so lange Zeit nicht erklären konnte. Meine Gefühle haben nun einen Ort gefunden, sie haben eine Überschrift.«

Mit Anfang Zwanzig ist sie in Auschwitz gewesen. Damals dachte sie, es sei der letzte große Schritt, um das Ungeheuerliche, das ihr die deutsche Vergangenheit vererbt hatte, auf einen realen Boden zu stellen. Nun wird sie in den Archiven des Berliner Document Centers, in der Wehrmachtsauskunftsstelle und in der Verwandtschaft nach Spuren ihres Vaters Wilhelm Sonnbach forschen.

Die Eltern bewahrten das Andenken an ihre Heimatstadt im Verein »Bund der Berliner«. Dort traf man sich regelmäßig, man unternahm auch Berlin-Reisen. Ihre erwachsene Tochter unterstellte ihnen noch jahrelang, es ginge in ihrem Verein stockkonservativ zu. In Gabis Augen konnte es gar nicht anders sein, schickten doch ihre Eltern Päckchen »nach drüben« und stellten zu Weihnachten Kerzen ans Fenster. Tatsächlich aber betrieben Mutter und Vater reine Traditionspflege. Bei den Vereinstreffen wurde Eisbein und Pflaumenkuchen gegessen. Außerdem waren die Eheleute Sonnbach Anhänger von Willy Brandt. Gabi sah keinen Grund, ihre Eltern zu verdächtigen, persönlich etwas zur deutschen Schuld beigetragen zu haben.

Gabi und ich unterbrechen unser Gespräch, weil wir Hunger haben. Nach dem Essen sprechen wir über ihre Berufsfindung. Eigentlich hatte sie Musiktherapeutin werden wollen, aber für ihren Vater sei die Ausbildung angeblich nicht finanzierbar gewesen. Offenbar bekam Wilhelm Sonnbach als Verwaltungsangestellter nur ein bescheidenes Gehalt. Die Familie verreiste nie. Es hieß, es sei kein Geld dafür da.

Als der Vater schwächer wurde

Bei ihrer Geburt war der Vater fast 50 Jahre alt gewesen. In ihrer Jugend sah sie sich einem älteren Herrn gegenüber, dessen Kräfte nachließen. Sie wagte erste Widerworte, wobei ihr jedes Mal das Herz bis zum Hals schlug. Wilhelm Sonnbach machte es sich leicht. »Weil ich seine Meinung nicht teilte, blieb ich die schlechte Tochter, die eine gute Erziehung nicht zu schätzen wusste«, stellt Gabi fest. »Als meine Schwester und ich einmal Miniröcke trugen, meinte er, wir sähen aus wie Straßenmädchen. »Er wollte nicht, dass wir Spaß an der Sexualität haben«, erklärt sie. »Als ich Interesse zeigte, hat er üble Bemerkungen über die jeweiligen Jungen gemacht. Spaß haben war grundsätzlich verboten.«

Dennoch suchte auch Wilhelm Sonnbach nach Entspannung, aber heimlich, er war ein Mann mit Doppelmoral. Irgendwann fand seine Tochter heraus, dass er sich einmal in der Woche in einem Kino Filme ansah, die damals als »frivol« und »delikat« bezeichnet wurden. Sie hießen »Das Schlafwagenabteil« oder »Schweinegeishas und Matrosen« und boten für heutige Begriffe harmlose Sexgeschichten an. Damals galten sie als Sensation oder als Skandal, je nachdem. Es handelte sich um die Vorläufer jener Sexfilme (»Unter dem Dirndl wird gejodelt«), die in den Siebzigern jahrelang die Hälfte der renommierten Großstadtkinos okkupierten.

Gabi erinnert sich, wie sehr sich ihr Vater aufregte, weil sie die Pille nahm. Seinem Argument »Du weißt doch gar nicht, was das später mal für Folgen haben wird« kann sie rückblickend sogar beipflichten, aber sie wird nie vergessen, mit welcher Drohung er den Konflikt auf die Spitze trieb: »Wenn du die Pille nimmst, dann bist du nicht mehr meine Tochter!« Später habe ihr mal eine Tante erzählt, sie sei seine Lieblingstochter gewesen. Darauf Gabi: Schade, dass ich davon nichts bemerkt habe. Mir gegenüber fügt sie hinzu, sie sei für ihr ganzes Leben geimpft gegen Hierarchien, das komme eben bei so einer Erziehung heraus.

Sie geht in die Küche, um Mineralwasser zu holen. Als sie zurückkommt, überrascht mich der Satz: »Ich hätte eine gute Terroristin werden können.« In den Biografien über Terroristinnen, erläutert sie, seien ihr Parallelen zu anderen Elternhäusern aufgefallen. Gut, dass es nicht so weit gekommen sei. Vermutlich, fügt sie hinzu, habe es ihr an Aggressivität gefehlt. »Andere Gleichaltrige waren frech – ich konnte das nie. Ihre Unbedenklichkeit habe ich bewundert.«

Als Studentin hatte Gabi geglaubt, sich einer linken politischen Gruppe anschließen zu müssen. Aber daraus wurde nichts. Sie ertrug den Tonfall der Genossen nicht, ihre Herablassung Frauen gegenüber, ihr autoritäres Gehabe, ihre Kommandos. »Da sollte man in der Frühe ans Werkstor geschickt werden, wo ich doch morgens gern ausschlafe«, erklärt sie ihre Abneigung. »Also davon habe ich mich nicht mehr vereinnahmen lassen. Ich glaube, wegen der ganzen Übergriffe zu Hause war ich gegen neuerliche Übergriffe immunisiert.«

Während ihrer Studentenzeit – endlich! – begann für sie das gute Leben. Sie genoss ihre neue Unabhängigkeit, sie fühlte sich frei in ihrer Sexualität. Die Aufbruchsstimmung und die Liberalität der siebziger Jahre unterstützten sie. Automatisch machte sie das Gegenteil von dem, was ihre Eltern von ihr erwarteten. Das gab ihr als junge Frau trotz aller Selbstzweifel viel Energie. Dass dieser Weg in eine Sackgasse führte, verstand sie allerdings erst viel später. Es sei ihre Strategie gewesen, alles Erzwungene zu meiden. »Mit Ende 40 kam ich dann im Laufe einer Psychotherapie zu der relativ nüchternen Erkenntnis, dass man diesen Zwang nicht loswird, indem man alles anders macht als der Vater und die Mutter.«

In den vergangenen vierzig Jahren hatte sie eine Reihe von längeren Beziehungen, aber die Liebe ihres Lebens fand sie nicht. »Als ich jung war, dachte ich, mich will sowieso keiner«, erklärt sie. »Wer nett zu mir war, der hatte schon von vornherein gute Karten, weil ich dachte, diese Gelegenheit kommt so schnell nicht wieder.« Mit zunehmender Lebenserfahrung änderte sich ihr Muster. Sie verliebte sich nur in Männer, die, wie sie es ausdrückt, emotional schwer erreichbar waren und sie darüber im Unklaren ließen, ob sie sich binden wollten oder nicht. Schillerndes, ambivalentes Beziehungsverhalten entfachte bei ihr heftigste Gefühle. Konflikten unterlag sie regelmäßig, weil sie stets meinte, sie habe etwas falsch gemacht. Sie konnte nicht erkennen, dass sie zu ihrem eigenen Vater geworden war: Als der sie nicht mehr beschuldigen konnte, übernahm sie es selbst. »Ich habe bis in die kleinste Verästelung nach eigenen Fehlern gesucht, was mich daran hinderte, mal ordentlich auf den Tisch zu hauen und zu sagen: Du tickst nicht richtig! Ja, damit habe ich mich lange gequält.«

Ein netter Mann hatte keine Chance

Einem wirklich netten Mann, der sich Mühe gab und einfallsreich um sie warb, dem entzog sie sich, sobald sie begriff, dass er es ernst meinte. Denn, so ihre verdrehte Logik: Wer mich toll findet, der schaut nicht genau hin, den kann ich nicht mehr respektieren. Ein Kinderwunsch kam erst gar nicht auf. Wie sollte sie, die keinerlei Lebensberechtigung empfand, Leben weitergeben wollen? Noch vor zwanzig Jahren wäre ihr diese Selbstanalyse völlig fremd gewesen. Sie wäre nicht auf die Idee gekommen, dass mit ihr Wesentliches nicht stimmte. Offenbar besaß sie eine große Begabung, sich selbst und anderen etwas vorzumachen. Sie trat gut gelaunt auf, sie galt als humorvoll und unterhaltsam, weil sie witzige, treffende Bemerkungen machte. »Komischerweise habe ich als Erwachsene gedacht, ich bin ein Sonntagskind«, sagt sie. »Und obwohl ich als Kind und später so viel Angst hatte, redete ich mir ein: Ich bin kein ängstlicher Typ.«

Nach dem Studium arbeitete sie zehn Jahre in mehreren kommunalen Modellprojekten der Jugendarbeit. Doch als sich nach einer Wahl das Gewicht der Parteien änderte, geriet die letzte Einrichtung ins Zentrum ideologischer Gefechte. Das ehemalige Vorzeigeprojekt wurde von der CDU als zu linksgestrickt attackiert. Die dort praktizierte Teamarbeit war nun nicht mehr erwünscht, obwohl das hierarchiefreie Arbeiten gut funktioniert hatte. Eine Leitung sollte her. Da reichten alle Mitglieder des Teams die Kündigung ein.

Für Gabi Sonnbach folgten drei äußerst schwierige Jahre, in denen sie jobbte oder sich mit Arbeitslosenunterstützung über Wasser hielt. In Gruppenprojekten der ersten Berufsjahre hatte sie sich stark gefühlt. Aber nun, auf sich allein gestellt, zeigte sich, dass ihr Selbstwert für das Procedere des Sich-Bewerbens nicht ausreichte. Kontakte knüpfen und sich ins Gespräch bringen, war ihre Sache nicht. Ihr fehlte der Antrieb, denn sie lief mit dem Gefühl durch die Welt: Egal, wo ich mich melde oder vorstelle, die wollen mich sowieso nicht. Wenn eine Freundin fragte, ob sie mal an eine Psychotherapie gedacht habe, antwortete Gabi, sie werde doch wohl in der Lage sein, ihre Probleme selbst zu regeln. Tatsächlich wurde ihre Perspektivlosigkeit zum Dauerzustand. Was sie in dieser Zeit gebraucht hätte? Nur dies: Lebensmut und Selbstvertrauen – oder wenigstens die Fähigkeit, sich Unterstützung zu holen. Davon war Gabi Sonnbach weit entfernt. Eine solche Grundausstattung hatten ihr die Eltern nicht mitgegeben.

Schließlich merkte sie, wie ihr die Zeit davonlief: Hätte sie die Vierzig erst einmal überschritten, würde ihr Wunsch nach einem sicheren Arbeitsplatz womöglich ein Traum bleiben. Gerade noch rechtzeitig machte sie eine Ausbildung zur Grafikerin und kam im öffentlichen Dienst unter. Sie weiß, dass in ihrem Fall die frühe Geburt ihr Glück war. Zehn Jahre später geboren, hätte sie zu den Babyboomern gehört, in diesem Fall wäre ihr das Happy End vermutlich nicht mehr gelungen.

Mit Dreißig kamen die gesundheitlichen Probleme

Mit Mitte Dreißig bekam Gabi Sonnbach ernsthafte gesundheitliche Probleme. Ihre Rückenschmerzen steigerten sich zum Bandscheibenvorfall, zur Lähmung im Bein. Hier taucht in unserem Gespräch ein weiteres Problem auf: Schon immer leidet sie unter einer Ärzte-Phobie. Allein der Gedanke an eine bevorstehende ärztliche Behandlung versetzt sie in Panik. Daran hat sich bis heute nichts geändert, obwohl dies der Grund war, warum sie sich letztlich doch zu einer Psychotherapie entschloss.

»Vor jedem Arztbesuch mache ich Bestärkungsrituale – da habe ich schon fast alles ausprobiert«, sagt sie. »Manchmal nehme ich ein Beruhigungsmittel und habe trotzdem einen Blutdruck von 200. Ich erzähle davon auch meinen Freunden, das ist eine frühe Strategie von mir. Ich dachte immer, ich muss alles rauserzählen, dann verliert es seinen Schrecken, nur leider hat das nicht bei allem funktioniert.« Ihr letzter Satz verweist auf andere Ängste, die jedoch im Laufe der vergangenen Jahre deutlich schwächer wurden, zum Beispiel Bedrohungsgefühle, die sie seit ihrer Kindheit aus Kriegsträumen kennt. Sie wohnten in der Einflugschneise des Düsseldorfer Flughafens. Die Maschinen flogen niedrig, und Gabi hatte Angst, sie würden auf ihr Haus fallen. Davon handelten ihre Träume, aber auch von der Angst vor einem Atomkrieg.

In den vergangenen zwanzig Jahren tauchte ein weiterer Schrecken auf, stets kurz nach dem Einschlafen: ihre Angst, ins Bodenlose zu fallen. In manchen Nächten kam die Todesangst immer wieder: zehn Mal, zwanzig Mal ins Bodenlose stürzen. »Jahrelang bin ich morgens mit einem unglaublich grauen, schweren Gefühl aufgewacht« sagt sie, »meine Nächte sind oft grauslich, aber die

Therapie hat sie erträglicher gemacht. Heute gelingt es mir meistens, meine Tage in guter Stimmung zu verleben.«

Mit ihrer Lebensbilanz ist Gabi Sonnbach zufrieden. Zwar, sagt sie, seien viele ihrer 60 Jahre extrem anstrengend gewesen, was sie erst heute klar erkennen könne. Dennoch: Sie habe sich durchgeboxt, der Preis sei hoch gewesen, doch sie sei weit gekommen.

Wie Gabi mir ihren Vater beschrieb, stammten seine Erziehungsmethoden nicht aus der Nazizeit, sondern aus der Kaiserzeit. Sie erinnern sehr an die Kinderdressur in dem Kinofilm »Das weiße Band« von 2009, der in der Zeit kurz vor dem Ersten Weltkrieg spielt. Was heute kaum mehr im Bewusstsein ist: In den fünfziger Jahren galt für große Teile der deutschen Bevölkerung die Kaiserzeit als die »gute alte Zeit«. Auf sie konnte unbedenklich zurückgegriffen werden. Sie war noch unbelastet von zwei Weltkriegen, von NS-Herrschaft und Massenverbrechen. Der erste Bundeskanzler Konrad Adenauer, geboren 1876, galt vor allem deshalb als vertrauenswürdig, weil er der Epoche des letzten deutschen Kaisers entstammte. Die erfolgreichsten Kinofilme der fünfziger Jahre handelten von Kaiserin Sissi. Kein Zufall. In Zeiten großer gesellschaftlicher Umbrüche ist es üblich und notwendig, dass ein Kollektiv sich eine »gute alte Zeit« aussucht. Ob die Einschätzung der historischen Realität entspricht oder nicht, spielt keine Rolle. Menschen, die zutiefst verunsichert sind, brauchen Orientierung. An irgendetwas müssen sie sich festhalten, wenn sie bei Null wieder anfangen. Die Hinwendung zur »guten alten Zeit« schafft ein gemeinschaftliches Lebensgefühl, das ein Nachdenken über eine ungute oder unheilvolle Vergangenheit blockiert. Vielleicht waren die Normen aus der Kaiserzeit das einzig Verlässliche in Wilhelm Sonnbachs Nachkriegszeit.

Angst und Wut eines Einzelgängers

Bei jedem Projekt, dessen Arbeit sich über mehrere Jahre erstreckt, macht der Zufall Dinge möglich, die man, hätte man konkret nach ihnen gesucht, nie gefunden hätte. Von der Geschichte, die ich hier wiedergeben möchte, hörte ich zum ersten Mal während einer Wanderung durch die Alpen. Hagen Blankensiefen* hatte sich unserer Gruppe angeschlossen, obwohl er uns beim Kennen lernen in einem Hotel in Südtirol versichert hatte, am liebsten sei er allein unterwegs, er vermisse niemanden. Er hatte etwas schroff gesprochen, als müsse er Zudringlichkeit vorbeugend abwehren. Aber am folgenden Tag wachte er mit einer Erkältung auf und sagte, er fühle sich nicht hundertprozentig fit und werde deshalb wohl doch lieber in Begleitung durch die Berge laufen. Die meiste Zeit war er für sich, er blieb häufig stehen, fotografierte und holte die Gruppe jedes Mal erstaunlich schnell wieder ein. Ich bewunderte seine Kondition und sagte es ihm auch. Er meinte, Sport sei für ihn überlebenswichtig, damit habe er schon so manche Krise bewältigt. Dann lieferte er mir – ungefragt – eine Skizze seiner Lebensgeschichte. Drei Monate später trafen wir uns in seiner Wohnung in der Nähe von Dortmund zu einem ausführlichen Gespräch. Ich fragte ihn, ob ich es in meinem Buch mit seinen eigenen Worten wiedergeben könne, und er sagte, davon sei er ohnehin ausgegangen – schließlich handele es sich um seine höchstpersönliche Geschichte.

✎ Nächstes Jahr feiere ich meinen sechzigsten Geburtstag, und ich weiß, es macht keinen guten Eindruck, noch in meinem hohen Alter Schlechtes über die eigenen Eltern zu sagen. Im Freundeskreis heißt es immer, mit dem Thema müsse man »durch« sein. Ein frommer Wunsch, was meinen Fall betrifft. Ich vermeide Gedanken an meinen Vater – für mich kein Widerspruch dazu, dass ich mich zu diesem Gespräch mit Ihnen bereit erklärt habe. Wie

250

heißt es so schön? Die Hoffnung stirbt zuletzt. Vielleicht ergibt sich ja etwas Neues. Wenn Sie und ich gemeinsam darüber nachdenken, findet sich ja vielleicht doch noch ein Weg, um es in Zukunft ein bisschen leichter zu haben.

Am besten, ich fange mal bei meinen frühen Erinnerungen an. Im Sommer 1956, da war ich fünf Jahre alt, hat die ganze Familie Urlaub an der See gemacht. Wir sind früh morgens noch im Dunkeln mit dem Auto losgefahren. Mein Vater sagte: »Jetzt bin ich mal gespannt, wer von euch als erster die aufgehende Sonne sieht.« Meine beiden älteren Brüder und ich saßen auf der Rückbank und haben uns, wie üblich, gegenseitig gepiesackt. Das mussten wir heimlich tun, im Beisein unserer Eltern war Streiten verboten. Wir Geschwister sind jeweils zwei Jahre auseinander. Wir haben uns ständig gestritten und auch geschlagen. Als meine Brüder noch stärker waren als ich, habe ich von ihnen viel abbekommen. Vater und Mutter durfte man damit nicht behelligen, es durfte nicht gepetzt werden, das fanden meine Eltern »unanständig«. Na ja, sich in Kinder hineinversetzen war ihre Sache nicht. Mein Vater war Einzelkind, meine Mutter die Älteste – da kamen sie wohl nicht auf die Idee, ihr jüngstes Kind müsse vor den Größeren in Schutz genommen werden.

Wir drei saßen also hinten auf der Rückbank und waren damit beschäftigt, uns gegenseitig zu ärgern. Mir wurde beim Autofahren oft schlecht, und deshalb musste ich immer eine Kotztüte griffbereit haben. Als mir nun übel wurde, fand ich die Tüte nicht – einer meiner Brüder hatte sie versteckt. Das Erbrochene landete auf meiner Kleidung und auf dem Autositz. Mein Vater parkte am Straßenrand. Meine Mutter keifte, während sie alles sauber machte. Als ich wieder ansehnlich war, verpasste mir mein Vater eine Tracht Prügel. Inzwischen war die Sonne aufgegangen, niemand hatte mehr auf sie geachtet.

Für meinen Vater war danach wieder alles in Ordnung. Es ging ihm jedes Mal sichtlich gut, wenn er eines seiner Kinder bestraft hatte. Es konnte auch geschehen, dass er die Strafe aufschob, dass er die Zeit bis zu den unausweichlichen Schlägen für uns qualvoll dehnte und unsere ständig wachsende Angst genoss.

Bei Familienausflügen sang er gern Fahrtenlieder. »Wir lagen vor Madagaskar« oder »Wir lieben die Stürme« mit dem Refrain: »Wir sind die Herren der Welt, die Könige auf dem Meer.« Aber seine gute Laune konnte von jetzt auf gleich umschlagen und dann musste man gucken, dass man sich aus der Schusslinie brachte. Meine Mutter war diesbezüglich berechenbarer, sie war eigentlich immer schlecht gelaunt. Doch wenn Leute zu Besuch kamen oder anriefen, lachte sie bei der Begrüßung unentwegt, ein völlig unnatürliches Lachen. Es war mir schon als Kind peinlich.

Ich weiß, es wäre jetzt an der Zeit, zur Abwechslung mal etwas Gutes über meine Eltern zu sagen. Ohne Frage gibt es auch schöne Erinnerungen. Mein Vater hat gern mit uns Kindern Sandburgen gebaut und Priele gestaut. Sein Lieblingsspiel war »Monopoly«. Ostern wurden Eier gesucht. Die Weihnachtsgeschenke waren großzügig. Aber die gute Stimmung hielt gerade mal Heiligabend, danach war Krach. Entweder meine Eltern zankten sich oder wir Brüder untereinander, und/oder wir Kinder wurden mit Ohrfeigen und anderen Schlägen zur Ruhe gebracht.

Der Neid der Brüder

Am schönsten fand ich die Stille früh morgens am ersten Weihnachtstag. Lange bevor die anderen aufstanden, schlich ich mich zum Weihnachtsbaum und spielte mit meinen Geschenken. Wenn die Brüder wach wurden, war das schon nicht mehr möglich, weil sie neidisch waren und ich aufpassen musste, dass sie mir nichts von meinen neuen Sachen kaputt machten. Auch erinnere ich mich an frühe Schadenfreude von meiner Seite, und zwar dann, wenn einer meiner Brüder in der Nachbarschaft bei einem üblen Streich erwischt wurde und klar war, welche Strafe er zu erwarten hatte.

So wie meine Eltern mich schildern, bin ich phasenweise ein

sonderbares Kind gewesen: Die ersten zwei Lebensjahre habe ich nicht gelacht, kaum gespielt, sondern meistens dumpf in der Ecke gesessen. Sie haben schon gedacht, ich wäre ein Kretin – so nannten sie einen geistig Behinderten. Aber mit drei Jahren muss ich plötzlich »aufgewacht« sein und in Kürze alles Versäumte in meiner Entwicklung nachgeholt haben.

Als ich dann in die Pubertät kam, war ich eine Zeitlang verschlossen, fast stumpfsinnig, und meine Eltern meinten, das würden sie schon aus meiner frühen Kindheit kennen. Ich habe übrigens bis zu meinem 13. Lebensjahr ins Bett gemacht. Dafür wurde ich aber nicht bestraft. Meine Brüder haben mir später oft vorgeworfen, ich sei das Lieblingskind meiner Eltern gewesen. Leider habe ich davon nichts bemerkt. Aber ich habe sicher, wie alle Jüngsten in der Familie, ein bisschen mehr Freiraum gehabt. Ich durfte länger aufbleiben als meine Brüder im vergleichbaren Alter, dafür durfte ich aber auch ihre Kleidung auftragen.

Meine Eltern leben nicht mehr. Seit ihrem Tod verstehen wir Brüder uns recht gut, auch wenn ich der Familienaußenseiter bin. Das kommt auch daher, weil ich 18 Jahre im Ausland gelebt und gearbeitet habe. Ich fühlte mich in Deutschland nie besonders wohl und auch nirgends zugehörig. Vor zwölf Jahren kam ich zurück, und nun kann ich mich hier erst recht nicht mehr einfügen. Ich weiß nicht, was Heimat bedeutet. Politisch war ich nie links wie die meisten in meiner Altersgruppe, ich bin wohl eher konservativ – wenn ich ehrlich bin, interessiert mich Politik nicht sonderlich.

In den Augen meiner Brüder – einer ist Arzt, der andere Gymnasiallehrer – habe ich keinen anständigen Beruf. Meine Ehe wurde geschieden, als mein Sohn noch nicht in die Schule ging. Ich bin kein begabter Vater. Inzwischen ist mein Sohn erwachsen, wir haben kaum Kontakt, im Grunde sind wir uns fremd. Ich besitze kein Wohneigentum, auch kein dickes Auto. Meine Rente wird überschaubar sein. Was ich geerbt habe, war innerhalb von drei Jahren wieder futsch. Ich habe das Geld in einen Berufswech-

sel investiert, vermutlich habe ich es nicht besonders schlau ange-
stellt. Vor 10 Jahren habe ich meine kaufmännische Tätigkeit aufgegeben und mein Hobby zum Beruf gemacht. Ich bin Fotograf
geworden. Ich mache Kalender, auch Bildbände. Beides schlecht
bezahlt, wie man sich vorstellen kann, aber man hofft ja immer
auf den großen Wurf. Gelegentlich bekomme ich Aufträge von
Firmen, dann fotografiere ich Produktionsstätten. Aber ich will
mich nicht beklagen, ich bin wenigstens frei! Aus allem, was ich
bisher mitgeteilt habe, wird ja wohl deutlich, dass ich ein Einzelgänger bin.

Als Kaufmann nie glücklich

Ich war als Kaufmann nie besonders glücklich. Ich habe ange-
stellt gearbeitet, es fehlte mir der Mut, mich selbständig zu machen. Diesen Sprung schaffte ich erst, als ich beschloss, Fotograf
zu werden. Ich will jetzt nicht behaupten, dass ich immer schon
den Künstler in mir spürte. Fest steht: In meinem ersten Beruf
fühlte ich mich als Versager. Meine Karriere kam nicht gut voran.
Andere, die jünger waren als ich, zogen an mir vorbei. Vor meinen
Chefs hatte ich immer große Angst. Das finden Sie sicher sonderbar, weil ich ja ziemlich groß und stark aussehe. Mein größtes
Hindernis war, glaube ich heute, dass ich Kritik nicht aushalten
konnte. Aber nicht, wie Sie vielleicht denken: Ich bin dann nicht
wütend geworden, ich habe mich nicht über eine angeblich unge-
rechte Behandlung beschwert, sondern ich habe mich jedes Mal
völlig einschüchtern lassen. Ich war überhaupt nicht in der Lage
zu überprüfen, ob die Kritik berechtigt war oder nicht.

Von meiner geschiedenen Frau hörte ich öfter, ich sei ein typi-
scher Kaufmann, ich würde den Leuten nach dem Mund reden.
Das war meiner Meinung nach aber auch richtig. Man macht einfach leichter Geschäfte, wenn man »der nette Kerl« ist. Heute sehe
ich aber noch etwas anderes. Ich habe nicht genau hingeguckt
und alle Menschen irgendwie nett gefunden. Ich hoffte wohl:

Wenn ich freundlich zu denen bin, dann sind sie es auch zu mir – dann tun sie mir nichts. Fakt ist, dass ich nie gelernt habe, mich zu wehren. Ich kann nur ausweichen. Darum ist es mir so wichtig, dass ich als Fotograf keine beruflichen Zwangskontakte mehr habe. Ich gehe auch keine feste Bindung mehr ein. Seit drei Jahren habe ich eine Freundin, die verheiratet ist und ihre Familie auch nicht verlassen wird.

Ich kann also sagen, dass ich mit meinem Leben recht zufrieden bin. Es ging mir eben schon viel schlechter, sehr viel schlechter, vor allem in meiner Kindheit und Jugend. Für meine Eltern war es das Wichtigste, ihren Söhnen jeden eigenen Willen auszutreiben. »Ich will aber …« gab es nicht. Auf ein Widerwort von uns folgte sofort eine Ohrfeige. Regelmäßig wurden wir durchgeprügelt, auch mit dem Rohrstock. Als ich klein war, dachte ich natürlich, es sei richtig so, ich hätte keine andere Behandlung verdient. Wir drei Brüder waren alle Schulversager, das gab meinem Vater reichlich Anlass, uns zu schlagen. Erst als er tot war, stellten wir fest, dass er selbst gleich zweimal nicht versetzt worden war.

Einmal – ich ging noch nicht zur Schule – da musste mein ältester Bruder ein Gedicht lernen, ich werde den Anfang nie vergessen, er ging so: »Konzert ist heute angesagt im frischen grünen Wald, die Musikanten stimmen schon, hör, wie es lustig schallt.« Hermann musste es meinem Vater vorsagen, und jedes Mal, wenn mein Bruder nicht mehr weiter konnte, hagelte es Schläge. Ich saß derweil in meinem Zimmer, hörte, wie Hermann stockte und dann die immer heftigeren Schläge, Hermanns Schreie, das Brüllen des Vaters. Da kam meine Mutter in mein Zimmer und sagte: »Lass uns gehen. Vati schlägt den Hermann tot.« Wie es in dieser Sache weiter ging, weiß ich nicht mehr. Was in diesem Zusammenhang noch wichtig ist: Meine Mutter war tablettenabhängig und mein Vater ein Trinker.

Seit der NS-Zeit nichts dazugelernt

Er war ein geachteter Bürger und beruflich als Verbandsjurist außerordentlich erfolgreich. Er war das, was man eine beeindruckende Persönlichkeit nennt. Wenn er einen Raum betrat, zog er sofort jede Aufmerksamkeit auf sich. Über Politik äußerte er sich wie jemand, der seit der NS-Zeit nichts dazugelernt hat. Die Freimütigkeit, mit der er sprach, war etwas Besonderes, doch inhaltlich dachten in den sechziger Jahren viele Erwachsene wie er.

Er wurde 1909 geboren; als Hitler an die Macht kam, war er schon volljährig. Inzwischen habe ich in Archiven nachgefragt. Auf der Liste der NS-Verbrecher steht er nicht. Im Frühjahr 1933 trat er in die NSDAP und in die SS ein. Er war quasi ein »nebenberuflicher« SS-Mann, im zweitniedrigsten Rang. Von 1939-45 leitete er einen kriegswichtigen Betrieb im Ruhrgebiet. Auf diese Weise entging er der Wehrmacht. In Essen lernte er meine Mutter kennen. Meine Eltern hatten es gut im Krieg, und sie sind gut davongekommen. Mit ihrer engsten Verwandtschaft waren sie danach zerstritten.

Erst nach dem Tod meiner Eltern hatte ich eine Phase, als mir das alles merkwürdig vorkam. Ich dachte mir, es wäre gut, in jener Verwandtschaft nachzuhören, zu der meine Eltern den Kontakt abgebrochen hatten. Ich besuchte den sehr viel jüngeren Bruder meiner Mutter und der sagte: »Es war umgekehrt. Nicht deine Eltern haben sich abgewandt, sondern *ich* wollte von meinem Schwager und meiner Schwester nichts mehr wissen.« Wir haben uns einen ganzen Nachmittag zusammengesetzt, und mein Onkel hat mir alles erzählt.

Seine erste schlimme Begegnung mit meinem Vater hatte mein Onkel mit 13 Jahren. Verschwitzt und schmutzig von einem Fußballspiel hatte er seine frisch verheiratete große Schwester besucht und ein Bad nehmen wollen. Als er den Wasserhahn aufdrehte, löste sich die Armatur aus der Wand und eine dicke Fontäne setzte das Badezimmer unter Wasser. »Da hat dein Vater wie besinnungslos auf mich eingedroschen«, berichtete mein Onkel. »Da wusste ich, er ist ein Schläger. Und ich wusste schon bald: In der SS können sie solche Leute gut gebrauchen.«

Ich will es kurz machen. Der Onkel hat dann herausgefunden, zu welchen speziellen Einsätzen mein Vater als SS-Mann herangezogen wurde. Er wurde gerufen, wenn es darum ging, bestimmte »Feinde des Reichs« einzufangen, einzuschüchtern, zusammenzuschlagen und – wenn die Opfer ihre Lektion gelernt hatten – sie wieder laufen zu lassen. Dazu war nicht jeder Mann in der Lage. »Aber dein Vater«, fügte mein Onkel hinzu, »konnte es gut. Er hat daran seine Freude gehabt.«

Mein Onkel erzählte mir auch, wie aussichtslos es Anfang der 30er Jahre für viele junge Akademiker gewesen war, eine Stelle zu bekommen. Gerade an den juristischen Fakultäten war die Arbeitslosigkeit eine riesige Sorge gewesen. Und gerade hier hatten die Nazis um Nachwuchs geworben. Hier hatten sie unter den Studenten ihre zuverlässigsten Anhänger gefunden und sie später auf einflussreiche Posten geschoben. Demnach war es kein Zufall gewesen, dass mein Vater so gut durch den Krieg gekommen war.

Dann erzählte mir mein Onkel, wann und warum er den Kontakt zu meinen Eltern abgebrochen hatte. Ende der vierziger Jahre war er Übernachtungsgast bei ihnen gewesen. Mein ältester Bruder, damals zwei Jahre alt, hatte ins Bett gemacht. Mein Vater hatte ihm zur Strafe immer wieder mit einem dünnen Stock auf die nackten Beinchen geschlagen, bis dort überall rote Striemen waren, und er hatte den jämmerlich schreienden Kleinen immer wieder aufgefordert: »Sag: Ich bin ein Schweinekerl! Los: Ich bin ein Schweinekerl!« Meine Mutter hatte nicht eingegriffen, sondern den Raum verlassen. Mein Onkel zu mir: »Da wollte ich nichts mehr mit ihnen zu tun haben. Die waren doch beide Sadisten!«

»Schade, dass man so einen Vater nicht zurückgeben kann«

Ja, so sieht es aus. Mehr gibt es über meine Familie eigentlich nicht zu sagen, denn natürlich habe ich meinen Brüdern nichts davon erzählt. Ich weiß nicht, wie es denen geht mit so einem Vater. Ich weiß nicht, ob sie auch manchmal Alpträume haben und beim Aufwachen denken, sie könnten den Alten erschlagen. Meine Brüder sind, sage ich mal, an Vergangenheitsbearbeitung nicht interessiert, weder privat noch gesellschaftlich. Ich glaube, sie gehören zu den beneidenswerten Menschen, die ausschließlich nach vorn gucken.

Als nächstes werden Sie mich vermutlich fragen, ob ich schon mal an eine Psychotherapie gedacht habe. Habe ich. Ich war damals Ende Vierzig. Dabei muss man wissen: Bevor ich in der Lage war, meinen Beruf zu wechseln, hatte ich eine depressive Phase. Mir wurde gesagt, eine psychotherapeutische Behandlung könnte hilfreich sein. Also bin ich zu einem Arzt gegangen, der Psychotherapeut ist. Dem habe ich dann auch von der Brutalität meines Vaters berichtet. Und wissen Sie, was der als Erstes gesagt hat? Er sagte, alle Eltern lieben ihre Kinder und wollen das Beste für sie. Es ginge also darum, das Gute in meinem Vater zu sehen und wertzuschätzen. – Da bin ich gegangen.

Ja, schade, dass man so einen Vater nicht zurückgeben kann. ✐

INTERVIEW

»Wie das Bild von des Kaisers neuen Kleidern«

Jürgen Müller-Hohagen über den Nebel in deutschen Familien

Der Psychotherapeut Jürgen Müller-Hohagen half mir, wesentliche Fragen, die während meiner Arbeit am Buch aufgetaucht waren, zu klären – und er half mir, zu akzeptieren, was nicht oder noch nicht zu beantworten ist. Wie kaum ein zweiter kennt sich Müller-Hohagen, geboren 1946, mit dem Erbe der NS-Vergangenheit aus, auch in der Frage, wie dieses Erbe sich noch heute – meistens unerkannt – in kollektiven Verhaltensweisen und Einstellungen niederschlägt. In seinen Psychotherapien wie in seiner Arbeit an einer Familienberatungsstelle – einschließlich institutionellen und gesellschaftlichen Zusammenhängen – ist er immer wieder darauf gestoßen. 1988 erschien sein Buch »Verleugnet, verdrängt, verschwiegen«, das zu den Standardwerken der Rubrik »Psychotherapie und Nationalsozialismus« zählt. Als besonders wohltuend und anregend empfand ich die Offenheit, mit der er in unserem Gespräch auch seine eigene Familiengeschichte anleuchtete.

Seit einem Vierteljahrhundert befassen Sie sich mit den Spätfolgen von NS-Zeit und Krieg in deutschen Familien. Das Thema Nebel, sagen Sie, sei hierbei von zentraler Bedeutung. Was meinen Sie damit?

Da kann ich gern etwas aus eigenem Erleben beitragen, das gleichzeitig auch exemplarisch ist. Nachdem ich die Kleinstadt verlassen hatte, in der ich aufgewachsen war, nachdem ich also Distanz bekommen hatte, entstand bei mir der Eindruck: Meine Kindheit und Jugend sind im Nebel gewesen. Damals, als junger Mensch, habe ich das vor allem auf meine Familie bezogen, dabei besonders auch auf den frühen Tod des Vaters, als ich 13 Jahre alt war. Aber 1986, als ich mich auf die erste Tagung zu dem Thema,

über das wir hier sprechen, vorbereitete, rief ich in meinem Heimatort an. Dort gab es damals gerade eine Bürgeraktion, die die
NS-Geschichte ausgrub. Auf diese Weise erfuhr ich zum ersten
Mal, dass es dort eine Synagoge gegeben hatte, in einer Straße, die
ich gut kannte – nie war früher davon die Rede gewesen. Und ich
erfuhr auch, dass diese Kleinstadt Hohenlimburg im Ruhrgebiet
wirklich ein braunes Nest gewesen ist – stolz darauf, prozentual
die meisten Träger des Goldenen Parteiabzeichens zu haben. Das
bekamen diejenigen, die schon bis 1925 in die NSDAP eingetreten
waren.

Wie ist das Nachforschen von den Bürgern aufgenommen worden?
Wie nicht anders zu erwarten, gab es mit Bekanntwerden dieser
NS-Geschichte heftige Auseinandersetzungen in der Stadt. Da ist
mir erst klar geworden: So war das also in diesem Ort! Der Nebel
kam nicht nur aus meiner Familie, nein, der wahrscheinlich wir-
kungsvollste Nebel bestand im Vertuschen der braunen Vergangenheit in diesem Hohenlimburg. Also, dieser Nebel ist nicht nur
etwas Individuelles, er hat vielmehr sehr mit der Gesellschaft insgesamt zu tun. Und wenn man im Nebel ist, dann sieht man nicht
deutlich, dann bekommt man keine Distanz zu der Umgebung,
die einen prägt, dann kann man nicht klar sehen, und man kann
noch nicht einmal jemand anderen fragen: Sag mal, siehst du
auch das, was ich da sehe, siehst du auch, dass da etwas Merkwür-
diges ist …?

Man kann also erst einmal nicht benennen, was einen irritiert?
Ganz genau. Als der Nebel sich dann gelichtet hatte, war ich in
der Lage, meine Erinnerungen anders wahrzunehmen und zwei
und zwei zusammenzuzählen. Passend ist für mich immer wieder
das Bild von des Kaisers neuen Kleidern – der Junge, der sagt:
Aber der Kaiser ist doch nackt! Also dieses Kind sieht, was alle
anderen leugnen, es nimmt die Realität wahr und spricht sie an.

Schränken diese Nebel der Vertuschung grundsätzlich die eigene Wahrnehmungsfähigkeit ein?

Ja. Das habe ich in Therapien mit Nachgeborenen, aber eben auch bei mir selbst erlebt. Man spürt als Kind, da stimmt etwas nicht in der Art, wie der Vater mir einen Sachverhalt erklärt hat, und da bleibt dann eine Irritation zurück. Kinder erfassen ja jede Veränderung in der Stimmlage, in der Körperhaltung, sie haben ein ausgeprägtes Sensorium dafür. Aber erst sehr viel später kommt die Erkenntnis: Da war etwas, das hat die Eltern unter Stress gesetzt, und darum habe ich mich nicht getraut nachzufragen. Ich erinnere mich, dass mein Vater mir einmal bei einem Spaziergang auf meine Frage hin erklärte, diese Vertiefung im Waldboden sei ein Bombentrichter. Und er sagte auch, es seien in diesem Stadtteil nur drei Bomben gefallen. Später, bei meinen Recherchen, stellte sich heraus, dass dies nicht stimmte. Es waren weit mehr Bomben gefallen, denn die Kleinstadt hatte viel kriegswichtige Industrie, sie war also den ganzen Luftkrieg über bedroht. Auch mein Vater war bedroht, denn er arbeitete ja als Ingenieur in einem dieser Betriebe.

Warum, glauben Sie, hat Ihr Vater das Geschehen verharmlost?

Weil er mich schonen wollte. Weil er nicht daran erinnert werden wollte. Und weil er mit der ganzen Zeit nicht fertig geworden war. Er besaß dazu keine Distanz.

Sie haben sich als Psychotherapeut schon früh mit der »Geschichte in uns«, wie eines Ihrer Bücher heißt, beschäftigt. Wie kam es dazu?

Seit 1982 lebe ich in Dachau. Mit der Entscheidung, hier ein Haus zu kaufen und von München dorthin zu ziehen, fiel auch die Entscheidung bei meiner Frau und mir, uns jetzt noch mehr als zuvor schon mit »dieser Vergangenheit« zu befassen. Bis 1986 war ich in der Ambulanz des Kinderzentrums München tätig, und dort fiel mir zunehmend auf, wie häufig Belastungen aus der NS-

Geschichte noch immer in manchen Familien wirksam waren. Später, an meinem neuen Arbeitsplatz, entstand bei einer Besprechung der Leiter der evangelischen Erziehungs- und Eheberatungsstellen in Bayern die Idee zu einer Tagung zum Thema »Spätfolgen«. Das interessierte mich auf Grund der Familiengeschichten im Kinderzentrum, wegen des neuen Wohnorts Dachau und auch auf Grund meiner eigenen Geschichte. Diese interne Jahrestagung der Beratungsstellen zum Thema »Spätfolgen aus Krieg, Gewaltherrschaft und existentiellen Bedrohungen« war dann eine äußerst bewegende Erfahrung. Daraus entstand mein Buch »Verleugnet, verdrängt, verschwiegen«, das 1988 erschien.

Ich erinnere mich daran. Das Buch wurde sehr stark wahrgenommen.
Ja, das hat mich selbst überrascht. Als ich mit dem Schreiben anfing, stellte ich mir vor: Was wäre, wenn ich von meinem Vater, der schon sehr früh gestorben ist, 1959, plötzlich erfahren würde, er war ein NS-Täter? Da würde sich ja mein ganzes Leben verändern. Ich hätte dann etwas über meinen Vater erfahren, das mein ganzes Bild von ihm umgestürzt hätte – und auch mein eigenes von mir selber. Wenn mein Vater SS-Verbrecher gewesen wäre – was er nicht war, er war ein sogenannter Mitläufer – aber was, wenn das alles Tarnung gewesen wäre? Dann wäre alles Lüge gewesen. Was hätte das mit mir zu tun? Wer bin ich dann? Wäre ich jetzt aus der Menschengemeinschaft ausgestoßen?

Sie und ich, wir sind ungefähr ein Jahrgang. Als wir jung waren, gab es plötzlich die rebellische Jugend an den Universitäten. Als wir unsere Eltern 1968 gefragt haben: »Was habt ihr gewusst?« – was ja die verschlüsselte Frage war: »Was habt ihr getan?« – wollten wir das tatsächlich wissen? Was glauben Sie?
Das sehe ich sehr vielschichtig. Es hätte vorausgesetzt, dass wir Vorbilder gehabt hätten, die uns gesagt hätten: Die Massenverbrechen in der NS-Zeit zeigen uns, wozu Menschen fähig sind. Oder

sie hätten gesagt: Auch wenn die Verbrechen uns heute unfassbar erscheinen, so verweisen sie doch auf die Grundausstattung des Menschen – oder: Angehörige eines Kollektivs können ungeheure Gewalt ausüben; auch für euch als die Nachkommen ist das schrecklich, aber wenn ihr offen damit umgeht, werden sich eure Belastungen verringern, denn schließlich haben das ja in erster Linie wir Älteren zu tragen. – Aber stattdessen war da die völlige Sprachlosigkeit.

War es in den sechziger und siebziger Jahren einfacher zu sagen: »Die Eltern waren Nazis«, als zuzugeben, dass man von ihnen misshandelt wurde? Auffällig ist, dass über Gewaltorgien in den Familien auch auf Seiten der Kinder geschwiegen wurde. Das taucht doch jetzt erst mit dem Film »Das weiße Band« auf. Es ist doch unglaublich, wie viele ältere Menschen jetzt erstmals bekennen: Ich bin als Kind auch so misshandelt und gedemütigt worden.

Ja. Das sehe ich genau so. Das war zu nah. Und es fehlte damals noch der gesellschaftliche Konsens, der heute solche Gewalt weithin ächtet. Da wurde erst mal etwas auf der politischen Ebene ausgetragen. Zugleich müssen wir sehen, dass die Verwicklungen von politischer und familiärer Gewalt äußert kompliziert waren. Es hat sozusagen alles gegeben. SS-Leute, die sich selbst noch in ihrer Rolle in der SS eine humane Seite bewahren konnten und die später unter Umständen tatsächlich liebevolle, unterstützende Väter waren, und andererseits Menschen, die nicht einmal in der NSDAP waren und die dann als Eltern einfach fürchterlich waren. Da muss man wirklich genau hinschauen. Aber auch eine weniger rabiate Erziehung der Nachkriegskinder macht sich heute noch bemerkbar. Zum Beispiel war es jahrzehntelang in sehr vielen Familien wohl so, dass Widerspruch nicht geduldet wurde. Noch heute haben wir in unserer Gesellschaft Schwierigkeiten, wirklich wertzuschätzen, dass wir eigentlich doch erst im Widerspruch, im Widersprechen zur Wahrheit kommen. In den fünfziger, sechziger Jahren hatte sich etwas so Bleiernes ausgebreitet. Hier wurde auch die leise Stimme, auch der leise Widerspruch abgewürgt, die Stimme, die sagt: Ich verstehe nicht, was du da sagst, das klingt für mich sonderbar – da gingen sie in der Familie und in der Schule sofort mit dem verbalen Rasenmäher drüber, der damals den Ton angab.

Aus den Reihen der 68er stammt der Satz: »Wir waren die Juden unserer Eltern«. Das klingt erst mal anmaßend, finde ich. Andererseits waren viele Nazi-Eltern Anhänger der schwarzen Pädagogik. Sich als Opfer von Eltern zu sehen, die einen in der Kindheit und Jugend permanent nur abgewertet haben, ist das für Sie nachvollziehbar?

Ich kann da keine eindeutige Antwort geben. Da ist etwas dran. Ich bin aber immer sehr skeptisch gewesen, wenn es hieß: Wir waren die Juden unserer Eltern. Dann wird nämlich übersehen, dass man von den Eltern vieles in sich trägt, was man übernommen hat, was man übernehmen musste. Wenn es sich um täteridentifizierte Eltern handelt, trägt man unter Umständen auch etwas von deren Täterseiten in sich. Das Problem ist, dass man diese Seiten leicht übersieht, wenn man sich als Opfer definiert. Andererseits habe ich tatsächlich oft erfahren, dass Menschen von ihren Nazieltern übel behandelt wurden. Gerade auch beim Thema des sexuellen Missbrauchs wurde mir mehr als einmal sichtbar, dass NS-Täter oder NS-Tatidentifizierte dort weitergemacht haben, wo es gefahrlos ging, nämlich im Bereich der Familie. Dass Kinder also in schlimmster Weise zu Opfern ihrer Eltern wurden – ja, das geschah. Aber gerade wenn es um Missbrauch und Misshandlung geht, da ist es ja nun das Vertrackte, dass das Opfer den Täter oder die Täterin in sich aufnimmt.

Reden Sie von der Identifikation mit dem Aggressor?
J. M.-H.: Ja, und sie ist nun mal wirksam. Daraus ergeben sich unangenehme bis unmenschliche Seiten in uns, die wir aber nicht erkennen können, wenn wir uns ausschließlich als Opfer sehen.

Hier liegt eine enorme Tragik, die bis heute allenfalls nur in Umrissen gesehen wird.

Da fällt mir das Bekenntnis eines Freundes ein: Seine Frau litt an Depressionen, sie war noch nicht an dem Punkt zu erkennen, dass sie depressiv war, aber ihr Mann sah es. Dennoch, so erzählte er mir, habe er sie fertiggemacht wegen ihrer Symptome, er habe ihre Schwäche einfach nicht ertragen. Je mehr er auf seiner Frau herumhackte, umso länger wehrte sie sich dagegen, depressiv zu sein. Irgendwann hatte er das begriffen – übrigens durch einen Traum – und dann konnte er damit aufhören. Kurz darauf ist seine Frau zum Arzt gegangen. Dieser Freund erzählte mir das, weil er von meiner Beschäftigung mit diesen NS-Themen wusste. Er fragte mich beklommen, ob das mit seinem Familienhintergrund zusammenhängen könne.

Sie sprechen hier hochbedeutsame, aber leider immer noch massiv tabuisierte Themen an. Sich auch nur entfernt in einem möglichen Zusammenhang mit NS-Täterschaft zu sehen, weckt ganz starke Abwehr bei allen demokratisch eingestellten Zeitgenossen, was ja auch sehr verständlich ist. Deshalb wäre ich äußerst zurückhaltend, so etwas von mir aus über jemand anderen zu behaupten.

Der Freund teilte mir noch mit, er komme ja aus einer gewalttätigen Familie, in der Schwäche sehr geächtet war und dass die Eltern sich von der NS-Ideologie nicht verabschiedet hätten. Ob ich mir also vorstellen könne, dass dies bei seiner unsensiblen Haltung seiner Frau gegenüber mitgespielt habe? So fragte er mich, und jetzt gehe ich hier in unserem Gespräch noch einen Schritt weiter: Könnte es sein, dass in solch einer Situation wie bei diesem Mann Täteridentifikationen wirksam sind?

Ich finde es außerordentlich bemerkenswert, dass Ihr Freund so etwas von sich aus in den Raum gestellt hat. Ich vermute, er hat Recht. Wirklich wissen kann das letztlich nur er selber. Doch dafür braucht er Unterstützung, braucht er ein klares Gegenüber, das weder beschwichtigt noch beschuldigt, sondern hilft genauer hinzuschauen. Auf dieser Grundlage ist dann schließlich eine wirkliche Befreiung von solchen untergründigen Kontinuitäten möglich. Davon jedenfalls gibt es viel, viel mehr, als üblicherweise gemeint wird. Auf einer wissenschaftlichen Tagung habe ich vor ein paar Jahren einen Vortrag zur transgenerationen Übermittlung von »Täterhaftigkeit« gehalten. Das stieß auf eine völlig gespaltene Resonanz: Begeisterung auf der einen Seite, naserümpfende Ablehnung auf der anderen. So ist es bis heute: Manche Menschen atmen erleichtert auf, wenn über solche Identifikationen und Kontinuitäten endlich gesprochen werden kann, die Mehrheit aber weist es mit Händen und Füßen von sich weg.

Erkennen Sie bei uns Nachkommen noch andere Einstellungen, die der NS-Vergangenheit entstammen?
Ja, vor allem beim Thema Schuld. Man muss daran erinnern: Die Täter aus der NS-Zeit stellten sich nachher als Opfer dar. Es gab also in den Familien nur Opfer, keine Täter. Das hat Auswirkungen auf unser Erleben und Verhalten bis heute. Es fällt Menschen außerordentlich schwer zuzugeben, ja, da habe ich etwas falsch gemacht. Das sehe ich in meiner ganz normalen Familienarbeit. Das kann ich selbst in der sehr tragenden Beziehung mit meiner Frau feststellen. Was strampeln wir uns manchmal ab, um nachzuweisen, dass doch der andere die »Schuld« hat. Also, ich glaube, in diesen Verhaltensweisen spielt der NS-Hintergrund eine große Rolle. Da ist so eine Wahnsinnsschuld begangen worden, mit der man ja gar nicht fertig werden kann, und das hat Auswirkungen, meine ich, bis in harmlose Auseinandersetzungen in der Ehe, zwischen Eltern und Kindern, zwischen Arbeitskollegen. Es fällt so unendlich schwer zuzugeben: Ich habe jetzt etwas falsch gemacht, oder, ich habe Schuld auf mich geladen. Schuld darf einfach nicht sein, weil dann sofort die schlimmste aller Schuld angenommen wird, die man nicht mehr los wird ...

Immer »worst case«. Das ist ein Reflex. Opa kann nicht einfach nur ein Nazi gewesen sein. Wenn, dann muss er ein schlimmer Nazi gewesen sein.

In der Übertreibung liegt eben auch oft ein Wegsehen, denn mit dieser Fantasie gelingt es zu übersehen, dass z. B. der Vater als Wehrmachtsangehöriger ein Rädchen, ein Teil der Schreckensgeschichte war. Mein eigener Vater gehörte auch dazu. Er hat in einem kriegswichtigen Betrieb zwar keine Panzer hergestellt, aber Material für die Rüstungsproduktion. Übertreiben und wegsehen zeigt sich überall. In der Familienarbeit tauchen oft Mütter auf, die sich an allen Fehlentwicklungen ihrer Kinder Schuld geben – eine übergroße, unrealistische, damit aber auch nicht Veränderung ermöglichende »Schuld«. Dabei ginge es darum, zu unterscheiden, was ist Schuld und was ist einfach nur ein Fehler. Und was ist ein Fehler, der sich erst im Nachhinein als solcher herausstellt, weil man erst dann einen Überblick hat über alle Faktoren im Geschehen – also zum ursprünglichen Zeitpunkt nicht einmal ein Fehler.

Unsere Jahrgänge sind überwiegend mit Menschen aufgewachsen, die auf Grund ihrer Traumatisierungen nur schwarzweiß denken konnten: Entweder-Oder, Alles oder Nichts. Heute fällt mir auf: Entweder, jemand ist schuldig, und zwar extrem schuldig – oder Schuld wird sofort entschuldigt, es wird gesagt: Der Mann/die Frau war ja selbst Opfer … Gehört es nicht auch zur Würde des Menschen, eigene Schuld zu erkennen und Verantwortung dafür zu übernehmen? Seit einigen Jahren frage ich jeden Therapeuten, den ich kennen lerne, ob das Thema Schuld in den Behandlungen eine Rolle spielt. Nein, sagen die Meisten, es gibt keine Schuld, es gibt nur falsche Schuldgefühle.

Das Thema Schuld wird beiseite geschoben. Es ist bei uns äußerst belastet durch den NS-Hintergrund. Mit dem Thema habe ich Überraschungen erlebt – da war ich oft perplex. In einer Kirchengemeinde zum Beispiel gab es eine Veranstaltung mit der Frage:

»Warum müssen wir immer wieder für die Schuld(en) unserer Väter zahlen?« Da kam dann zum Ende einer schwierigen Diskussion auch noch die Frage. »Ja, wie finden Sie denn das, wenn mich ein junger Israeli angreift, weil mein Vater bei der Wehrmacht war?« Die Versammlung nickte bedeutungsschwer, ich fühlte mich äußerst unbehaglich – doch zum Glück fiel mir schließlich als Gegenfrage ein: »Hat es diesen jungen Israeli schon gegeben?« – »Nein! Aber es könnte doch sein!« Da wurde mir deutlich, was sich in dem Fragesteller abspielte: Er wehrte mit der fantasierten Figur des »rachsüchtigen Juden« jeden Bezug zur wie auch immer gearteten realen Schuldbeteiligung seines Vaters radikal ab. Das Thema Schuld anzusprechen ist eben eine ganz heikle Sache. Hier haben in der Nachkriegszeit auch die Kirchen keine Orientierung gegeben.

Also entweder die große Schuld oder unschuldig. Was halten Sie in diesem Zusammengang von dem Satz, den ich nun so oft gehört habe: »Mein Vater hat gesagt, er hätte als Soldat niemanden erschossen«?
Den Einzelfall wird es gegeben haben. Wenn dieser Satz häufig vorkommt, kann er, auf die Statistik des Krieges bezogen, nicht stimmen. Es wird eben viel verleugnet und verdrängt. Aber es war auch derjenige am Krieg beteiligt, der nicht geschossen hat, und das war auch der Beamte der Reichsbahn. Wichtig war mir in diesem Zusammenhang ein Traum, den ich vor vielen Jahren hatte: Da habe ich jemanden in einem Kriegszusammenhang erschossen. Bereits im Traum habe ich gedacht: So ist das – jetzt bist du jemand ganz anderes. Du bist ein Mörder! Das war ein sehr aufwühlender und ein sehr wichtiger Traum für mich, um mich hineinversetzen zu können, wie ist das, wenn Menschen getötet haben, was macht das dann mit ihnen, was machen sie damit.

Was glauben Sie, wie lange Soldaten denken, sie sind Mörder?
Ist das nicht nur am Anfang so? Setzt da nicht die Gewöhnung ein?
Ja, natürlich, aber was ich in dem Traum erlebte, geschah auf der
tieferen Wahrnehmungsebene: Ich bin ein Mörder. Im Alltag
wird das dann verharmlost, verdrängt, beiseite geschoben. Aber
ich vermute, diese tiefe Wahrnehmung »Ich bin ein Mörder«, ist
in dem Menschen dann drin, die wird man nicht mehr los.

Ich sah kürzlich im Fernsehen einen Film über die Kriegsverbre-
chen der Japaner in Nanking, China, 1937. Diese Taten sind im
heutigen Japan offenbar nicht geächtet, sondern gelten als normale
Kriegsgeschehnisse. Die alten Veteranen berichteten so frei und de-
tailliert darüber, wie wir es in Deutschland nie gehört haben. Kann
es sein, dass auch unsere Väter nichts verdrängt haben, dass sie die
Taten und Schrecken in sich trugen und erinnerten?
Auf der allgemeinen Ebene lässt sich relativ leicht antworten: Die
individuelle Erinnerung hängt viel stärker, als wir meinen, vom
kollektiven Gedächtnis ab. Erinnert wird, was opportun ist. Doch
wie es konkret bei den einzelnen Menschen war, da tue ich mich
jetzt schwer, etwas Eindeutiges zu äußern. Sie haben ja darüber
nicht gesprochen. Einerseits stimmt es: Das Wissen ist in den
Menschen drin gewesen. Aber ich will den Mund als psycho-
logischer Fachmann nicht zu voll nehmen. Wir sind hier im Nebel. Was wussten sie, was haben sie beiseite geschoben, verdrängt
oder – wie immer man das jetzt nennen will – verleugnet, disso-
ziiert? Und was ist ein freundliches Umgehen mit uns Nachkommen gewesen, um uns zu schonen, und was war in Wirklichkeit
ein Sich-selbst-schonen? Wenn Eltern sich so verhalten, sind sie
für ihre Kinder nicht zu greifen. Ein Kind ist aber auf die Orientierung durch seine Eltern angewiesen. Es will wissen: Was ist
Recht und was ist Unrecht – wo auch erst mal Schwarzweiß seinen Platz hat. Das kleine Kind will wissen, was ist gut und was ist
böse. Wenn aber die Eltern in ihrem Wertesystem zutiefst kor-
rumpiert sind, dann stimmt diese Orientierung nicht.

Genau das habe ich mich gefragt, als ich kürzlich noch einmal den Film »Menschliches Versagen« von Michael Verhoeven sah. Er zeigt, wie günstig in der NS-Zeit Möbel, Küchengeschirr, Bilder etc. erworben werden konnten – der Besitz von Juden, die deportiert worden waren. Überall kam es zu öffentlichen Versteigerungen; in den Zeitungen stand ausdrücklich, es handele sich um »nichtarischen Besitz«. Jeder wusste Bescheid. Ganz normale Bürger gingen auf Schnäppchenjagd … Wie sollten sie später ihren Kindern erklären, was Recht und was Unrecht ist?

Darum geht es eben so zentral. Das Kind spürt, hier stimmt etwas nicht, kann aber nicht einmal benennen, das etwas nicht stimmt, das ist das Unheimliche daran, daran können Menschen psychisch erkranken, vor allem an Depressionen – und das ist häufig gerade in dieser Generation der Nachgeborenen geschehen. Ich meine, dass wir alle – der eine mehr, die andere weniger – richtige Ansätze von Wahrnehmung hatten. Und jetzt kam es darauf an: Konnte man gelegentlich mit jemand darüber sprechen und wurde man damit verstanden? Das war natürlich sehr individuell – das konnte aber unter Umständen entscheidend werden für den ganzen weiteren Lebensverlauf.

Sie sprechen häufig davon, wie wichtig Resonanz ist in Beziehungen. Können Sie das erläutern?

Es wurde nach dem Krieg ja nicht nur über die Fakten geschwiegen. Sondern es gab Merkwürdigkeiten in den Familien, und wenn Kinder sie ansprachen, kam keine Resonanz. Häufig hatten die Ungereimtheiten mit Verlusten und blockierter Trauer zu tun. Zum Beispiel hing im Schlafzimmer meiner Eltern das Foto des Bruders meiner Mutter, der als Soldat im Russlandfeldzug gefallen war. Meine Mutter, 1918 geboren, war eine begeisterte Nationalsozialistin gewesen, nicht nur auf Grund der NS-Propaganda, sondern auch, weil ihre Eltern und eben auch dieser Bruder Anhänger des Hitlerregimes waren. Darüber hat sie zum Glück ein paar Jahre vor ihrem ebenfalls frühen Tod gesprochen. Da kam etwas auf an persönlicher Resonanz zwischen uns zum Thema Nationalsozialismus. Ich rechne es ihr hoch an, dass sie von sich aus über ihre Begeisterung für den »Gröfaz« sprach, den »größten Führer aller Zeiten«, wie es damals hieß. Doch um auf jenes Bild zurückzukommen, das hat all die Jahre sozusagen abgeschnitten von aller Sprache, abgeschnitten von Resonanz an der Wand gehangen.

Sie meinen, wenn es keine Resonanz gibt, dann kann man zum Beispiel seine Trauer nicht ausdrücken, dann kann man sich nur solche sprachlosen Nischen schaffen?
Ja. Wo war das Trauern über den Bruder? Er war erheblich älter als meine Mutter, er war für sie sehr wichtig gewesen, er hatte ihr Orientierung gegeben. Aber in unserer Familie spielte er keine Rolle mehr. Sie hat kaum über ihn erzählt. Irgendwie hat ihr »das alles« wohl die Sprache verschlagen.

Dass Gefühle vererbt werden, dass Ängste an die nächste Generation weitergegeben werden können, ist bekannt. Woher sonst hätte ich als Nachkriegsgeborene das tiefe Unbehagen, wenn ich Sirenen höre? Aber werden auch Bilder, Erinnerungsbilder, weitergegeben? Diese Alpträume vom Krieg und vom Schnee, von denen ich gelegentlich höre, können das Erinnerungen gewesen sein, die der Vater oder die Mutter im Kopf hatten? Halten Sie das für möglich?
Ja, denn wir haben als Kinder sehr feine Antennen. Entsprechende Erfahrungen habe ich auch in ganz anderen Zusammenhängen gemacht. Ich habe viel in Kinderkrippen zu tun. Da konnte ich immer wieder erfahren, wie ganz kleine Kinder etwas ausdrücken, was die Eltern gerade an existentiell bedrohlichen Dingen erlebt haben, zum Beispiel im Krieg in Ex-Jugoslawien. Also: Ein Kind ist völlig verwirrt, wir sprechen die Eltern an, und dann stellen sich oft derartige Zusammenhänge heraus. Wir Menschen kriegen soviel mit, auch als Erwachsene noch: Plötzlich habe ich eine andere Stimmung, ich bin etwas verdreht und denke, was ist

denn mit mir los – aber vielleicht bin ja gar nicht ich verdreht, sondern mein Gegenüber.

Sie meinen die Ansteckung? Ich werde plötzlich am Steuer müde und stelle fest, dass mein Beifahrer kaum noch die Augen offen halten kann.
Das meine ich. Es kann aber auch an dem Menschen neben mir in der U-Bahn liegen, den ich überhaupt nicht kenne.

Manche Väter wurden mir beschrieben wie Schatten. Sie waren nicht zu greifen. Und dann gab es Väter, die bestanden nur aus Kanten. Da hielt man als Kind besser Abstand. Mit welchem Vater ist es leichter zu leben?
Das ist die Wahl zwischen Pest und Cholera. Die wichtige Aufgabe von Vätern ist, Orientierung zu geben, Orientierung über die Welt. Und wenn ich selber über mich nachdenke, habe ich innerhalb meiner Familie solche Orientierung nicht von meinem Vater bekommen, zu dem ich jedoch ein sehr herzliches Verhältnis hatte, ein sehr liebevolles Verhältnis. Doch gleichzeitig war da eine Distanz. Einerseits bin ich in einer recht behüteten Familie und Situation aufgewachsen, keine Flucht, keine Zerstörung durch Bomben, der Vater kein Soldat, kein Nazi-Täter. Und doch stellt sich die Frage: Woher kam diese Distanz? Ist das seine persönliche Art gewesen, oder war es – zu wie viel Prozent – zeitgeschichtlich bedingt? Hat er einfach irgendwo dicht gemacht, weil alles zu viel gewesen ist? Ich meine, das ganze NS-Reich, das war alles zu viel für ihn, und dann der große Umschwung, der danach kam. Mein Vater war jemand, der eher unpolitisch war. Aber er war in der Partei, soviel ist klar. Insgesamt kann ich ihn da nicht wirklich greifen.

Haben Sie von anderen Familienmitgliedern Orientierung erhalten?
Ja, von meinem Großvater väterlicherseits. Einmal habe ich ihn gefragt: »Sag mal, Opa, was ist eigentlich die beste Staatsform?« – für einen schätzungsweise 10-jährigen Jungen eigentlich eine ungewöhnliche Frage. Und dann erinnere ich mich noch, dass er sich bedeutungsvoll räusperte und dann sagte. »Weißt du, Jürgen, ich finde, das Beste ist die konstitutionelle Monarchie.« Er hatte im Kaiserreich gelebt, 1918 war er 36 Jahre alt. Diese Großeltern waren, wohl aus konservativen Gründen, gegen die Nazis gewesen, ich habe von ihnen nie irgendwelche Töne gehört, dass sie etwas aus dieser Zeit befürwortet hätten, habe nie etwas Antisemitisches von ihnen gehört. Sie haben zwar nicht viel über die NS-Zeit geredet, aber bis heute ist für mich klar: Sie hatten wirklich Distanz. Sie waren sozusagen noch unbeschädigt, 1933 waren sie schon 51 und 44 Jahre alt, die Nazis waren für sie ein Pack. Was ich nun bei mir feststelle: Anteile von Unsicherheit, die verbinde ich mit meiner Mutter, Anteile einer schwer greifbaren Angst verbinde ich mit meinem Vater, und dann Anteile einer Stabilität, die verbinde ich mit diesen Großeltern. Das war mein Glück.

Nachbemerkung von Jürgen Müller-Hohagen:

Bei der mit Sabine Bode vereinbarten Durchsicht dieses Interviews ging mir in besonderer Weise auf: Die Welt meiner Kindheit und Jugend war geprägt von einer Ungerührtheit, einer Herzlosigkeit, deren Wahrnehmung mich jetzt, beim Durchlesen, tief erschüttert. Das war aber nicht einfach, wie man meinen könnte und wie das häufig in psychologischen Zusammenhängen verengt gesehen wird, hauptsächlich nur auf die Welt meiner persönlichen Familie beschränkt. Nein, ich sehe vor mir auch die Nachbarschaft, die Freunde der Eltern, die Verwandten, die Lehrerinnen, Lehrer, Klassenkameraden, Religionsunterricht, Gottesdienste – als wäre nie etwas »geschehen«. Und alles ganz »normale« Leute. Die im Interview angesprochene Synagoge kam nicht vor, die Menschen, die zu ihr gehört hatten, sowieso nicht, die Kriegsgefangenenlager (eines davon in Sichtweite unserer späteren Wohnung, mitten innerhalb der Rüstungsfirma, für die mein Vater arbeitete), sie kamen nicht vor, die dort geschundenen und zu Tode gebrachten Menschen, sie kamen nicht vor.

Wenn ich auf diese Herzlosigkeit und Ungerührtheit schaue, für die jener Ort ja auch nur ein Fall von vielen ist, was beim Lesen aber in so persönlicher Gestalt vor mir aufsteigt, dann ermesse ich noch mehr als bisher die Tiefendimension dessen, was die vielen Menschen in sich tragen, die sich an mich gewandt haben wegen NS-Hintergründen in ihrem Leben. Die abgrundtiefe Herzlosigkeit, der die Verfolgten ausgesetzt waren und deren Schatten bis weit in die Nachkommenschaft reichen, ist in Dokumentationen und literarischen Berichten angeklungen, in persönlichen Begegnungen nach meiner Erfahrung allerdings eher im Schweigen oder in »nebenbei« gemachten Äußerungen (»Auch nach ganz, ganz guten Zeitzeugengesprächen bin ich tagelang innerlich erstarrt, das von damals steht dann wieder so vor mir …«). Das ist ja kaum mitteilbar. Die andere Seite aber: Wo sind die Ohren und Herzen bei den Nachkommen der ehemaligen

Volksgenossen, um das zu hören? Und wo ist der Blick auf die eigene Seite und die darin verborgenen Kontinuitäten zum Damals? Hier sind wir in Deutschland teilweise vorangekommen in den letzten Jahrzehnten – und doch, auf den Zustand unserer Herzen zu schauen vor diesen Hintergründen, da bleibt noch vieles … ✐

Achtes Kapitel

WOHER KOMMT ORIENTIERUNG?

Erinnerungen an einen liebevollen Vater

Manchmal wird Volker Herold* von der Lokalzeitung angerufen, und man stellt ihm Fragen zu Patchworkfamilien, Scheidung, überforderten Eltern. Selbst in Erziehungsfragen wurde er schon angesprochen, obwohl er Familienrichter ist und kein Pädagoge. Offenbar vertraut man auch hier seinem Urteil und der Tatsache, dass er Vater dreier halbwüchsiger Kinder ist. In der Region ist sein gesellschaftliches Engagement bekannt, daraus ist ihm Autorität erwachsen. Männer wie ihn hätte man zu früheren Zeiten als »weise« bezeichnet. Aber davon würde der Jurist nichts hören wollen, weil er völlig uneitel ist. Fest steht, über ihn ist viel Positives im Umlauf. Offenbar hat er seinen Platz im Leben gefunden und daran – so wurde mir im Laufe unseres Gesprächs klar – hat sein Vater einen maßgeblichen Anteil. Meiner Ansicht nach wird es besonders deutlich, wenn man Volker Herold selbst über seinen Vater reden lässt.

Mein Vater hatte große Ohren und eine große Nase. Er war rundlich, aber sehr beweglich. Eine meiner frühen Erinnerungen: Er lief auf den Händen! Das konnte er länger als jeder andere, den ich kannte. Er hatte große Hände, in meinen Augen regelrechte Pranken, doppelt so breit wie meine. Man sah, er hatte früher viel mit den Händen gearbeitet. Vor allem aber war mein Vater jemand, den man gern berührte. Für mich war er wie ein kuscheliger Bär.

Ich habe als Kind lange im Zimmer meiner Eltern geschlafen. Sonntagmorgens bin ich oft zu meinen Eltern ins Bett gekrabbelt und dann meistens zu meinem Vater. Meine Mutter sprang immer schnell aus dem Bett, um den Alltag anzupacken. Sie war auch keine Knuddelmama. Sie war eher ein dürrer und knochiger Typ, das habe ich von ihr geerbt. Wenn Papa so dalag, wenn ich seine Hand gesehen habe, dann musste ich sie anfassen.

Das war bis zuletzt so.

Ich hatte einen relativ alten Vater, er war schon 68 Jahre alt, als ich das Abitur machte. Ich war der Jüngste von drei Geschwistern. Auf seinem Nachttisch stand das eingerahmte Foto eines kleinen Kindes. Es war keines von uns Dreien. »Das ist der Hartmut«, wurde mir gesagt. Später erfuhr ich es dann genauer: Der Hartmut war das Kind von meinem Vater und der »Tante Grete«. Diese Tante Grete war keine wirkliche Tante. Es war die erste Frau meines Vaters. Tante Grete war tot, sie lag auf einem Friedhof in einer nahe gelegenen Stadt. Auch Hartmut war auf diesem Friedhof beerdigt. Mindestens einmal im Jahr sind wir dort hingefahren. Meine Eltern nahmen uns Kinder regelmäßig dorthin mit. Während die Erwachsenen die Gräber von Tante Grete, Hartmut und den anderen verstorbenen Angehörigen von Tante Grete pflegten, durften wir Kinder auf diesem Friedhof spielen.

Bis heute fühle ich mich auf Friedhöfen zu Hause. Leider liegen meine Eltern auf einem Ort, der sehr ungemütlich ist, da fegt der Wind durch und es gibt keinen Schutz. Ich gehe nicht so gern zu diesem Grab, denn an einem Ort, wo man friert, komme ich nicht zur Ruhe. Als mein Vater starb, war er 88 Jahre alt.

Die erste Familie starb bei einem Luftangriff

Es gab nicht diesen einen besonderen Tag, an dem ich vom Unglück meines Vaters erfuhr, ich nahm es als Kind nach und nach auf. Es war eher wie eine sickernde Botschaft. Der Tod der ersten Familie meines Vaters ereignete sich im Januar 1945. Mein Vater war zu diesem Zeitpunkt als Soldat auf dem Balkan. Seine Familie, seine Frau Grete und der kleine Hartmut und weitere enge Verwandte wohnten in einer Stadt im Rheinland. Ein Umzug stand bevor. Sie wollten aufs Land ziehen, um sich vor den Bombenangriffen zu schützen. Doch es war sehr kalt in diesem Januar, und die Familie beschloss, die Abreise ein paar Tage aufzuschieben. Das Pferdefuhrwerk kam, es wurde mit Möbeln und Hausrat beladen und vorausgeschickt. Drei Tage später brach die Familie auf. Auf dem Weg zum Bahnhof mussten sie wegen eines Luftangriffs in einen Bunker fliehen. Eine Bombe fiel seitlich auf das Haus und der Luftschutzbunker wurde von der dadurch ausgelösten Druckwelle zugeschüttet. Alle Menschen, die dort Schutz gesucht hatten, starben. Unter den Verstorbenen waren Grete, der kleine Hartmut, die Schwägerin meines Vaters mit ihrem Kleinkind und die Schwiegermutter.

Der Teil der Familie, in die mein Vater damals eingeheiratet hatte, kam bei dem Angriff ums Leben – nur die Möbel, die waren gerettet. Bei uns zu Hause war es daher so: Alle Sachen, die relativ gut und eher modern waren, die kamen aus diesem städtischen Haushalt und die derben und handfesten Möbel vom Lande. Ein Rosenthalservice oder einen Schrank mit feinen Perlmutttürknöpfen gab es ja üblicherweise nicht in einem Bauernhaushalt. So wuchsen wir in zwei verschiedenen Sorten von Möbeln auf. Sie haben uns begleitet, teilweise bis heute. In meinem Esszimmer steht ein Schrank der ersten Familie meines Vaters.

Die Fakten und Zusammenhänge zu dem tragischen Tod kamen von meiner Mutter. Sie war eine nüchterne und ganz klare Erzählerin. Eine gute Chronistin mit einem hervorragenden Gedächtnis, sie beschönigte nichts. Wenn mein Vater über den Verlust seiner ersten Familie sprach, kamen schnell die Tränen. Er hat immer mit viel Herz erzählt. Bei ihm konnte ich deshalb auch emotional immer gut andocken. Ich verstand, was ihn berührte. Für die Fakten war die Mama zuständig. Eine Frage der Art: Wie konnte die Bombe die Menschen im Luftschutzbunker töten? – die hätte ich ihm so nicht stellen können, aber ihr schon.

Meine Mutter war 13 Jahre jünger als mein Vater, der 1911 geboren wurde. Wie meine Mutter kam auch er auf dem Land zur Welt. Als junger Mann war er in die Stadt gegangen. Er hatte sich seinen rheinischen Dialekt abgewöhnt und legte Wert auf elegante städtische Kleidung. Seinen Beruf als Bäcker konnte er aus gesundheitlichen Gründen nicht mehr ausüben. Er machte eine Umschulung – so würde man es heute nennen – zum kaufmännischen Angestellten. Aber auf schöne Weise blieb er in unserem Familienalltag mit seinem Handwerk verbunden: Jeden Freitag hat er mit uns gebacken. Ich habe viel von meinem Vater mitbekommen, nicht nur, weil er abends schon um fünf Uhr nach Hause kam, sondern vor allem in der Zeit, in der er bereits Rentner war, denn damals ging ich noch zur Schule. Ich habe diese Jahre sehr genossen.

Gartenarbeit als Meditation

Ein Bildungsbürger war er nicht, er hat die Zeitung gelesen, später hat er sich für Bücher mit religiösen Inhalten interessiert. Für meine Eltern war der Garten der Ort, wo man sie immer gefunden hat, jeder in seinem Revier. Sie haben sich die Arbeit aufgeteilt. Im Garten haben sie sich sortiert, ihr Leben beackert und geerntet. So sah ihre Meditation aus. Meine Mutter war eine ganz pragmatische, handfeste Frau, die keine bewegenden emotionalen Äußerungen von sich gab. Für mich war es schwieriger mit ihr, weil sie viel geredet und erzählt hat, ohne dass sie innerlich beteiligt war. Sie konnte sich lange mit Banalitäten aufhalten, in meinen Augen Nichtigkeiten. Meine Eltern sind respektvoll miteinander umgegangen, es gab auch Zärtlichkeit, sie mochten sich. Sicher war meine Mutter ein gutes Korrektiv, eine gute Ergänzung für den Vater; sie hat ihm Halt gegeben und sie hat ihn so gelassen, wie er war.

Mein Vater war Mitglied der NSDAP gewesen, auch Parteisekretär. Aufgestiegen ist er weder in der Partei noch in der Wehrmacht. Er war nach meiner Einschätzung auch später nicht ehrgeizig. Meine Mutter hat einmal angedeutet, dass seine erste Frau, eine Angestellte in einem Modegeschäft, vom NS-Regime sehr überzeugt gewesen sei und meinen Vater sozusagen mitgerissen habe. Ob das allerdings eine späte Beschönigung war, weiß ich nicht. Mein Vater war Anfang der 30er Jahre auch Mitglied bei den »Deutschen Christen«, die dem Nationalsozialismus nahe standen. Er hat sich 1942 freiwillig zur Wehrmacht gemeldet, nach seiner Darstellung, weil es nicht aushielt, zu Hause am Schreibtisch zu sitzen, während die anderen Männer im Krieg waren. Im besetzten Frankreich war er zuständig für Gehaltssachen, er hat den Sold ausgezahlt. Viele Jahre später, als Angestellter der Bundeswehr, hatte er auch wieder mit dem Sold zu tun.

Mein Vater erhielt die Nachricht vom Tod seiner Familie an der Front. Zum Begräbnis bekam er Kurzurlaub. Dann musste er wieder zurück in den Krieg. Er erkrankte an Malaria. In Österreich ist er als Obergefreiter in amerikanische Gefangenschaft geraten.

Ich habe wohl schon früh gespürt, dass es in meinem Elternhaus Geheimnisse gab, die aus einer anderen Zeit stammten. Alles Alte war mir immer sehr nah. Als Kind habe ich begonnen, alte Sachen und alte Menschen zu sammeln. Die Geschichten von den Älteren haben mich immer interessiert. Ich umgebe mich bis heute gern mit Gegenständen, die, wenn sie könnten, viel zu erzählen hätten. Eines meiner Lieblingsstücke ist ein alter Sessel aus dem Nachlass meiner Großmutter.

Alte Bücher und Briefe auf dem Dachboden

In meinem Elternhaus gab es wenige Bücher, die Bedeutung hatten, bis auf die Bibel und das Gesangbuch. Auf dem Speicher allerdings öffnete sich eine ganz andere Welt: Dort gab viele alte Bücher, schwere Briefmarkenalben, auch Briefe. Ich bin als Kind oft auf den Dachboden geschlichen und habe alles vorsichtig gesichtet. Briefe von Tante Grete aus der Kriegszeit, Feldpostbriefe, die habe ich versucht zu entziffern, nicht so einfach, weil in Sütterlin geschrieben.

Eines Tages entdeckte ich Briefe aus Vaters Gefangenschaft. Daraus ging hervor, dass Mitgefangene auf ihn aufgepasst haben, damit er sich nicht umbrachte. Nicht weil es ihm schlecht ging – er wurde zu seiner eigenen Überraschung im Lager fair behandelt und war gut versorgt, weil er in der Küche arbeitete –, sondern weil er keinen Sinn mehr in seinem Leben sah. Doch das konnte ich erst verstehen, als ich erwachsen war. Seine Familie war tot, das politische System, von dem er überzeugt gewesen war, hatte sich als Mordmaschine erwiesen. Er spürte keinen Drang heimzukommen, es gab dort niemanden mehr. Welchen Sinn machte das Leben noch? Er hat sich dann, auch dank der Unterstützung der Kameraden, trotz allem für das Leben entschieden und es später als neue Chance begriffen. Wir Kinder aus der zweiten Ehe waren ein Geschenk für ihn. Er hatte die Krise überstanden, er war weitherzig aus ihr hervorgegangen. Sein Glaube, sein Weltbild, auch seine Haltung in Erziehungsfragen waren toleranter geworden. Er hat nach dem Krieg und der Gefangenschaft zunächst sieben Jahre auf dem Bauernhof seiner Eltern mitgearbeitet. Da konnte er zur Ruhe kommen, das hat ihn geerdet. Es berührte ihn sehr, dass er noch einmal Kinder hatte.

Irgendwann muss er bei meiner Mutter eine Generalbeichte abgelegt haben, und Mutter hat uns das weiter erzählt, was sie für wichtig hielt. Sie war von Anfang an hitlerskeptisch, weil es »gegen die Kirche« ging. Meine Mutter war sozusagen durch ihre Frömmigkeit immun und bezog ihre Haltung aus dem Grundsatz: Wer die Kirche angreift, ist nicht gut. Sie hat im Dorf deutlich mitbekommen, welche Loser plötzlich als Nazis Bedeutung bekamen und andere schikanierten.

In meiner Wahrnehmung war mein Vater ein aktiv Mitgestaltender des NS-Regimes, daher deutlich auf der Täterseite, er hat das nicht geleugnet. Als Jugendliche haben meine Geschwister und ich meinen Vater sehr attackiert. Anlass war vor allem der Mehrteiler »Holocaust« im Fernsehen. Wir machten ihm Vorwürfe. Sonderbarerweise hat er sich nicht angegriffen gefühlt oder gekränkt reagiert. Er hat verstanden, dass uns das Thema nicht loslässt, dass wir damit ringen. Wir fragten: »Was habt ihr gewusst?« Da blieb mein Vater eher verschwommen. Was er wusste und mitbekommen hat, das hat er nie genau gesagt. Die Antworten meiner Mutter, obwohl sie wesentlich jünger war, waren auch hier viel klarer und für mich sicher auch leichter zu erinnern. So hatte ihre Mutter 1937 mitbekommen, wie ein jüdischer Viehhändler einem Nachbarn Geld für eine Kuh gegeben hat. Der Nachbar hat das dann später bei der Polizei abgestritten und den Viehhändler angezeigt, weil er dachte, dem Juden glaubt ja sowieso keiner. Oma hat dann vor Gericht zugunsten des Juden ausgesagt, und das Gericht hat den Nachbarn zur Rechenschaft gezogen. Die Beziehung zur Nachbarschaft war dann allerdings die nächsten 40 Jahre ruiniert. – Die Justiz war damals noch nicht überall gleichgeschaltet, und für meine Oma war es das erste Mal, dass sie vor Gericht erscheinen musste.

Geschichten ja, aber kein Überblick

Mein Vater wurde im Alter noch weicher und nachdenklicher. Er konnte sehr gut erzählen, zum Beispiel, wie sie sich im Balkan an den Mauleseln gewärmt haben in den kalten Winternächten. Er sagte, er sei nicht in aktive Kriegshandlungen verwickelt gewesen. Fotos aus dieser Zeit erzählen auch nichts vom Krieg, sondern eher von Geselligkeit. Er erwähnte zwar Stress mit Partisanen, aber nichts von Toten. Was er mitbrachte und was blieb, waren die Malaria und ein paar Münzen aus Albanien. Es gibt einfach Sachen, die im Nebel sind. Man fragt sich: Was war zwischen den Mauleseln und der Malaria? Selbst wenn du in der Nachhut bist und den Sold verwaltest, kommst du dann nicht zwei Tage später dorthin, wo die Vorhut war und die Leute umbrachte? Aber das hat er nicht erzählt.

Mein Vater war anders als viele andere Väter, gelassener. Er hatte durch das, was er durchgemacht hat, gelernt, das Wichtige vom Unwichtigen zu unterscheiden. Unsere pubertären Exzesse hat er mit Verständnis begleitet. Er sagte: »Ich habe damals, als ich in eurem Alter war, auch nichts getaugt.« Er blieb sogar ruhig, als ich von der Schule flog. Nein, streng war er nicht – das musste er auch nicht sein, weil Mama und Oma es schon waren.

Wir wurden in erster Linie von der Oma, der Mutter meiner Mutter, aufgezogen. Sie schimpfte viel, einige Male schickte sie uns ohne Essen ins Bett, gelegentlich verteilte sie Ohrfeigen. Damit war auch bei den Erwachsenen in der Nachbarschaft zu rechnen. Man musste schnell sein, sonst – zack – hatte man einen Wischlappen am Ohr. Großmutter war herrisch, eine Patriarchin, mein Vater dagegen freundlich und warmherzig. Dass er als Kind mit Gewalt erzogen worden war, wollte er an uns nicht wiederholen. Mit schlechten Schulnoten hielt er sich nicht lange auf.

Kürzlich wurde ich gefragt: Was machst du bei deinen Kindern anders als dein Vater? Gibt es Unterschiede in der Erziehung? Da fiel mir zunächst nichts ein. Mein Problem war ja eher meine Mutter. Mit ihr habe ich gerungen. Ich habe ihr gesagt: »Ich will Deine Kartoffeln nicht, du musst jetzt nicht kochen. Ich will, dass du mir zuhörst. Setz dich einfach mal hin und spring nicht rum, ich will auch nicht wissen, wie es dem Sohn der Nachbarin geht, ich will dir gerade erzählen, was ich erlebt habe«. Das war meiner Mutter kaum möglich, da musste erst ein Herzinfarkt kommen, danach war sie weicher. Ich habe diese Mama auch in mir. Ich habe vermutlich mehr Anteile meiner Mutter als mir lieb sind, und manche nette gelassene Seite meines Vaters habe ich eher nicht. Meine Kinder werden bestimmt einmal sagen: Der Papa war immer unterwegs, er war immer mit etwas Wichtigem beschäftigt. Ich gucke so gut wie nie Fernsehen. Für gemütliches Beisammensein bin ich nicht geschaffen. Das war bei meiner Mutter auch so. Wenn ich Leute treffe, dann oft, um etwas zu unternehmen – das kann auch ein Spiel sein oder Sport – aber meistens geht es darum, etwas zu besprechen, etwas aktiv zu bewegen.

Von meinem Vater habe ich die Neigung zum Grüblerischen, zum Schwermütigen, zu den dunklen Seiten des Lebens übernommen und auch zum Mitleid. Auf der anderen Seite habe ich von ihm auch das Würdigen-Können und die Gabe, viel Liebe und Nähe zeigen zu können, Tränen und Herz zu verschenken. Eine von Vaters großen Fähigkeiten war: Er konnte würdigen und wertschätzen. Das war ja in seiner Generation überhaupt nicht üblich. Für ihn sind wir Kinder der äußere Ausdruck seines Ja zum Weiterleben gewesen. Vaters wichtigste Botschaft war: »Ich liebe euch.« Das ist das größte Geschenk. ✐

Nachkriegskinder als Pioniere

Volker Herold war einer der ersten, die ich zu ihren Soldatenvätern befragte. Seine Geschichte von einem liebevollen Vater berührte mich sehr. Ursprünglich hatte ich vor, sie ganz vorn im Buch zu platzieren. Ich kannte ja das Ergebnis meiner Recherchen noch nicht, hatte aber die Vorstellung, es würden sich die »guten Väter« und die »schlechten Väter« die Waage halten. Ich will nun gar nicht ausschließen, dass dies realiter auch so ist und bedaure sehr, dass es dazu keine Forschungsergebnisse gibt. Wir wissen nur von den extrem schlechten Beziehungen der 68er zu ihren Vätern, auch das ist, auf die Gesellschaft hochgerechnet, nicht repräsentativ.

Bei den Töchtern und Söhnen überraschte mich am meisten ihre Lebenszufriedenheit. Ich erkläre sie mir damit, dass die Menschen, die sich an mein Buchprojekt herantrauten, eine überdurchschnittliche Portion Selbsterfahrung mitbrachten – eine gute Voraussetzung, um mit sich selbst mehr oder weniger ins Reine zu kommen. Das war auch bitter nötig angesichts des Ausmaßes der Verstörungen und charakterlichen Deformierungen ihrer Väter. Den meisten meiner Gesprächspartner ist es in der Vergangenheit gelungen, das Erbe des Soldatenvaters zu durchleuchten, was ihnen half, mit den daraus resultierenden eigenen Belastungen besser zurecht zu kommen oder sie sogar erheblich zu verringern. Darin, meine ich, besteht ihre Pionierarbeit. Sie haben sich einem Prozess unterzogen, der im Allgemeinen für unnötig und unergiebig gehalten wird. Jedenfalls stießen sie damit im Kreis ihrer Geschwister kaum je auf Resonanz. Ihre Ausnahmeposition bestätigte sich auch darin, dass die Mehrzahl meiner Gesprächspartner einen Bruder oder eine Schwester erwähnten, der oder die überhaupt nicht gut mit dem Leben zurechtkomme und gewiss nicht der Lage gewesen sei, ein vergleichbares Gespräch zu führen.

In diesem Zusammenhang kann aufschlussreich sein, was die amerikanische Traumaforscherin Rachel Yehuda[38] auf Grund ihrer wegweisenden Arbeiten mit Kindern von Holocaust-Überlebenden herausfand: Wenn ein Elternteil an einer posttraumatischen Störung leidet, dann taucht eine solche Belastung bei 50 Prozent der Kinder wieder auf. Sind beide Eltern lebenslang traumatisiert, dann überträgt sich diese Störung zu 80 Prozent auf die Kinder. Nun können wir nicht genau wissen, auf welche der in diesem Buch beschriebenen Soldatenväter die Extrem-Traumatisierung zutraf. Vor allem aber liegt im Schatten, wie hoch der Anteil der Verstörungen bei der Gesamtzahl der deutschen Kriegsväter war – eine Zahl, vor der das menschliche Vorstellungsvermögen kapitulieren muss: 17 Millionen Männer dienten in der Wehrmacht, 5 Millionen fielen oder wurden vermisst, 3 Millionen kamen als Kriegsversehrte zurück, darunter 500.000 als Schweramputierte.

Wenn das Vorbild fehlt

Was in den biografischen Geschichten nicht zu übersehen ist: Kaum einer der Kriegsteilnehmer war seinen Kindern ein Vorbild. Der Befund entspricht dem Credo der 68er, »Bloß nicht werden wie meine Eltern«. Neu sind solche Einsichten nicht, doch glaube ich, wir können es uns als Gesellschaft nicht leisten, mit einem »Ja, ja – so war es eben« darüber hinwegzugehen. Jürgen Müller-Hohagen wies darauf hin: »Es ist die wichtige Aufgabe von Vätern, Orientierung zu geben, Orientierung über die Welt.« Wie viele Kriegsteilnehmer konnten ihren Kindern die notwendigen Grundlagen vermitteln, damit diese später im Leben ihren Platz finden und dann auch ihrerseits Orientierung geben können? Und weiter: Was fehlt Menschen, wenn sie diese Orientierung nicht bekommen hatten? Können sie zum Beispiel andere Menschen führen?

Die Frage beschäftigt mich deshalb, weil in Deutschland die meisten verantwortungsvollen Positionen mit Angehörigen der Geburtsjahrgänge der fünfziger Jahre besetzt sind. Können Menschen, die von ihren Vätern nur abgewertet wurden, Orientierung geben und Maßstäbe setzen? Sind sie für andere überzeugend? Gelten sie in ihren Entscheidungen als berechenbar? Sind sie als hohe Politiker, als Banker, als Generäle, als Leiter von Sendeanstalten, Kliniken und Universitäten in der Lage, Spannungen und Konflikte in Gruppen auszuhalten, selbst dann, wenn Lösungen nicht in Sicht sind? Ich meine, es ist an der Zeit, vor dem Hintergrund des Erbes der Soldatenväter über Führungsschwächen nachzudenken. Auch hier wäre eine Forschungslücke zu schließen.

An dieser Stelle höre ich immer wieder den Einwand: Kann es nicht endlich einmal genug sein? Kein anderes Volk hat sich so ernsthaft mit den Massenverbrechen seiner Vergangenheit auseinandergesetzt wie wir Deutschen. Damit haben wir das Vertrauen der anderen Nationen erworben, mit dem Ergebnis, dass Deutschland heute in der Staatengemeinschaft wieder geschätzt wird und eine wichtige Rolle spielt.

Dazu sage ich: Alles richtig so weit. Doch die Aufarbeitung der deutschen Vergangenheit war vor allem eine akademische. Sie wurde den Historikern und den Publizisten überlassen. Seit einigen Jahren allerdings wächst das Interesse an einer emotionalen

Aufarbeitung. Und wo sollte diese beginnen, wenn nicht in der eigenen Familie? In diesem Buch haben Menschen beschrieben, wie das Aufräumen im eigenen Keller sie entlastete, manchmal sogar befreite. Daher bin ich davon überzeugt: Das individuelle Ordnung machen wird in der Summe auch in unserer Gesellschaft heilsam wirken. Und natürlich hoffe ich, es wird den Entscheidungsträgern in unserem Land zu mehr Weitblick und Standfestigkeit verhelfen.

Ich hatte meinem Projekt den Arbeitstitel »Vaters Krieg« gegeben, und wenn ich ihn irgendwo nur beiläufig nannte, war es spannend zu sehen, wer darauf reagierte. In erster Linie waren es Männer. Frauen zeigten sich deutlich zurückhaltender. Deren Ablehnung hatte vor allem drei Gründe. Entweder, die Töchter hatten das Kapitel in einer Therapie abgeschlossen, und es drängte sie nichts, das Paket noch einmal aufzuschnüren. Oder die Beziehung zum Vater war so belastet gewesen, dass sie mit dem Thema nichts mehr zu tun haben wollten. Oder – auch das gab es – sie konnten nur Gutes über ihren Vater sagen, wussten aber fast nichts über seine Soldatenvergangenheit und wollten auch nicht mehr erfahren.

In den von mir gesammelten biografischen Geschichten zeigt sich: Die ehemaligen Kriegsteilnehmer – mögen viele auch im Alter umgänglicher und nachdenklicher geworden sein – haben als Väter von Kindern und Jugendlichen weitgehend versagt. Ich hätte meine männlichen Gesprächspartner weiterfragen können: Und ihr? Wie seid ihr als Väter? Ich tat es nicht, weil drei kinderlos waren und nur vier hätten Auskunft geben können, das fand ich als Grundlage, um irgendwelche Schlüsse zu ziehen, einfach zu dürftig.

Was machte den Nebel so undurchdringlich?

In der Hinterlassenschaft der Soldatenväter werden die Auswirkungen des Schweigens als die größte Belastung beschrieben. In dieser Eindeutigkeit hat es mich überrascht. Zwar ging es mir selbst nicht anders, doch dachte ich, meine Altersgenossen seien davon weit weniger betroffen. Nun zeigt sich, dass ich nur früher als andere angefangen habe, mich damit zu beschäftigten. Seit ich erwachsen bin treibt mich die Frage um, wie es einem Kollektiv möglich war, so konsequent und erfolgreich zu schweigen. Bis Mitte der sechziger Jahre trug ich in mir das dumpfe, ungenaue Gefühl: Irgendetwas stimmt nicht mit den Erwachsenen, irgendetwas stimmt nicht mit diesem Land. Aber weil der Nebel so dicht war und ich nicht einmal schwache Konturen dessen erkennen konnte, was mich irritierte, dachte ich oft, mit mir selbst stimme etwas nicht.

Lange Zeit starrte ich nur auf Auschwitz. Ich konnte mir nicht erklären, warum die Erwachsenen nicht genauso bestürzt und ratlos über die Millionen Ermordeten waren wie ich und andere meines Alters. Wir fragten uns, wie Menschen, die doch unsere Vorbilder sein sollten, so teilnahmslos auf die Verbrechen reagieren konnten. Wenn es stimmte, dass sie von der Hitlerdiktatur eingeschüchtert waren und aus Angst keinen Widerstand leisteten, warum zeigten sie ihren Kindern kein Mitgefühl für die Opfer? Warum erzählten sie so gut wie nie etwas von ihren Erlebnissen und Beobachtungen aus den Jahren, bevor ihre Nachbarn deportiert wurden? Sie alle wussten doch von der Entrechtung, der Entwürdigung und der Willkür, der die Juden seit 1933 ausgesetzt waren.

Bei meinen Lesungen für Kriegskinder berichteten Angehörige der 30er Jahrgänge häufig von ungeheuerlichen Szenen. Als Kinder hatten sie gesehen, wie Zwangsarbeiter gedemütigt wurden, wie jüdische Nachbarn auf einen Lastwagen steigen mussten, wie Trupps von Kriegsgefangenen oder KZ-Häftlingen vorbeizogen –

und wie erbarmungslos sie behandelt wurden, wie verhungert sie aussahen. Die meisten Eltern hatten damals gesagt: »Guck da nicht hin«.

Noch mal die Frage: Was hat den Nebel, der über der NS-Vergangenheit lag, so undurchdringlich dicht gemacht? Heute wird viel über Traumaopfer geredet, und gelegentlich wird das Schweigen der ersten Nachkriegsjahrzehnte damit erklärt, dass alle Deutschen traumatisiert waren und daher ihre Erlebnisse nicht in Worte fassen konnten. Doch das kann auf die gesamte Bevölkerung nicht zutreffen. Aber der anderen Seite wissen wir: Die Bezeichnung »Tätervolk«, die bis vor wenigen Jahren noch im Gebrauch war, trifft die Realität genauso wenig. Dieser Pauschalvorwurf war allerdings nicht aus der Luft gegriffen, sondern die grobe, eindimensionale Reaktion auf den Satz »Wir haben von nichts gewusst«, der in den sechziger Jahren überall zu hören war.

Ein Kollektiv, das sein schlechtes Gewissen verdrängte

Um zu vermeiden, dass man bei den Tätern eingereiht wurde, hätte es des großen Schweigens nicht bedurft, da hätte man mehr Löcher zulassen können. Jeder wusste doch, was aus der NS-Zeit in seinen persönlichen Akten vermerkt war, und konnte darauf hoffen, eines Tages mit Hilfe der Akten die Verdächtigungen aus der Welt zu schaffen. Nur die wenigsten hatten persönlich einem Juden oder anderen Verfolgten etwas angetan, aber die meisten hatten Gewinn daraus gezogen, dass SA, SS und Gestapo es taten. Es hat lange, sehr lange gedauert, bis ich das begriff. Erst als ich meinen Blick von Auschwitz abwandte und ihn auf den ganz normalen Alltag des Dritten Reichs lenkte, wurde mir nach und nach klar, in welchem Ausmaß von der Entrechtung und Vernichtung der jüdischen Mitbürger profitiert wurde.

Daher denke ich: Es war schlichtweg schlechtes Gewissen, dessen Verdrängung die Deutschen in die Lage versetzt hatte, flächendeckend dicht zu halten. Diesem schlechten Gewissen lagen in den meisten Fällen nicht Untaten zu Grunde, sondern das, was sich vielleicht am besten mit dem altmodischen Begriff »Sünde« beschreiben lässt. »Führe uns nicht in Versuchung« heißt es im Vaterunser.

Weil die Deutschen ihr Gefühl für Recht und Unrecht aufweichten, konnten sie den Verführungen der Nationalsozialisten nicht mehr standhalten und wurden auf diese Weise ihre Komplizen. In Götz Alys Buch »Der Volksstaat« und in Michael Verhoevens Dokumentarfilm »Menschliches Versagen« wurden dazu überzeugende Fakten gesammelt. Man erfährt von den vielfältigsten Möglichkeiten des Profitierens, und wie einig sich die Bevölkerung und die Behörden nach dem Krieg waren, Wissen und Akten unter Verschluss zu halten.

Viel zu lange schaute ich haarscharf daneben, weil ich nur den Raub von jüdischem Großbesitz im Blick hatte. Ich machte mir nicht klar, wie viele Arbeitslose, vor allem arbeitslose Akademiker, endlich wieder eine Anstellung bekamen, weil Juden aus Ämtern und Universitäten gejagt worden waren. Ich übersah auch die kleinen Angestellten, die nun eine Position höher aufsteigen konnten, weil weiter oben ein Jude die Arbeit verloren hatte.

Wie oft habe ich in den vergangenen Jahren gehört: »In meiner Familie gab es keine Nazis. Es waren kleine Leute.« Doch es waren ja gerade die kleinen Leute, die auf Schnäppchenjagd gingen, wenn Hausrat aus »nichtarischem Besitz«, worauf in Zeitungsanzeigen ausdrücklich hingewiesen wurde, ersteigert werden konnte. Die Inventarlisten stammten von den jüdischen Mitbürgern selbst – sie mussten sie vor ihrer Deportation anfertigen und zusammen mit dem Wohnungsschlüssel abgeben.

Sobald jüdische Nachbarn zur Deportation abgeholt worden waren, witterten einige Bewohner des Viertels fette Beute. Sie bewarben sich so schnell wie möglich um die nun verlassene Wohnung, möglichst mit dem gesamten Mobiliar. Das Rennen machten diejenigen, die gute Beziehungen zu örtlichen Nazis hatten. Andere freuten sich, wenn sie billig eine Bratpfanne, ein Bücherregal, eine Daunendecke erwerben konnten. Ich will hier kein Urteil aussprechen. Es ist leicht, ein gutes Gewissen zu behalten, wenn man in guten Verhältnissen lebt. Die Armut damals war groß, und Gelegenheit macht bekanntlich Diebe. Und diese Menschen waren nicht einmal Diebe, sondern Käufer. Der Vorgang war legal. Sie bekamen eine Quittung.

Alle hatten profitiert

Nie habe ich früher irgendjemanden von diesen vielen kleinen günstigen Gelegenheitskäufen reden hören. Ich denke dabei nicht an ein Geständnis, sondern dass mir dies zugetragen worden wäre als üble Nachrede. Wie oft habe ich mir anhören müssen, diese oder jene Nachbarin sei ein »Ami-Liebchen« gewesen oder habe sich auf andere Weise prostituiert. Ich wusste von Betrügereien in der engen Verwandtschaft, von einem Onkel, der angeblich homosexuell war, er wurde als Verbrecher hingestellt. Doch nie hörte ich jemanden sagen: »Ich war entsetzt, wie rechtschaffene Leute plötzlich so habgierig sein konnten. Ich selbst hätte das nicht gekonnt. Ich habe doch gesehen, wie furchtbar die Juden behandelt wurden.« Nichts davon. Kein Klatsch über Nachbarn, die noch immer in einem Ehebett schliefen, das aus jüdischem Besitz stammte. Kein Hinweis auf eine Perlenkette, die in Wahrheit gar kein Familienschmuck war, sondern für »einen Appel und Ei« in den Familienbesitz gelangte, nachdem der jüdische Kinderarzt und seine Frau abgeholt worden waren. Offenbar konnte man mit Anschuldigungen dieser Art niemanden in Misskredit bringen, denn das korrumpierte Rechtsempfinden betraf alle – und alle hatten davon profitiert.

Nie hätte ich mir vorstellen können, dass die meisten dieser Verkäufe säuberlich quittiert wurden, und dass Millionen dieser Akten mit Namen der Käufer existieren, nur, dass über viele Jahrzehnte so gut wie niemand davon wusste, weil die Finanzbehörden darüber Stillschweigen bewahrten. Und noch etwas: Nie habe ich gehört, dass eine Familie den Fünf-Kilo-Schinken, den Vater bei seinem Heimaturlaub mitbrachte, nicht anrührte, mit der Begründung, der sei doch sicher einem russischen Bauern weggenommen worden und man wisse doch inzwischen, wie furchtbar schlecht es der Bevölkerung dort gehe.

Man könnte noch vieles anführen, was damals üblich war und aus heutiger Sicht unerträglich erscheint, zum Beispiel das Kapitel Zwangsarbeiter. Es gab also nach dem Krieg in jeder Familie gute Gründe, schlechtes Gewissen abzuwehren. Dafür haben nicht nur unsere Väter gesorgt, sondern auch unsere Mütter und die Großeltern. So entstand Schweigen, so entstand Nebel. Jetzt löst er sich langsam auf.

Besser war's nicht. Besser ging's nicht

Von der Generation der Kriegserwachsenen leben nur noch wenige Menschen. Das macht es in den Familien leichter, die Vergangenheit ungeschönt zur Sprache zu bringen. Die Nebel lösen sich aber auch deshalb auf, weil die Empörung über die Väter – »Wie konnten sie das tun!« – weitgehend abgeklungen ist. Aus vielen der ehemals verwirrten, enttäuschten, wütenden Töchter und Söhne sind reflektierte Menschen geworden, die auf den Ruhestand zugehen, weshalb sich nicht wenige auf eine Lebensbilanz einlassen. Zunehmend merken sie: Es reicht nicht, die deutsche Vergangenheit zu kennen und anzunehmen. Die persönliche Vergangenheit realistisch zu bewerten ist genauso wichtig, wie auch diejenigen Menschen zu bewerten, die sie prägten.

Die eigene Kindheit zu beschönigen, indem man sich auf die wenigen guten Seiten des Vaters konzentriert, hilft nicht weiter. Wenn er als Vater versagt hat, hat er versagt. Besser war's nicht. Besser ging's nicht. Die meisten Nachkriegskinder wollen nicht beschuldigen, dafür sind sie viel zu alt, aber es wächst die Zahl derer, die Nachforschungen anstellen. Sie tun es, weil sie verstehen wollen. Sie wollen etwas ins Gleichgewicht bringen. Sie wollen Familienbeziehungen befrieden, vor allem unter den Geschwistern. Deshalb machen sie sich auf die Suche nach ihren Wurzeln – und ihre Soldatenväter gehören ohne Zweifel dazu.

Anmerkungen

1 Bode, Sabine: *Die deutsche Krankheit – German Angst.* Stuttgart 2006, S. 28.

2 Ortheil, Hanns-Josef: *Die Erfindung des Lebens.* München 2009, S. 135.

3 Ebenda, S. 35.

4 Remarque, Erich Maria: *Im Westen nichts Neues.* Köln 1959, S. 90.

5 Ebenda, S. 121.

6 Ebenda, S. 121.

7 Wellershoff, Dieter: *Der Ernstfall – Innenansichten eines Krieges.* Köln 1995.

8 Ebenda, S. 220.

9 Bode, Sabine: *Die deutsche Krankheit – German Angst.* Stuttgart 2006, S. 111.

10 Böll, Heinrich: *Der Engel schwieg.* München 1997, S. 145.

11 Ebenda, S. 148.

12 Ebenda, S. 149.

13 Goltermann, Svenja: *Die Gesellschaft der Überlebenden.* München 2009, S. 133.

14 Lippert, E. und C. Keppel: *Deutsche Kinder in den Jahren 1947–1950.* Schweizerische Zeitschrift für Psychologie IX, 1950.

15 Schmidbauer, Wolfgang: *Ich wußte nie, was mit Vater ist.* Reinbek bei Hamburg 1998, S. 19-20.

16 Hanika, Iris: *Das Eigentliche.* Graz/Wien 2010, S. 7.

17 Ebenda, S. 12.

18 Ebenda, S. 12.

19 Brenner, Michael: *Kinder der Verlierer.* Norderstedt 2010, S. 9f.

20 Ebenda, S. 89.

21 Aly, Götz: *Der Volksstaat*. Frankfurt 2005, S. 163f.

22 Ebenda, S. 159.

23 Brenner, Michael: *Kinder der Verlierer*. Norderstedt 2010, S. 42f.

24 Ebenda, S. 69.

25 Scheub, Ute: *Das falsche Leben*. München 2007, S. 43.

26 Ebenda, S. 12.

27 Ebenda, S. 51.

28 Ebenda, S. 16.

29 Ebenda, S. 33.

30 Ebenda, S. 199.

31 Ebenda, S. 251.

32 Ebenda, S. 262.

33 Degwitz, Rudolf: *Über die Erziehung gesunder Kinder*. Berlin 1946, S. 31.

34 Ebenda, S. 36.

35 Ebenda, S. 38.

36 Ebenda, S. 36.

37 www.kato-prinzip.de/download-erziehung.htm

38 Yehuda, Rachel: *Traumatic Stress Studies Program*. Department of Psychiatry, Mount Sinai School of Medicine, Bronx, New York; Jonathan Seckl, Molecular Medicine Centre, Western General Hospital, University of Edinburgh; und andere Online-Veröffentlichungen; Journal of Clinical Endocrinology & Metabolism, DOI 10.1210/jc.2005-0550.

Bücher zum Thema

Perspektive der Nachkriegskinder

Brenner, Michael: *Kinder der Verlierer.* Verlag Books on Demand GmbH, Norderstedt 2010.

Jetter, Monka: *Mein Kriegsvater.* Hamburg, Hoffmann und Campe, 2004.

Hanika, Iris: *Das Eigentliche.* Graz/Wien, Droschl, 2010.

Ortheil, Hanns-Josef: *Die Erfindung des Lebens.* München, Luchterhand, 2009.

Scheub, Ursula: *Das falsche Leben.* München/Zürich, Piper, 2006.

Timm, Uwe: *Am Beispiel meines Bruders.* Köln, Kiepenheuer & Witsch, 2003.

NS-Zeit und Krieg

Aly, Götz: *Hitlers Volksstaat – Raub, Rassenkrieg und nationaler Sozialismus.* Frankfurt am Main, S. Fischer, 2005.

Bopp, Petra / Starke, Sandra: *Fremde im Visier – Fotoalben aus dem Zweiten Weltkrieg.* Ausstellungskatalog, Bielefeld, 2010.

Buch, Wolfgang von: *Wir Kindersoldaten.* Berlin, Siedler, 1998.

Chamberlain, Sigrid: *Adolf Hitler, die deutsche Mutter und ihr erstes Kind.* Gießen, Psychosozial Verlag, 1997.

Forte, Dieter: *Das Haus auf meinen Schultern.* Frankfurt am Main, S. Fischer, 1998.

Friedrich, Jörg: *Der Brand.* München, Propyläen Verlag, 2002.

Haffner, Sebastian: *Anmerkungen zu Hitler.* Frankfurt am Main, Fischer TB, 2002.

Hamburger Institut für Sozialforschung: *Verbrechen der Wehrmacht. Dimensionen des Vernichtungskrieges 1941–1944, Ausstellungskatalog* 2002.

Littell, Jonathan: *Die Wohlgesinnten.* Berlin, Berlin Verlag, 2007.

Marks, Stephan: *Warum folgten sie Hitler?* Düsseldorf, Patmos, 2007.

Neitzel, Sönke: *Abgehört – Deutsche Generäle in britischer Kriegsgefangenschaft 1942-1945.* Berlin, List, 2007.

Neitzel, Sönke / Welzer, Harald: *Soldaten – Protokolle vom Kämpfen, Töten und Sterben.* Frankfurt am Main, S. Fischer, 2011.

Padover, Saul K.: *Lügendetektor – Vernehmungen im besiegten Deutschland 1944/45.* Frankfurt, Eichborn, 1999.

Remarque, Erich Maria: *Im Westen nichts Neues.* Köln, Kiepenheuer & Witsch, 1959.

Schörken, Rolf: *Die Niederlage als Generationserfahrung – Jugendliche nach dem Zusammenbruch der NS-Herrschaft.* Weinheim/ München, Juventa, 2004.

Wellershoff, Dieter: *Der Ernstfall – Innenansichten eines Krieges.* Köln, Kiepenheuer & Witsch, 1995.

Die Auswirkungen von NS-Zeit und Krieg
Bode, Sabine: *Kriegsenkel – Die Erben der vergessenen Generation.* Stuttgart, Klett-Cotta, 2009.

Bode, Sabine: *Die deutsche Krankheit – German Angst.* Stuttgart, Klett-Cotta, 2006.

Bode, Sabine: *Die vergessene Generation. Die Kriegskinder brechen ihr Schweigen.* Stuttgart, Klett-Cotta, 2004.

Böll, Heinrich, *Der Engel schwieg.* München, Deutscher Taschenbuch Verlag, 1974.

Böll, Heinrich: *Billard um halb zehn.* München, Deutscher Taschenbuch Verlag, 1967.

Böll, Heinrich: *Ansichten eines Clowns.* München, 1967.

Eckstaedt, Anita: *Nationalsozialismus in der zweiten Generation. Psychoanalyse von Hörigkeitsverhältnissen.* Frankfurt am Main, Suhrkamp, 1989.

Giordano, Ralph: *Die zweite Schuld.* Hamburg/Zürich, Rasch und Röhring, 1987.

Goltermann, Svenja: *Die Gesellschaft der Überlebenden. Deutsche Kriegsheimkehrer und ihre Gewalterfahrungen im Zweiten Weltkrieg.* München, Deutsche Verlags-Anstalt, 2009.

Jureit, Ulrike / Schneider, Christian: *Gefühlte Opfer – Illusionen der Vergangenheitsbewältigung.* Stuttgart, Klett Cotta, 2010.

Moser, Tillmann: *Dämonische Figuren – Die Wiederkehr des Dritten Reiches in der Psychotherapie.* Frankfurt am Main, Suhrkamp, 1996.

Müller-Hohagen, Jürgen: *Verleugnet, verdrängt, verschwiegen. Seelische Nachwirkungen der* NS-*Zeit und Wege zu ihrer Überwindung.* München, Kösel, 2005.

Müller-Hohagen, Jürgen: *Geschichte in uns – Seelische Auswirkungen bei den Nachkommen von* NS-*Tätern und Mitläufern.* Berlin, Pro Business, 2002.

Naumann, Klaus: *Generale in der Demokratie – Generationsgeschichtliche Studien zur Bundeswehrelite.* Hamburg, Hamburger Edition, 2007.

Naumann, Klaus (Hg.): *Nachkrieg in Deutschland.* Hamburg, Hamburger Edition, 2001.

Schmidbauer, Wolfgang: »*Ich wußte nie, was mit Vater ist*«. Reinbek bei Hamburg, Rowohlt, 1998.

Sichrovsky, Peter: *Schuldig geboren – Kinder aus Nazifamilien.* Köln, Kiepenheuer & Witsch, 1987.

Welzer, Harald / Moller, Sabine und Tschuggnall, Karoline: *Opa war kein Nazi. Nationalsozialismus und Holocaust im Familiengedächtnis.* Frankfurt am Main, Fischer TB, 2002.

Spätfolgen von Traumata

Alberti, Bettina: *Seelische Trümmer. Geboren in den 50er- und 60er-Jahren: Die Nachkriegsgeneration im Schatten des Kriegstraumas.* München, Kösel, 2010.

Boss, Pauline: *Verlust, Trauma und Resilienz.* Stuttgart, Klett-Cotta, 2008.

Brisch, Karl Heinz / Hellbrügge, Theodor (Hg.): *Der Säugling – Bindung, Neurobiologie und Gene.* Stuttgart, Klett-Cotta, 2008.

Brisch, Karl Heinz / Hellbrügge, Theodor (Hg.): *Bindung und Trauma.* Stuttgart, Klett-Cotta, 2003.

Heinl, Peter: *Maikäfer flieg, dein Vater ist im Krieg … – Seelische Wunden aus der Kriegskindheit.* München, Kösel, 1994.

Radebold, Hartmut: *Die dunklen Schatten der Vergangenheit.* Stuttgart, Klett Cotta, 2009.

Reddemann, Luise: *Imagination als heilsame Kraft.* Stuttgart, Klett-Cotta, 2003.

Teegen, Frauke: *Wenn die Seele vereist – Traumatische Erfahrungen verstehen und überwinden.* Stuttgart, Kreuz, 2008.